21 SCHLÜSSEL WIE SIE ALLES ERREICHEN WAS SIE WOLLEN

VON

CHRISTIAN GEORG SCHWARZ

I0036053

Bibliografische Information der Deutschen Nationalbibliothek:

Die Deutsche Nationalbibliothek verzeichnet diese Publikation in der Deutschen Nationalbibliografie; detaillierte bibliografische Daten sind im Internet über http://dnb.dnb.de abrufbar

© 2017 Christian Georg Schwarz

Engineered Success – Turn your Vision into Profit
Kolpingweg 3, 85570 Markt Schwaben Germany

info@christianschwarz.net

www.facebook.com/engineeredsuccess

www.christianschwarz.net

Fotos und Grafiken ohne andere Nennung von Christian Georg Schwarz

Alle Rechte, auch des auszugsweisen Nachdrucks, vorbehalten.

ISBN: 978-3-945912-01-0

Download unter: www.christianschwarz.net/buecher

DER AUTOR

Christian Georg Schwarz ist Unternehmer, Projektentwickler, Speaker, Autor und Coach

Sein Leitspruch „When they said sit down, I stood up" steht dafür, seinen eigenen individuellen Weg zu gehen, kreative Lösungen zu finden und die eigenen Visionen zu verwirklichen. Auch dort, wo andere behaupten, es gäbe keine Möglichkeiten.

So gründete er 1998 als frisch ausgebildeter Diplom-Bauingenieur – entgegen aller Unkenrufe – ein erfolgreiches Baumanagementunternehmen. Dieses verkaufte er – wieder entgegen vieler gut gemeinter Ratschläge – nach 12 Jahren

Christian Georg Schwarz
Dipl.-Bauingenieur (FH)

Geschäftsführung, um sich noch stärker auf das Gebiet der Beratungs- und Vortragsleistungen zu konzentrieren.

Seine berufliche Expertise optimierte Christian Georg Schwarz durch ein beträchtliches Maß an nationalen und internationalen Weiterbildungen, u.a. bei Tony Robbins und JT Foxx, so dass er es hervorragend versteht Innovation, Effektivität und Leadership in Synergie zu bringen.

Die Eindrücke, die Christian Georg Schwarz auf ca. 30 Individualreisen gesammelt hat, sowie die Erfahrungen als Familienvater von 3 Kindern dienen zusätzlich als inspirierende Quelle für seine Arbeit.

Christian Georg Schwarz präsentiert in diesem Buch ein bodenständiges aber auch kreatives System, welches Ihnen hilft, Schritt für Schritt, Ihre Visionen zeitnah in Gewinn zu verwandeln. Egal, ob Sie Ihren „Profit" in Form von Geld, Gesundheit, Freude oder in deren Summe definieren und unabhängig davon, ob Sie Herausforderungen im beruflichen oder privaten Bereich gegenüberstehen.

In diesem Buch erhalten Sie die 21 Schlüssel, um alles zu erreichen was Sie wollen.

INHALTSVERZEICHNIS

Der Autor III

Einleitung 2

Schlüssel 1 7

Vom Stress zum Traum 8

Ein traumhaftes Leben 8

Stress - seine Formen und seine Folgen 9

Warum sind wir gestresst? 11

Abstand und Überblick 12

Wo ist unsere kostbare Zeit? 13

Leisten Sie sich die Zeit, Ihre Zukunft selbst zu bestimmen! 15

Schlüssel 2 17

Geben Sie Ihren Visionen und
Zielen Raum zur Entfaltung 18

Visionen schaffen Fakten 18

Aus Visionen werden konkrete Ziele 19

Ein Beispiel für die Macht konkreter Ziele 20

Ziele werden häufig von Glaubenssätzen überlagert 20

In welcher Stimmung definieren wir unsere Ziele? 22

Wir glauben nicht an große Ziele 23

Bauen Sie ein Fundament aus Erfolgen! 25

Den Kopf frei bekommen durch Sport 26

Den Erfolg visualisieren und im Voraus genießen 28

Collagen – Energie in Wort und Bild 29

Beginnen Sie einfach! 30

Schlüssel 3 32

Schenken Sie Ihrer inneren Stimme
Gehör für Ihre wahren Ziele 33

Persönliche Ziele *34*

Berufliche Ziele *38*

Das „Gleichnis vom anvertrauten Geld" *39*

Finanzielle Ziele *42*

Konkretisieren Sie Ihre Ziele *42*

Schlüssel 4 .... **44**

Auf das WARUM kommt es an! **45**

Das WARUM der Freude (Zug) *46*

Das WARUM der Angst (Druck) *47*

Machen Sie Ihre Ziele sichtbar *48*

Rückblick aus der Zukunft *51*

Selbstcheck: Passen meine Ziele zu mir? *53*

Stellen Sie die richtigen Fragen! *56*

Schlüssel 5 .... **58**

Loslegen! **59**

Eliminieren von Rückenschmerzen *59*

Übergewicht abbauen *60*

Lieben Sie Kaltakquise *62*

Welche Widerstände erwarten uns? *63*

Verschwenden wir unsere Zeit nicht mit Überzeugungsarbeit *64*

Zusammenfassung *65*

Schlüssel 6 .... **66**

Planung **67**

Terminplan *68*

Budgetplan *72*

Qualitätsplanung 73

Ressourcenplanung 74

Risikominimierung 75

Zusammenfassung 76

Schlüssel 7 .... **77**

Stoppen Sie die Verschwendung von Zeit,
Geld und Motivation 78

Mangelhafte Grundlagenermittlung 78

Missachtung der Kundenziele 79

Stundenlange Besprechungen 80

Unklare Arbeitsanweisungen 81

„Hast du mal schnell eine Minute?" 83

Zusammenfassung 84

Schlüssel 8 .... **85**

Technisches Zeitmanagement 86

To-do-Listen 86

Schreibtisch aufräumen 88

Umgang mit E-Mails, WhatsApp-Nachrichten etc. 89

Umgang mit Social Media 91

Besprechungssteuerung 92

Zusammenfassung 94

Schlüssel 9 .... **95**

Wichtig ist relativ 96

Tätigkeiten nach Wichtigkeit und Dringlichkeit 98

Womit verbrauchen wir unsere Zeit? 102

Konzentration auf die Goldnuggets 102

Schlüssel 10...**105**

Optimieren Sie Ihre Produkte 106

Ihr Produkt – ein Bestseller.. 107

Zielgruppendefinition 110

Verkaufspyramide.. 112

Ihre Botschaft – die einmalige Gelegenheit............................. 114

Google, Facebook und Co.. 117

Eine kurze Checkliste für Ihre Website:................................. 118

E-Mail Autoresponder – automatisieren Sie Ihre Prozesse! 118

Könnte Ihr Wissen auch ein Produkt sein?.............................. 123

Die Wertigkeit Ihrer Produkte 123

Vom Marketing zum Verkauf.. 124

Generieren Sie mehr Kontakte 125

Verbessern Sie Ihren Verkaufsprozess.................................... 125

Machen Sie mehr aus Ihrem Produkt 127

Führen Sie Ihre Kunden und Interessenten 127

Kurz gesagt.. 128

Zusammenfassung... 128

Schlüssel 11 ....**129**

Den Fokus richtig setzen 130

Selbst – bewusst – sein 130

Entspannung entsteht durch den richtigen Fokus......................... 133

Fokus setzen und beibehalten 134

Zielcollagen – Fokussierungshilfe in guten wie in schlechten Zeiten 135

Schlüssel 12...**138**

Kontrolle der Sprache – der Gedanken und Worte...................... 139

Was sind Worte und wie wirken sie? 139

Die Macht unserer Gedanken und Worte über uns selbst................. 141

Sich der eigenen Worte bewusst sein 142

Schlüssel 13 147

Eine gute körperliche Verfassung 148

Körperhaltung 148

Atem 149

Versteckte Energie entfesseln 150

Wie speichern wir gewünschte Gefühlszustände bewusst ab? 152

Bewusstes Abrufen von Gefühlszuständen 153

Energie-Level 154

Schlüssel 14 157

Sich von falschen Glaubenssätzen und Konditionierungen lösen 158

Warum glauben wir etwas, das nicht stimmt? 158

Was denken Sie über Geld? 160

Was haben Sie über Geld gehört? 161

Neue Glaubenssätze 163

Schlüssel 15 164

Das richtige Umfeld 165

Menschen, Stimmungen, Möglichkeiten 165

Wie finden wir das passende Umfeld? 166

Schlüssel 16 168

Ablenkungen reduzieren 169

Warum lenken wir uns selbst ab? 169

Eigeninteresse anderer 171

Neid 173

Schlüssel 17 175

Informationsüberfluss filtern 176

Aktive und passive Filtersysteme 177

Warum geht es nicht mehr ohne Filter? 179

Priorität der Störung 180

Negative Nachrichten 181

Positive Nachrichten 182

Schlüssel 18 ....**184**

Verhaltensmuster aus unserer Kindheit auflösen 185

Wie erkennen wir störende Muster? 186

Wie können wir Muster verändern oder auflösen? 187

Schlüssel 19 ....**190**

Sichern Sie Ihre Energieversorgung 191

Ernährung 191

Pausen 193

Müdigkeit 195

Wasser – Elixier des Lebens 196

Elektrosmog 197

Lärm 199

Zusammenfassung 199

Schlüssel 20 ....**201**

Erfolgreich sein ist ein Prozess 202

Wann sind Sie erfolgreich? 202

Wie sehen Ihre Richtwerte für Erfolg aus? 203

Persönliches Erfolgsritual 204

Erfolg realisieren 207

Dokumentieren Sie Ihr Leben 208

Erfolgsspirale 209

Schlüssel 21 ....**212**

Coaching 213

Problemlösung 216

Zum Schluss – Ruhe und Zuversicht 221

Danke 222

EINLEITUNG

„Ich will nicht bis ich 60 bin von früh bis spät bei Siemens arbeiten, um dann von einem Auto überfahren zu werden". Das sagte ich mit 16 Jahren zu meinem Vater. Damals wusste ich nicht, wie genau ich den Nagel auf den Kopf treffen sollte: Mein Vater starb 10 Jahre später bei einem Autounfall, im Alter von 60 Jahren. Es geschah zwei Wochen nach seinem Eintritt in den Vorruhestand. Die bereits gebuchte Reise in die Berge des Karakorum, ein Lebenstraum meines Vaters, blieb ein Traum.

Mein Vater hatte 30 Jahre im Büro verbracht. Er war so selten daheim, dass ich mich nur an wenige Erlebnisse mit ihm erinnern kann. Das wollte ich anders machen. Ich wollte für meine Familie da sein, die Entwicklung meiner Kinder hautnah miterleben. Ich wollte mir Zeit nehmen können, wann immer es für meine Familie wichtig wäre. Ich wollte mir die Welt jetzt ansehen, nicht irgendwann. Und ich wollte mit sinnvoller Arbeit viel Geld verdienen. Ich wollte Nutzen bringen und Freude daran haben, meine Zeit und meine Fähigkeiten richtig einzusetzen.

Schon bald setzte ich mein erstes Vorhaben in die Tat um: ich bereiste auf eigene Faust die Welt. Mit 19 Jahren machte ich eine Weltreise. Viele andere Fernreisen sollten noch folgen. Dabei hatte ich mit 23 Jahren ein sehr prägendes Erlebnis:

Madagaskar, August 1994:

Mein Rückflug ist völlig überbucht. Die nächste Maschine nach Frankfurt soll erst in vier Tagen starten. Deshalb zahlt uns die Air Madagaskar einen Aufenthalt im Hilton. Ich studiere noch, außerdem bin ich gerade 5 Wochen lang mit dem Rucksack quer durchs Land gereist – da ist mir so eine unverhoffte Einladung ins Luxushotel sehr willkommen.

Während die Marmorbadewanne voll Wasser läuft und ich mich darauf freue, mich nach all den Wochen endlich wieder richtig waschen zu können, blicke ich vom 18. Stock auf die Straßen hinunter. Blech- und Holzhütten reihen sich aneinander. Die Straßenbeleuchtung taucht alles in fahles, grünes Licht. Frauen kochen an kleinen offenen Feuern. Kinder in zerlumpter Kleidung und mit rußig schwarzen Gesichtern spielen Fußball. Blechdosen und Plastikflaschen dienen ihnen als Bälle.

Es sind Kinder, die in einem kleinen Straßenlokal vor dem Abservieren die Essensreste vom Teller fischen. Es sind Kinder, die strahlen, wenn sie eine Semmel oder ein paar Kekse bekommen.

Fragen schießen mir durch den Kopf:

> Warum stehe ich, mit meinen 23 Jahren, hier oben und nicht da unten wie so viele andere?

> Warum gehen mir diese Eindrücke so ans Herz?

> Wie kann ich meine Fähigkeiten und meine Möglichkeiten so einsetzten, dass ich andere unterstützen kann und selber dabei Freude und Einkommen für ein traumhaftes Leben habe?

Direkt im Anschluss an mein Bauingenieurstudium gründete ich eine Baumanagement-Firma. Die Herausforderungen waren groß, und während dieser Phase verlor ich meine Ziele aufgrund von Stress, Zeitdruck, Anspannung und Verantwortung zwischenzeitlich aus den Augen. Sie wurden überdeckt vom täglichen „Überlebenskampf" und sollten erst ca. 10 Jahre später wieder ans Licht kommen.

Dieser „Kampf" entstand aus der Annahme, ich müsse nun „vernünftig" und „erwachsen" agieren und hätte Verantwortung zu übernehmen. Ich wollte Einkommen generieren, um später eine Familie ernähren zu können. Auch der Ehrgeiz, eine Firma aus dem Nichts zum Erfolg zu führen, war eine große Belastung. Irgendwann drückte sie mich fast zu Boden.

Ich traute mich nicht, mein Hobby zum Beruf zu machen und meinen Lebensunterhalt mit Fotos und Diavorträgen zu bestreiten. Obwohl mir dieser Weg bisher so leicht gefallen war und sich auch durchaus Erfolge zeigten, wagte ich nicht den nächsten Schritt. Es war eben „keine richtige Arbeit". Ich bin von meinem Weg abgebogen und habe meine Gefühle ignoriert, nur um den vermeintlich sichereren Weg zu gehen.

Mit den Rucksackreisen auf allen Kontinenten wollte ich damals etwas unternehmen, das in meinem Bekanntenkreis noch niemand gemacht hatte. Die Befürchtungen von Familie und Freunden verunsicherten mich nicht. Denn wie sollten die anderen eine Reise beurteilen können, die sie selbst noch nie unternommen hatten? Neben Lehre und Studium verdiente ich genug Geld, um mir die Flugtickets, Ausrüstung und einige Fachliteratur leisten zu können. Mehr brauchte ich nicht. Ich setzte mein Vorhaben einfach in die Tat um. Zugegeben, manchmal etwas blauäugig, aber stets erfolgreich.

Bei der Berufswahl hatte ich diesen Mut nicht mehr. Plötzlich waren Familie, Freunde und Bekannte mit ihren Erfahrungen in der Übermacht. Alle meine Bekannten hatten einen bürgerlichen Beruf, und es ging ihnen allen – von außen gesehen – ganz gut. Daher entschied ich mich für das Bauwesen, eine „bodenständige" und angeblich zukunftssichere Branche. Ich wagte zwar trotzdem den Schritt in die Selbstständigkeit, aber eben nicht auf dem vermeintlich unsicheren Fotografie- und Vortragsweg. **Ich traute mich nicht, meinen Gefühlen zu folgen und meinen Weg zu gehen.**

Der „bodenständige" Plan war folgender: Meine Firma sollte mich finanziell so absichern, dass ich bald auf das tägliche Geldverdienen nicht mehr angewiesen wäre. Dann könnte ich meine Zeit – so dachte ich – für meine Visionen und Ziele einsetzen. Mit diesem Plan erreichte ich allerdings trotz großem Engagement und vielen Arbeitsstunden das Ziel nicht ganz.

Mit 38 hatte ich zwar ein schönes Haus, aber finanziell hatte ich noch nicht die gewünschten Freiräume. Aufgrund der Belastungen war ich außerdem frustriert, gestresst und häufig krank. Ich hatte das Gefühl, an meinem Leben vorbeizuleben.

Aus dieser Situation heraus entwickelte sich ein Selbstfindungsprozess, den ich anfänglich unterschätzte. Je eingehender ich mich damit befasste, desto mehr Fragen wurden aufgeworfen:

> Warum bin ich trotz beruflichem „Erfolg" häufig schlecht gelaunt?

> Wieso lasse ich es zu, dass der Stress mich krank macht?

> Wie soll das funktionieren, wenn wir auch noch Kinder haben?

Zunächst fand ich hierauf keine Antworten. Ich wusste nur, dass ich meinen Kindern kein missmutiger, reizbarer Vater sein wollte. Für die Kinder der Welt hatte ich auch nicht viel getan.

In Seminaren zur Persönlichkeitsentwicklung und in Büchern – von Meditation bis Projektmanagement – fand ich viele Antworten.

Doch die Fülle von detaillierten Informationen brachte mich mitunter an den Rand der Verzweiflung. Zudem gab es anscheinend unzählige Möglichkeiten, die Ratschläge zu deuten, zu filtern und zu kombinieren. Auch die praktische Umsetzung und die Abstimmung mit anderen Aspekten des Lebens machten Probleme.

Erschwerend kam hinzu, dass dieser Umbruch bei mir – wie auch bei vielen anderen – in einer Lebensphase stattfand, in der ich sowieso schon alle Hände voll zu tun hatte. Denn es forderte einige Anstrengung, mit einer Frau, drei Kindern und einem Haus finanziell über die Runden zu kommen.

Doch letztendlich gilt es, Kreativität mit Erfolg zu verbinden. Frei und unabhängig den eigenen Weg zu finden. Oder sollte ich sagen: ihn wiederzuentdecken? Es gilt, diesen Weg zielstrebig zu beschreiten. Genau das Leben zu führen, das man sich vorstellt. Zeit für sich zu haben und für diejenigen, die einen lieben. Ein System zu nutzen, das einen zu mehr Zeit, mehr Geld und mehr Freude führt.

Wollen Sie das auch?

Dieses Buch kann Ihnen helfen, die folgenden Fragen zügig und effizient zu beantworten:

> Wie können wir dauerhaft mehr Zeit, mehr Geld und mehr Freude in unser Leben bringen?

> Wie können wir sicher sein, dass der Weg, den wir einschlagen wollen, wirklich unser eigener ist?

> Wie halten wir dem inneren und äußeren Druck, „anders zu sein", stand?

> Was soll das Ergebnis unserer Veränderungen sein?

> Was sind die Gründe, die uns durchhalten lassen?

> Wohin mit unseren Ängsten und Zweifeln?

> Woher nehmen wir die Energie, unsere Ziele zu erreichen?

> Wann sind wir eigentlich erfolgreich?

> Wie bleiben wir erfolgreich?

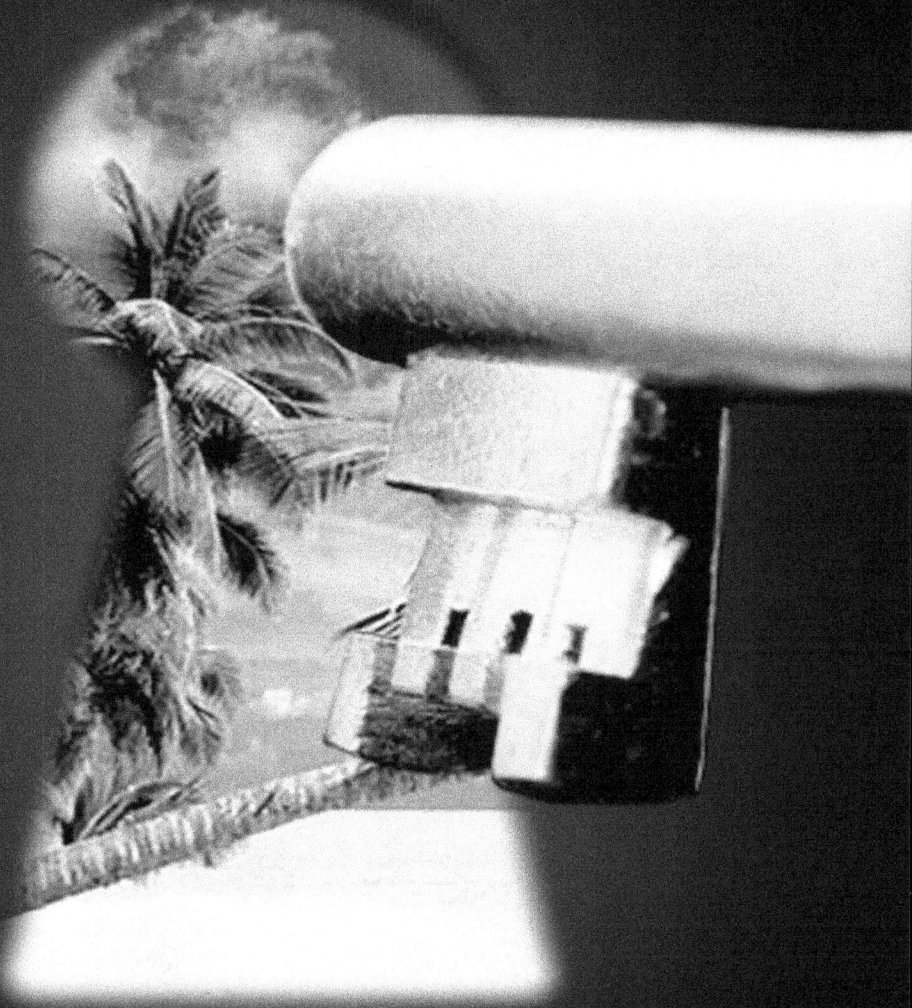

SCHLÜSSEL 1

VOM STRESS ZUM TRAUM

Ein traumhaftes Leben

Wenn Sie ein Haus bauen wollen, müssen Sie wissen, was **Ihnen** gefällt. Sie müssen auch entscheiden, welche Summe Sie in Ihr Haus investieren wollen. Ein guter Architekt kann Ihnen dann dank seiner Erfahrung wertvolle Empfehlungen für die Gestaltung, Planung und Ausführung geben. Er kann aber niemals sagen, wie **Ihr** Traumhaus aussehen soll.

Ihnen für die Gestaltung, die Planung und die Ausführung Ihres Lebens ein paar Perspektiven zu zeigen und Anregungen zu geben, das ist die Absicht dieses Buches. So haben Sie viel Energie, Ihre Ziele zu erreichen und ein traumhaftes Leben zu leben. Gleichzeitig soll dieses Buch Ihnen helfen, Ihre Verlustleistung zu minimieren.

Die „Weisheiten" und Methoden stammen natürlich nicht alle von mir, denn mein Anspruch ist nicht, das Rad neu zu erfinden. Mit „Engineered Success – Turn your Vision into Profit" habe ich Synergie in die Erkenntnisse aus Programmen von Anthony Robbins, Bruce Lipton, Deepak Chopra, Frank Kern, JT Foxx und vielen anderen, auch historischen Quellen, gebracht. Daraus entstand EIN System, das im beruflichen und privaten Alltag leicht und effizient zu mehr Erfolg führt.

Aus dem Blickwinkel eines Unternehmers und Ingenieurs habe ich nur die Themen ausgewählt, die sich bewährt haben und die, aus meinen persönlichen Erfahrungen, unverzichtbar sind. Mit diesem Buch halten Sie eine Strategie in Ihren Händen, die Ihnen Schritt für Schritt hilft, das Leben zu schaffen, von dem Sie träumen – oder früher einmal geträumt haben.

Jeder dauerhafte Erfolg entsteht aus Synergien

Stress - seine Formen und seine Folgen

Stress ist ein geläufiger Begriff und wird meist dann verwendet, wenn wir nicht mehr ein noch aus wissen. Wir erledigen Dinge gar nicht, zu spät oder unkonzentriert und schlittern so von einer Katastrophe in die andere. Bald sind wir durch und durch erschöpft.

Stress ist eine durch äußere Reize hervorgerufene psychische und physische Reaktion. Wir unterscheiden den Eustress, der nützlich ist und uns in bestimmten Situationen zu Höchstleistungen ansportt, vom Disstress. Letzterer ist der lang andauernde, starke Stress unter dem wir leiden.

Aus der Forschung wissen wir, dass unser Körper während einer Stressphase besondere Stoffe produziert und diese so lange vorhält, bis der Stress – die Gefahr, vorüber ist. Das macht er, weil er sich gegen die vermeintliche Bedrohung mit allen Mitteln wehren möchte. Historisch gesprochen: „Lauf dem Löwen davon oder kämpfe mit ihm!"

Beides braucht unglaublich viel Energie, die in diesen Momenten vom Körper zur Verfügung gestellt wird. Ein „Turbo Booster" des Körpers. Wie wir aber leicht nachvollziehen können, funktioniert dieser „Turbo Booster" nicht dauerhaft. Im wahrsten Sinne des Wortes führt es zum „Burnout" des Boosters, da der Körper die gewaltige Anforderung an zusätzlicher Energie nicht dauerhaft liefern kann, ohne Schaden zu nehmen.

Ich denke das ist logisch. Allerdings war mir lange nicht bewusst, welche Abläufe notwendig sind, diese Energie innerhalb eines Bruchteils einer Sekunde zur Verfügung zu stellen und diese manchmal längerfristig aufrecht zu erhalten.

Welche Folgen hat es nun, wenn wir uns im Dauerstress - wie wir so schön sagen - befinden? Es bedeutet nichts anderes, als dass unser Körper ständig über seine Leistungsgrenze hinaus Energie produziert. Wo nimmt er diese her? Er produziert sie nicht im Moment der Anforderung, sondern schaltet sozusagen andere System kurz – oder eben längerfristig – ab oder zumindest zurück.

Bruce Lipton, ein US-amerikanischer Entwicklungsbiologe und Stammzellenforscher, nennt die erste Ressource für die dauerhafte Erhaltung des Stresspegels das Abschalten der Versorgung des Verdauungsapparates sowie die Reduzierung der Zellerneuerung der Organe.

Jede Zelle unseres Körpers stirbt im Laufe unseres Lebens und wird durch neue ersetzt. Das ist ein ständiger Prozess. Diesen bemerken wir wiederum nur dann, wenn wir uns verletzt haben und die Wunde wie von Geisterhand wieder heilt. Alle Organe, Knochen usw. werden unbemerkt aber kontinuierlich erneuert und saniert. Eine Zeit lang können wir diesen Prozess aussetzen oder stark reduzieren ohne es zu bemerken. Langfristig aber altern wir stärker und manche Bereiche verlieren vorzeitig ihre Funktion. Wir tendieren dann dazu dies unserem Alter zuzuschreiben und beschwichtigen uns damit, dass es bei anderen auch zwickt und zwackt.

Denken Sie nur, was passieren würde, wenn wir unser Auto nie warten lassen würden? Früher oder später würden Schäden auftreten, die bei normaler Pflege nicht oder viel später entstanden wären.

Das ist aber noch nicht alles. Der nächste Bereich von dem unser Körper für das Eintreten und Aufrechterhalten von Stress Energie abzieht ist unser Immunsystem, welches uns vor Infekten innerlich und äußerlich schützt. Wenn wir gesund sind, merken wir kaum, wie viel Energie unsere Schutzsysteme brauchen. Bewusst wird uns dieser Energiebedarf erst dann, wenn der Körper angeschlagen ist. Wenn wir mit Grippe im Bett liegen und nicht in der Lage sind irgendetwas zu machen. Weder körperlich noch geistig. Dann arbeitet das Immunsystem auf Hochtouren und lässt seinerseits kaum Energie für andere Systeme übrig. Waren Sie mit einer richtig starken Grippe schon mal voll im Stress und konnten dafür noch Energie aufbringen?

Bei der Transplantation von Organen werden dem Patienten Stresshormone zugeführt, damit das Immunsystem geschwächt wird und keine Kraft mehr hat das neue, fremde Organ als „Eindringling" zu bekämpfen und abzustoßen.

Bei diesen Beispielen ist mir klargeworden, dass uns ein dauerhaftes Stressniveau sehr angreifbar macht. Wir geben sozusagen unsere Verteidigung auf und stürmen mit „Mann und Maus" nach vorne. Bei einem Rückstand im Endspiel kurz vor dem Schlusspfiff mag das zum Erfolg führen, aber eine ganze Weltmeisterschaft gewinnt damit niemand.

Stress kann uns das Überleben sichern, er kann es uns aber auch sehr vermiesen.

Entscheidend sind für uns die Fragen:

❭ Was bringt uns in diesen Zustand des permanenten Stresses?

❭ Wie kommen wir wieder aus diesem Zustand heraus?

Warum sind wir gestresst?

Wenn wir keine klaren und verbindlichen Ziele haben, sind wir sehr anfällig für Ablenkungen. Diese Ablenkungen verbrauchen viel Energie und Zeit. Beides benötigen wir aber, um unsere Aufgaben gut und rechtzeitig zu erledigen. Wenn wir zu viel Zeit verschwenden, fehlt sie uns an anderer Stelle. Daraus entwickelt sich ein Kreislauf.

Stellt sich die Frage: Was bedeutet Ablenkung? Wer abgelenkt ist, lässt sich zu sehr von anderen Menschen oder Umständen steuern. Wir werden letztendlich von allem gesteuert, was um uns herum passiert. Wie stark, das hängt von jedem selbst ab.

Es können ganz banale Dinge sein, die auf uns einwirken. Ein überladener Schreibtisch, ein mit Notizzetteln vollgeklebter Bildschirmrand oder im Büro verteilte, geöffnete Aktenordner, die uns immer das Gefühl geben, etwas nicht erledigt zu haben.

Je weniger wir unsere Ziele kennen, desto schlechter können wir auf das fokussieren, was wir zur Zielerreichung brauchen. Das macht uns sehr empfänglich für Empfehlungen und Ablenkungen.

Die Folgen liegen auf der Hand:

Wenn wir nicht konzentriert an einer Sache arbeiten, werden wir sie nicht in der gewünschten Zeit und in der geforderten Qualität zum Abschluss bringen. Zusätzlich stauen sich viele andere Aufgaben, die dann wie ein Damoklesschwert über uns hängen. Es entsteht eine Drucksituation. Wir fühlen uns nicht mehr wohl, die Angst wächst beständig. Wenn jetzt noch die passende Kritik aus der Familie, von Vorgesetzten oder Kunden hinzukommt, wird uns auch noch das Vertrauen entzogen. Wir verlieren den Boden unter den Füßen. So wird Angst zum Stress.

Wir sind gestresst, weil wir Angst haben:

> Angst, in der veranschlagten Zeit die vielen anstehenden Dinge nicht zu schaffen

> Angst, etwas falsch zu machen

> Angst, etwas Wichtiges zu verpassen

> Angst, Unbekanntes und Veränderungen nicht bewältigen zu können

> Angst, etwas zu verlieren

Stress ist sehr eng mit der Angst verbunden, sein Ziel nicht in der vorgesehenen Zeit und in der gewünschten Qualität zu erreichen. Somit stehen Stress, Angst, Zeit, Qualität und Ziele in direkter Verbindung zueinander.

Abstand und Überblick

Ich bin sehr froh, dass Sie trotz Stress, Zeitmangel und vielleicht so manchen Ängsten das Buch bis hierher gelesen haben. Den ersten Schritt haben Sie somit schon gemacht, Sie haben sich ein paar freie Minuten geschaffen und damit etwas Abstand zum Tagesgeschehen gewonnen. Daran scheitern bereits viele Menschen.

Die nächste Herausforderung ist, sich die Zeit für die Planung zu nehmen. Das machen wir nur selten und reagieren spontan aus der Situation anstatt uns zunächst einen Überblick zu verschaffen, um geplant und strukturiert handeln zu können. Wir legen einfach los und lassen uns in den Strudel des Alltags ziehen, der sich seit Jahren wiederholt und häufig zu unbefriedigenden Ergebnissen führt.

Was würde passieren:

> Wenn wir genügend Zeit hätten, alle Aufgaben vorher durchzudenken, zu planen und dann in Ruhe zu erledigen?

> Wenn wir sicher sein könnten, dass alles funktioniert und die oben genannten Ängste völlig unbegründet sind?

Die meisten von uns würden durchatmen, entspannen und mit Freude und Zuversicht den Tag beginnen. Wir würden den Tag bewusst erleben und die Erfolge würden sich häufen.

Es ist entscheidend, sich Freiräume zu schaffen, um uns selbst Raum für unsere Entwicklung zu geben. Suchen wir also zunächst diese Freiräume und nutzen diese dann dazu, mit Hilfe unserer Fähigkeiten und Kenntnisse, das Leben zu schaffen von dem wir träumen.

Die Ängste werden sich nach und nach auflösen oder zumindest erheblich abschwächen, wenn Sie im Laufe dieses Buches erfahren, welche Schlüssel Sie für Ihren persönlichen Erfolg brauchen und wie Sie diese in der richtigen Reihenfolge einsetzen.

Schaffen wir uns zunächst Freiräume, um uns zu entfalten. Ein paar Stunden pro Woche sollten fürs Erste reichen.

Wo ist unsere kostbare Zeit?

Wie gehen wir aber mit unserer Zeit um? Mit der Zeit, die wir für unsere Aufgaben im Berufs- und Privatleben brauchen?

Nehmen Sie zum Beispiel die Nachrichten: Wir können bei einem Bürgerkrieg in Afrika nicht viel tun. Wir haben auch nicht vor, zu einer Demonstration zu gehen oder uns auf andere Weise zu engagieren. Und trotzdem investieren wir viel Zeit in dieses komplexe Thema. Wir sehen die Tagesschau und lesen etliche Zeitungsartikel.

Ein weiteres Beispiel ist das Wetter. Es ist zwar interessant, wie das Wetter von Montag bis Freitag wird. Aber um morgens für unseren Weg ins Büro die richtige Kleidung zu wählen, würde ein Blick aus dem Fenster vollkommen reichen.

Falls diese Beispiele für Sie nicht zutreffen, finden Sie bestimmt andere Bereiche, die für Sie zwar nicht wesentlich sind, denen sie aber dennoch einen beträchtlichen Teil ihrer Zeit widmen. Wir investieren viel Zeit, um über Dinge, die uns nicht betreffen oder nicht wirklich interessieren, möglichst in Echtzeit informiert zu sein. Jeden Tag gibt es irgendetwas Neues – und im Endeffekt bleibt fast alles beim Alten. Wir verschwenden somit täglich wertvolle Lebenszeit und lassen uns dadurch an anderer Stelle so unter Druck setzen, dass wir davon sogar krank werden.

Meistens versetzen uns diese nutzlosen Informationen außerdem in einen Zustand der Angst, der Besorgnis oder der Wut. Oft vermitteln sie uns in irgendeiner Form Schuldgefühle oder ein schlechtes Gewissen.

Ich will nicht behaupten, dass Nachrichten unwichtig sind. Aber wir sollten uns fragen, wie oft wir uns damit auseinandersetzen wollen und welchen Stellenwert sie in unserem Leben haben.

Mein Schlüsselerlebnis hierzu war der Nahostkonflikt. Nach dem Tod meiner Großeltern entrümpelte ich einen alten Garagenschrank. Meine Großmutter hatte die Schrankfächer mit Zeitungen ausgelegt. Beim Aufräumen nahm ich eine dieser Zeitungen heraus und überflog die Überschrift. „Nahostkonflikt eskaliert" stand da in etwas antiquierter Schrift. Eine Stunde vorher hatte ich die gleiche Überschrift gelesen, nur in modernen Lettern. Sie stand in unserer aktuellen Tageszeitung. Ich las den alten Bericht genau durch. Der einzige Unterschied zwischen dem „Garagenbericht" von 1965 und der aktuellen Presse aus dem Jahr 2002: die Namen der Akteure hatten sich geändert.

Bis zu diesem Zeitpunkt hatte ich mich recht intensiv mit dem Nahostkonflikt befasst. Viel Zeit hatte ich ins Lesen und Diskutieren investiert. Ich hatte die Hintergründe beleuchtet und Pläne für Lösungen geschmiedet. Und jetzt musste ich feststellen, dass die meisten meiner „Erkenntnisse" bereits in dem Artikel von 1965 vorkamen, einem Bericht, der vor meiner Geburt geschrieben worden war.

In diesem Moment habe ich beschlossen, meinen Konsum der Tagesnachrichten drastisch zu reduzieren und nur noch einmal pro Woche Zeitung zu lesen. Interessanterweise bekomme ich seither dennoch alles mit, was wichtig ist. Und das ohne den täglichen Aufwand von etwa einer Stunde!

Zum Mitreden reicht mein Wissensstand immer. Wenn mich etwas wirklich interessiert, dann genügen in der Regel ein oder zwei qualifizierte Berichte, um mir zusätzliches Hintergrundwissen anzueignen. Dieses ist viel fundierter als alles, was mir die täglichen, oberflächlichen Berichterstattungen vermitteln konnten.

Leisten Sie sich die Zeit, Ihre Zukunft selbst zu bestimmen!

Als Gedankenspiel möchte ich folgende Rechnung einfügen: Wenn wir uns seit 2005 täglich eine Stunde Zeit gespart hätten, wären das 365 Stunden mal 12 Jahre. Das sind 4.380 Stunden, also 182,5 Tage. Oder anders gesagt: ein halbes Jahr Lebenszeit hätten wir gespart! Unglaublich, nicht wahr?

> *1 Stunde × 365 Tage × 12 Jahre = 1 halbes Jahr Leben. Wie viele Stunden investieren Sie jeden Tag in den Konsum von Nachrichten?*

Überlegen Sie für sich selbst, wie viel Zeit Sie täglich investieren, nur um „informiert" zu sein. Gibt es nicht etliche wichtigere Dinge in Ihrem Leben, die Sie in dieser Zeit tun könnten?

Keine Angst, wir werden noch manch andere Stelle finden, an der Sie Zeit einsparen können, sollte es mit den Nachrichten nicht funktionieren. Probieren Sie es aber aus: investieren Sie jeden Tag ein paar Minuten, die

Sie den Nachrichten entziehen, um dieses Buch zu lesen. **Geben Sie sich die Freiheit, Ihre Visionen zu entdecken, und leisten Sie sich die Zeit, Ihre Zukunft selbst zu bestimmen.** Dann werden Sie bemerken, wie Ihr Stresslevel sinkt und dass wieder mehr Phasen der Entspannung in Ihr Leben treten.

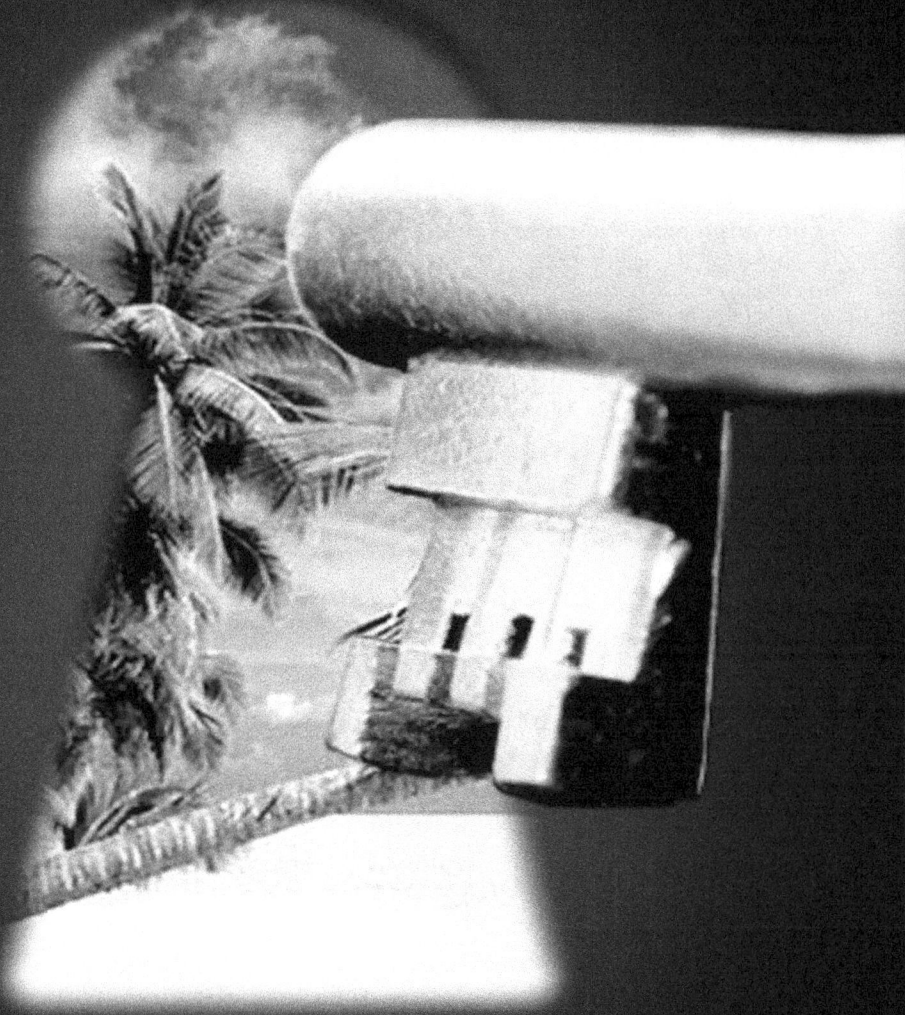

SCHLÜSSEL 2

GEBEN SIE IHREN VISIONEN UND ZIELEN RAUM ZUR ENTFALTUNG

Visionen sind bildhafte Vorstellungen unserer Zukunft. Sie beinhalten keinen konkreten Plan. Es sind Gedanken, Ideen, Träume, in denen wir uns ausmalen, wie unser Leben in 5, 10, 20 oder 30 Jahren aussehen soll und was wir bis dahin erreicht haben wollen.

Viele Menschen haben sich darüber noch keine großen Gedanken gemacht. Es erfordert Kraft, sich kreativ mit den eigenen Lebensträumen zu beschäftigen. Nach einem anstrengenden Arbeitstag fällt es oft schwer, sich erneut aufzuraffen. Wenn man dann zum Beispiel die Kinder ins Bett bringen muss, ist der Abend schnell wieder vorbei. Und bald darauf auch die Woche, der Monat, das Jahr… Unsere Visionen geraten in Vergessenheit. Das ist schade, denn:

Mit Visionen bestimmen wir unser Leben im Voraus.

Visionen schaffen Fakten

Sich Zeit für die eigenen Visionen zu nehmen – das ist der erste Schritt raus aus dem Alltag. Sie finden immer ein paar Minuten dafür. Wenn nicht, dann verzichten Sie heute auf die Spätnachrichten.

Legen Sie entspannende Musik ein. Lassen Sie sich treiben. Schließen Sie die Augen und träumen Sie Ihre kühnsten Zukunftsträume. Egal was passiert. Genießen Sie den Aufenthalt in Ihrer Zukunft.

Stellen Sie sich Ihre Familie vor. Wie sieht die zukünftige Familie aus? Wie haben sich Ihre Kinder entwickelt? Welche Reisen möchten Sie machen, welche Konzerte besuchen? Was werden Sie alles können? Mit wem treffen Sie sich? Wo wohnen Sie, wie sieht Ihr Haus aus? Was haben Sie beruflich erreicht, was ist Ihr Traumjob, arbeiten Sie in Ihrem Traumjob?

Schwelgen Sie und lassen Sie es sich gutgehen.

Nach 10-15 Minuten kommen Sie zurück in die Gegenwart. Strecken Sie sich und atmen Sie tief durch. Sie sind wieder in der Gegenwart. Leider ist noch nichts von Ihren Visionen Realität geworden. Bleiben Sie dran, es wird.

Sicher haben Sie schon manchmal so dahingeträumt. Aber was passiert nach der Rückkehr in die Gegenwart? Bald sind Sie wieder im Alltag, und all Ihre Sorgen, Ihre Nöte und der Zeitmangel drängen Ihre Visionen in den Hintergrund.

Lassen Sie uns hier einmal einen anderen Weg einschlagen! Einen Weg, der Sie Schritt für Schritt von Ihren Visionen bis zur Realisierung führt. Sie bringen schon vieles mit, was Sie für diesen Weg brauchen. Nur fehlt wahrscheinlich eine Landkarte, die Ihnen Orientierung gibt. Erst mit dieser Landkarte können Sie Ihren Weg prüfen und gegebenenfalls korrigieren. Wenn jetzt noch die notwendige Energie hinzukommt, dann werden Sie Ihren Weg erfolgreich beschreiten.

Die Phase der Visionsbildung ist entscheidend für
spätere Erfolge oder Misserfolge.

Die klare Vision ist wesentlich dafür verantwortlich, ob wir überwiegend „Flow" oder Frust erfahren. Sie ist die Ideenfindung, die Grundlage für die Entwurfsplanung. Wenn dieser Grundstein nicht stabil liegt, können Sie in den weiteren Ausbauphasen nur mit extrem hohem Aufwand noch Korrekturen vornehmen.

Aus Visionen werden konkrete Ziele

Visionen sind, einfach gesagt, Träume, Wünsche, weit entfernte Vorstellungen. Sie sind aber auch die Grundlage und die Triebkraft für ein glückliches und erfolgreiches Leben. Wir träumen vom gewünschten Endzustand und fühlen uns dabei wohl.

„Unsere Wünsche sind Vorgefühle der Fähigkeiten, die
in uns liegen, Vorboten desjenigen, was wir zu leisten
imstande sein werden. Was wir können und möchten,
stellt sich unserer Einbildungskraft außer uns und in

*der Zukunft dar; wir fühlen eine Sehnsucht nach dem,
was wir schon im Stillen besitzen. So verwandelt ein
leidenschaftliches Vorausgreifen das wahrhaft Mögliche
in ein erträumtes Wirkliches.* " Goethe

Ziele sind die Weiterführung unserer Visionen in die Realität. Es gibt
Endziele und Zwischenziele, große Ziele und kleine. Damit Visionen
Wirklichkeit werden, müssen wir uns Ziele setzen und versuchen, diese
zu erreichen. Sie sind sozusagen die Bausteine für die Vision. Je klarer die
Vision ist, desto besser können wir die Ziele daraus ableiten. Klare Ziele
erlauben eine klare Vorgehensweise.

Zielfindung ist ein Prozess, kein einmaliges Ereignis.

Ein Beispiel für die Macht konkreter Ziele

In einer Studie der Universität Yale wurden die Studenten des
Abschlussjahrgangs gefragt, ob sie einen Plan für ihr weiteres Leben
hätten und ob dieser schriftlich fixiert sei. Die allerwenigsten hatten
einen solchen schriftlichen Plan.

20 Jahre später wurden die noch lebenden Absolventen erneut befragt.
Unter anderem nach ihrem Lebensstil, ihrer Zufriedenheit und nach
ihrem Vermögen.

Interessanterweise gaben gerade die wenigen, die einen Plan ausformuliert
hatten, überwiegend einen gehobenen Lebensstil und eine große
Zufriedenheit an. Das wirklich Überzeugende aber war, dass diese
winzige Gruppe mehr finanzielle Mittel hatte als alle anderen zusammen.

Ziele werden häufig von Glaubenssätzen überlagert

Wann haben Sie das letzte Mal in sich hineingehört? Dem „Lausbuben"
oder dem „Lausmädel" in Ihnen Gehör geschenkt? Wahrgenommen, wie
er oder sie irgendwo im Unterbewusstsein an die Tür pocht? Wie sie
raus wollen, lachen und tanzen möchten? Warum lassen wir dem inneren
Kind so wenig Freiraum, sich zu entfalten?

Ich frage mich, wo ich den Kontakt verloren habe. Wann wurde es so „ernst" im Leben, dass ich keine Zeit mehr für die Streiche hatte? Oder waren die befürchteten Strafen so hoch, dass ich meine Pläne gleich wieder begrub?

Erwachsen werden bedeutet, Verantwortung zu übernehmen. „Du bist jetzt schon groß." „Du musst was verdienen." „Was soll aus dir werden?" „Was sollen die anderen denken?" Diese Sprüche dürften so manchem von uns bekannt vorkommen.

Es wird enormer Druck aufgebaut, meist jedoch ohne Lösungsvorschläge und Anleitungen. Vor allem ohne eine Anleitung, mit der wir herausfinden könnten, was wir eigentlich wollen. Selbst wenn wir es geschafft haben, uns einigermaßen zu informieren, welche beruflichen Ziele wir haben, so verändern sich unsere eigenen Ansichten und auch unser Umfeld ständig. Die einmal getroffene Entscheidung für einen Beruf ist aber nur sehr schwer wieder zu ändern.

Wir tragen Verantwortung, nicht nur für uns selbst, sondern auch für den Partner und die Kinder, für die Eltern oder andere vertraute Menschen. Wenn ein Elternteil stirbt oder durch Scheidung nicht mehr da ist, übernehmen Kinder oft weite Verantwortungsbereiche. Ohne es zu merken, sind sie von sich selbst abgelenkt und entfernen sich immer weiter von ihren eigenen Lebenszielen.

Da taucht das innere Kind, unser Gefühl, ganz schnell unter und kommt bei den meisten Menschen nie wieder zum Vorschein. Außer in bestimmten Bereichen, wo diese Personen dann sehr extreme Verhaltensmuster zeigen, um das zu kompensieren, was an anderer Stelle unterdrückt wird. Das unterdrückte Gefühl hat noch eine andere Möglichkeit, sich Aufmerksamkeit zu verschaffen, nämlich indem es Körper und Geist krank macht.

Wieder in die Freude, ins Lachen zu kommen, bewusst auf seine Gefühle zu hören und ihnen Vertrauen zu schenken, das ist die Kunst, die es zu erlernen, zu entdecken gilt. Dies ist auch von entscheidender Wichtigkeit beim Zielfindungsprozess. Wir sollten die innere Stimme nicht reflexartig unterdrücken und die aufkommenden Gedanken nicht als verrückt abtun. Es hat schon seinen Grund, warum manche Wünsche und Sehnsüchte hochkommen. Auch solche, die mir als solidem Erwachsenen peinlich sind. – Sind sie wirklich peinlich? Oder wäre es nicht herrlich, sich bestimmte Dinge einfach mal „herauszunehmen"? Aber wir trauen uns nicht. Was sollen denn die anderen denken? Was ist, wenn es nicht klappt?...

Diese Muster hemmen oft den Prozess der Zielfindung. Sie wirken als Filter und ersticken viele Träume im Keim.

Viele Menschen schließen jede Möglichkeit von Mehrverdienst und mehr Freizeit kategorisch aus. Denn in ihrem Denken ist grundsätzlich verankert: „Von nichts kommt nichts". Und daraus folgern sie: nur von mehr Arbeit kann mehr Geld kommen.

Im Klartext heißt das: Ich arbeite 15 Stunden mehr pro Woche und verdiene entsprechend mehr. Sie halten es einfach für utopisch, mehr Zeit zu haben.

Es gibt jedoch auch Menschen auf dieser Welt, die genauso viel arbeiten wie ich, aber deutlich mehr verdienen. „Die haben eben eine bessere Ausbildung", denke ich dann sofort. Doch auch das stimmt häufig nicht.

Es gibt sogar Menschen, die eine deutlich schlechtere Ausbildung haben als wir, die sich mit Sicherheit niemals so viele Gedanken über das Leben gemacht haben wie wir – und die trotzdem mehr Geld verdienen und weniger Zeit im Büro verbringen. Besonders frustrierend wird es dann, wenn diese Menschen auch noch glücklich sind.

> *Schaffen wir uns also den Raum und die Freiheit,*
> *jedes Ziel zuzulassen, das uns in den Sinn kommt!*

In welcher Stimmung definieren wir unsere Ziele?

Meist ist unsere Stimmung nicht gut, wenn wir nach unseren Zielen suchen.

Wenn ich gestresst in den Tag gehe und nur überlege, wo ich anfangen soll, dann ist das keine günstige Voraussetzung, um mir meine Zukunft in allen Farben auszumalen.

Viele nehmen jedoch die Zielfindung erst dann in Angriff, wenn es bereits Probleme gibt. Wenn wir das Gefühl haben, jetzt langsam mal etwas unternehmen zu müssen, dann ist noch alles gut. Ist der Druck aber bereits so stark, dass wir zum Handeln gezwungen werden, dann bedeutet es schon eine große Herausforderung, Ruhe und Zeit zu finden, um sich bewusst mit den eigenen Zielen auseinanderzusetzen.

Ich MUSS etwas unternehmen – schon die Wortwahl zeigt, dass wir es nicht besonders gerne machen. Die Motivation, die Begeisterung lässt dementsprechend zu wünschen übrig. Für einen visionären Tagtraum ist das nicht die ideale Voraussetzung.

Wir glauben nicht an große Ziele

Hier beginnt ein Prozess, den ich lange nicht verstanden habe. Denn ich muss meinem Unterbewusstsein klarmachen, dass eben alles möglich ist, sobald wir an einem Strang ziehen. Wir, das sind mein Verstand, meine Gedanken, meine Gefühle, mein Unterbewusstsein.

Wenn ich mir nämlich selbst etwas nicht zutraue, wird auch sonst niemand an meinen Erfolg glauben. Diese Zweifel führen dazu, dass ich mein Ziel nicht erreiche.

Ich kann ein Produkt nur sehr schlecht verkaufen, wenn ich von seinem Nutzen nicht überzeugt bin. Das Produkt sind in diesem Fall meine Erfahrungen, Ideen und Ziele. Der Käufer bin ich selbst. Ich kann mir also meine Ziele nur dann „verkaufen", wenn ich wirklich an sie glaube.

Damit wir anfangen, an unsere großen Ziele zu glauben, ist es notwendig, auf kleine Ziele und Erfolge aufzubauen. Diese Erfolge müssen wir uns zunächst bewusst machen. Denn es kommt vor, dass wir Ziele erreichen und Erfolge haben, ohne es zu realisieren. Wir sehen nur, wo es noch hapert, und vergessen darüber, was wir bereits geschafft haben.

Schreiben Sie stichpunktartig Ihre Antworten zu folgenden Fragen auf:

> Was soll in fünf Minuten das Ergebnis meiner Arbeit sein?

> Was ist das gewünschte Ziel der nächsten Besprechung?

> Was sind meine wichtigsten Wochenziele?

Schreiben Sie die Ziele wirklich auf. Haken Sie sie ab, sobald sie erreicht sind. Fangen Sie gleich an: schreiben Sie ein paar Punkte auf, die Sie heute, morgen oder bis Ende der Woche leicht realisieren können. Wenn Sie sie erreicht haben, setzen Sie einen dicken, grünen Haken dahinter und freuen Sie sich darüber. So zeigen Sie Ihrem Bewusstsein und Ihrem Unterbewusstsein, dass Zielerreichung für Sie ganz normal und noch dazu eine schöne Sache ist. Sie fördern Ihren Glauben an sich selbst. Jedes erreichte Ziel ist ein Erfolgserlebnis. Es macht Freude. Und was Freude macht, möchte man immer wieder erleben.

Ziele wie: „Ich werde einmal im Monat mit meiner Frau Essen gehen" oder „Ich werde zweimal pro Woche meditieren" lassen sich meist gut umsetzen. In entspannter Atmosphäre kommen wir auf neue Gedanken. Oder wir haben einfach Spaß und genießen den Abend. Auch darauf können wir stolz sein. Und wir sollten uns darüber freuen, denn Erfolg baut auf Erfolg auf. Bergsteiger kennen dieses Phänomen: Auf den ersten Viertausender folgt bald ein Fünftausender. Es ist eine Frage des eigenen Anspruchs und der Erwartungshaltung. Machen Sie das gemeinsame Essen oder den monatlichen Kinobesuch mit einem lieben Menschen zu Ihrem Erfolgserlebnis. Sie haben sich die Zeit dafür an anderer Stelle „abgezwackt", oder Sie haben es geschafft, das abendliche Wegdämmern vor dem Fernseher zu unterbrechen und ein kreatives Alternativprogramm zu beginnen.

Aufgrund dieser Erfolge bei kleineren Zielen wird Ihr Selbstbewusstsein bald daran glauben, dass Sie auch große Ziele erreichen können. Das Ganze entwickelt eine Eigendynamik und Sie wollen immer mehr: es gibt keine Grenzen, alles ist erreichbar.

Bauen Sie ein Fundament aus Erfolgen!

Es müssen auch nicht zwingend gesetzte und dann erreichte Ziele sein. Zum Aufbau eines stabilen Fundaments aus positiven Erlebnissen kann vieles dienen.

Wie schaffen wir es, viele kleinere und größere Erfolge zu sammeln und zu speichern? Und wie machen wir sie uns immer wieder bewusst? Denken Sie doch einmal darüber nach, was Sie in den vergangenen Jahren alles Gutes erlebt und getan haben!

Fangen Sie damit an, alle positiven Erinnerungen aus Ihrer Kindheit, Ihrer Jugendzeit, aus dem Berufs- und Privatleben zu notieren. Gehen Sie spazieren und schwelgen Sie in Erinnerungen an die glücklichsten und aufregendsten Momente. Nehmen Sie sich Ihr Smartphone oder ein Diktiergerät mit und halten Sie die Erinnerungen in Stichpunkten fest. Schöpfen Sie aus allen Bereichen Ihres Lebens: romantische Augenblicke, Entscheidungen, auf die Sie besonders stolz sind etc. Alles ist erlaubt, ganz egal ob es sich dabei um erste Schritte oder um revolutionäre Taten handelt. Wichtig ist, dass es in Ihren Augen ein Erfolg war. Denken Sie an Konzertbesuche oder an Bücher, die Ihnen entscheidende Impulse gegeben haben. Wann durften Sie richtig lachen? Wann waren Sie voller Erstaunen, voller Begeisterung? Wann haben Sie jemandem wirklich geholfen? Fühlen und genießen Sie den Stolz von damals! In welcher Situation waren Sie unendlich dankbar? Wen haben Sie in den Arm genommen? Wer hat Sie in seine Arme geschlossen?

Gehen Sie gedanklich auch den heutigen Tag oder die letzte Woche durch. Notieren Sie alle schönen Momente.

Bewahren Sie Ihre Liste gut auf. So können Sie immer wieder darauf zurückgreifen.

Jetzt haben Sie eine erste Liste von positiven Ereignissen, die Sie immer wieder anschauen oder anhören können. Ihre Erlebnisse verschwinden nicht mehr irgendwo in der Vergangenheit, sondern sind jederzeit verfügbar.

Ergänzen Sie Ihre Sammlung immer weiter! Schreiben Sie wöchentlich die besten Ereignisse auf und streichen Sie diese mit einem Textmarker an! So finden Sie gerade dann, wenn Ihnen „das Dach auf den Kopf fällt", gute Impulse aus dem eigenen Leben. Je länger die Liste wird, desto mehr werden Sie von sich überzeugt sein. Sie werden daran glauben, dass Sie Ihre Ziele erreichen. Sogar solche Ziele, die zunächst utopisch erscheinen.

Denn nun haben Sie Ihr Bewusstsein aktiviert und ihm gezeigt, was Sie bereits geschafft haben. Es ist ganz klar: davon wollen Sie mehr. Auch Ihr Unterbewusstsein wird immer stärker daran glauben. Es wird alles dafür tun, Ihnen beim Erreichen Ihrer Ziele zu helfen.

Ich empfehle Ihnen an dieser Stelle, alle wichtigen Gedanken, die Ihnen während der Lektüre dieses Buches kommen, in ein Notizbuch zu schreiben. Wählen Sie etwas Edles aus, denn Ihr Leben ist es wert, in einem edlen Rahmen dokumentiert zu werden! Es ist ein schönes Gefühl, in ein solches Buch zu schreiben und von Zeit zu Zeit darin zurückzublättern. Finden Sie Ihr eigenes System, aber bitte bedenken Sie: was in einem soliden Buch steht, bleibt lange erhalten. Nennen wir es das „Buch des Lebens".

> *Gute Erinnerungen werden Ihnen helfen, Ihre Zukunft positiv zu gestalten.*

Den Kopf frei bekommen durch Sport

Ähnlich wie Diamanten, die im Fels verborgen sind, liegen viele wichtige Ziele tief in unserem Inneren. Wie kommen wir an sie heran, wenn sie vom Tagesgeschehen verdeckt werden?

Um unsere Ziele mit Freude und Phantasie zu entwickeln, müssen wir uns zunächst aus der aktuellen Drucksituation befreien. Sei es durch Sport oder durch ein Hobby, es gibt immer etwas, das unsere kreisenden Gedanken in eine neue Richtung lenken kann.

Oft kommen mir die besten Ideen und Bilder beim Laufen im Wald. Es beginnt nach etwa zwanzig Minuten, wenn ich langsam auf

„Laufautomatik" umstelle. Die Bäume ziehen an mir vorbei, ich komme in eine Art meditativen Zustand, der meine Alltagssorgen verdrängt und Freude aufkommen lässt. Freude, einfach laufen zu können, so schnell ich mag. Aus dieser Freude steigen angenehme Gedanken auf.

Mit zunehmender körperlicher Anstrengung verschiebt sich fast immer der Blickwinkel. Wo eben noch ein undurchdringliches Dickicht aus Problemen war, zeigen sich plötzlich Lösungsansätze. Oft laufe ich mit einem Diktiergerät, um meine Gedanken gleich festhalten zu können.

Jetzt geht der Prozess aber erst richtig los. Nachdem die „Sorgenfälle" während des Laufens behandelt wurden, fühle ich eine große Erleichterung, ein großes Glück. Das führt dann dazu, dass ich viel zu schnell laufe. Der Pulszähler spielt verrückt, und ich fühle mich immer freier, je schneller ich laufe. Nach ein paar Kilometern regelt sich meine Laufgeschwindigkeit aufgrund von Konditionsdefiziten wieder zurück, und die Ideen strömen nur so auf mich zu. Es entsteht ein sogenannter „Flow-Zustand", in dem alles machbar erscheint, in dem die Grenzen verschwinden und wir uns wohl fühlen. Ich bin stark, ich kann alles erreichen, nichts wird mich aufhalten können. Die Bäume, die Vögel, die ganze Natur und ich, wir sind in Harmonie. Davon geht eine unglaubliche Kraft aus.

Das ist der Zustand, in dem ich meine Visionen entwickle und meine Ziele festhalte. Hier im Wald werden mir meine Gründe bewusster, meine Gefühle deutlicher. Eine Vielzahl von Gedanken und Ideen sind auf meinem Diktiergerät gespeichert, mit lautem Atem hinterlegt. Beim Duschen verfeinern sich die Gedanken zu richtigen Strategien. Ich schreibe sie gleich stichpunktartig auf, um ja keinen Gedanken oder Zusammenhang zu verlieren.

Dieses Aufschreiben ist sehr wichtig, denn Gedanken kommen und gehen. Ich habe schon viel Zeit investiert, um vergessene Gedanken zu rekonstruieren. Und nur selten ist es vollständig gelungen.

Was ich beim Laufen erreiche, machen andere beim Radfahren, Bergsteigen, Spazierengehen, Golfspielen, wo auch immer. Wichtig ist, sich aus dem Alltag zu lösen, in seine eigene Welt einzutauchen und über die bisherigen Grenzen hinaus zu denken und zu fühlen. Lassen Sie es einfach zu!

Finden Sie Ihren eigenen Weg, in diesen Zustand zu kommen! Auch Meditation kann hilfreich sein. Meiner Erfahrung nach aber am ehesten dann, wenn der Körper vorher ausgelastet und das Problemdenken in seine Schranken verwiesen wurde. Die Entspannung, das Loslassen, die Konzentration auf etwas ganz anderes, z.B. das Laufen, dürfte ein wesentlicher Punkt sein.

Es gilt häufig nur, den inneren Schweinehund zu überwinden, und auch bei Regenwetter etwas zu tun. Jedoch weiß ich aus eigener Erfahrung: das Duschen nach einem Lauf bei schlechtem Wetter ist noch feiner. Und es ist wunderbar, anschließend mit der Teetasse in der Hand seine Gedanken zu ordnen und die entdeckten Ziele sauber in sein Buch zu schreiben. Auch das ist ein Erfolg.

Körperlich können Sie einiges unternehmen, um mutiger und freier zu denken.

Den Erfolg visualisieren und im Voraus genießen

Philipp Lahm erzählte in einem Interview, dass er sich die Siegerehrung der Fußballweltmeisterschaft von 1990 wieder und wieder angesehen habe. 1990 war er sechs Jahre alt. Er habe, sagte Lahm, so oft davon geträumt, dass er fast eins mit diesem Bild geworden sei.

Torwartlegende Sepp Maier gab die gleiche Antwort, als er 1974 gefragt wurde, ob es denn aufregend gewesen sei, da oben, mit dem Weltpokal. Er sagte in etwa: „Es war ein vertrautes Gefühl, ich hatte mir das so oft seit meiner Kindheit ausgemalt und vorgestellt".

Wenn wir uns vor Augen führten, wie aufwendig es ist, wie viel Schweiß und Anstrengung notwendig sind, um ein erfolgreicher Fußballprofi zu werden, dann würden wir uns wahrscheinlich schwertun, mit voller Begeisterung auf das Ziel loszugehen. Die Gedanken an den Schmerz und die Entbehrungen wären zu groß, die immer präsenten Verlockungen, doch aufzugeben, zu stark. Nur wer die Freude und Anerkennung, die ihm das Erreichen des Zieles bringen wird, IM VORAUS FÜHLEN kann, hat die Kraft zum Durchhalten.

Stellen Sie sich den gewünschten Endzustand möglichst bildhaft vor! Fühlen Sie sich, als ob er schon Realität wäre!

Collagen – Energie in Wort und Bild

Zukunftscollagen sind Bilder von unseren Zielen, aufgeklebt auf ein großes, farbiges Tonpapier, kombiniert mit energiegeladenen Sätzen. Sie helfen, uns das oben beschriebene Gefühl immer wieder in Erinnerung zu rufen. Wir können uns an den Bildern orientieren und sie mit unserer Gedankenkraft aufladen. Besser noch: wir setzen uns gedanklich in unser Cabrio und fühlen dabei, wie uns der warme Wind um die Ohren streicht, wir hören, wie der Motor röhrt...

In vielen Seminaren habe ich Collagen so verstanden, dass es reicht, ein paar bunte Bilder aufzukleben und das Werk immer wieder anzusehen. Im Laufe der Zeit musste ich aber feststellen, dass sich die Dinge nicht so erfüllten wie ich das gerne gehabt hätte. Obwohl ich mir wirklich viel Mühe bei der Auswahl der Fotos und Texte gegeben hatte. Aber irgendwie funktionierte das in einigen Bereichen zwar ganz gut, dafür in anderen nicht einmal ansatzweise.

Ich kam zu dem Schluss, dass Collagen prinzipiell ein ausgezeichnetes Unterstützungsmodul sind. Sie erfüllen ihren Zweck allerdings nur dann, wenn ich tief in mir an die dargestellte Zukunft glaube. Wenn die Bilder wirklich zu mir passen und ich eine innere Freude beim Betrachten der Collage empfinde. Wieder geht es um das Gefühl, das entsteht, wenn ich die „Hilfsmittel" Bilder betrachte.

Bevor wir weiter ins Detail gehen, Sie Ihre Ziele finden und beginnen diese umzusetzen, möchte ich Ihnen noch ein Beispiel geben. Es zeigt, wie sich Dinge ergeben können, auch wenn man zu Beginn nicht jedes Detail kennt und nur eine grobe Planung von der Reiseroute hat. Was passieren kann, wenn man einfach losgeht, sich auf das Leben einlässt und jeden Tag ein Stück weiter reist. Es passieren Dinge, von denen man am Anfang nicht weiß, dass es sie überhaupt gibt. Wie hätte ich dann davon träumen sollen?

Außerdem wird man von Menschen, die vorher mehr als skeptisch waren, plötzlich ganz anders wahrgenommen. Was gestern noch unmöglich erschien, wogegen es unzählige (teilweise auch berechtigte) Einwände gab, ist heute normal. Es wird sogar unterstützt und nachgeahmt.

Beginnen Sie einfach!

Anfang der 90er Jahre war es noch nicht so üblich, als 19jähriger für ein paar Monate in der Welt herumzufliegen. Wenn ich damals vor Beginn meiner Weltreise gewusst hätte, was ich nach weiteren 10 Individualreisen wusste, wäre ich wahrscheinlich niemals aufgebrochen. Zumindest nicht in einer so völlig unbekümmerten Stimmung. Mir ist damals tatsächlich nichts Schlechtes widerfahren. Nur positive Erlebnisse.

Unverhofft stehe ich zum Beispiel bei Dunkelheit alleine oben auf dem Uluru und sehe die Sonne über Australien aufgehen (heute würde ich nicht mehr raufgehen, aus Respekt vor dem Glauben der Aborigines, aber damals wusste ich eben so vieles nicht). Diesen Monolithen hatte ich als kleiner Bub in einem Buch gesehen, und ich wusste: da will ich hin. Weil ich damals noch keine Ahnung von der Entfernung und den Kosten hatte, war das für mein Unterbewusstsein einfach eine klare Ansage, die es zu erreichen galt.

Auf Hawaii erlebte ich einen kleinen Lavaausbruch mit. Die Fotos davon brachten mir später über 1.000 DM ein.

Nach diesem erfolgreichen Auftakt stand den weiteren Reisen nichts mehr im Wege. Ich glaubte mir selbst, dass ich sie gut bewältigen würde, und mein Umfeld teilte diese Meinung. „Der macht das schon", hieß es jetzt von allen Seiten. Es war völlig egal, ob Grönland oder Madagaskar auf dem Reiseplan stand. Noch dazu hatte ich plötzlich einen gewissen Ruf als Fotograf, obwohl ich – außer der Bedienungsanleitung meiner Kamera – noch nichts über Fotografie gelesen hatte.

Es hatte sich durch Neugier und unbefangenes, entspanntes Handeln ein Erfolgskreislauf eingestellt, der mir viele neue Möglichkeiten eröffnete.

> *Erfolgskreisläufe erscheinen uns häufig wie Zufälle*
> *oder „glückliche Fügungen". Dabei liegen ihnen*
> *Muster zugrunde, die wir bewusst nutzen und in unser*
> *tägliches Leben einbinden sollten.*

Machen wir es konkret: Sie haben die positiven Erlebnisse bereits in Ihrem Buch dokumentiert. Damit haben Sie sich Ihr Fundament bewusst gemacht. Das ist entscheidend, um an sich selbst und sein Potential zu glauben. Wie finden Sie jetzt aber die visionären Ziele, die zu Ihnen passen?

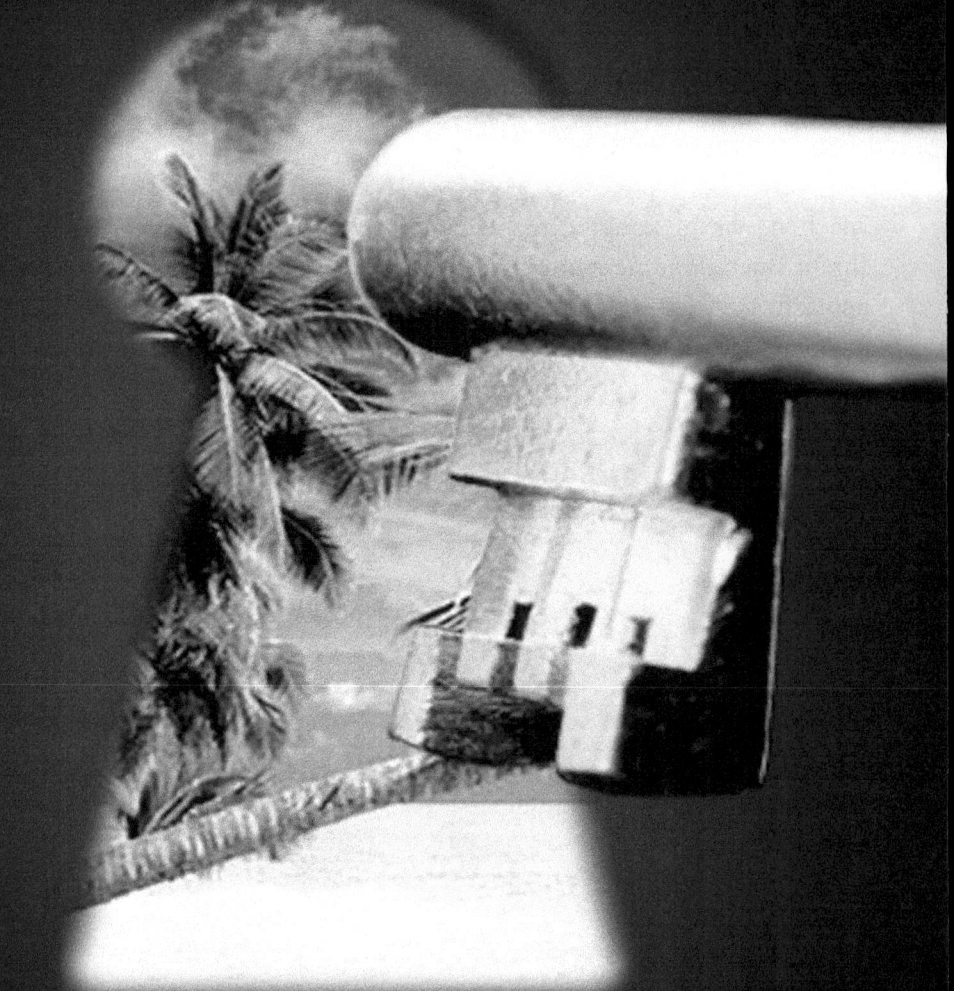

SCHLÜSSEL 3

SCHENKEN SIE IHRER INNEREN STIMME GEHÖR FÜR IHRE WAHREN ZIELE

„Es ist keine Schande, sein Ziel nicht zu erreichen, aber es ist eine Schande, kein Ziel zu haben." Viktor Frankl

Ziele zu finden, sie trotz Ablenkungen zu verfolgen und zu erreichen, ist eine Freude. Es gibt uns die Kraft, immer weiter zu wachsen und uns ganz zu entfalten. Auch alles um uns herum wächst und gedeiht besser, wenn wir eine Quelle der Lebensfreude, des Erfolgs und der Dankbarkeit sind.

Wie funktioniert das? Ich gebe zu, es erfordert einige Disziplin und Arbeit. Wie man es schafft, sei hier in ein paar Schritten zusammengefasst.

Bringen Sie sich in einen energiegeladenen Zustand! Wie? – Durch Sport, Tanz, Musik... Stehen Sie auf strecken Sie sich. Dehnen Sie zur linken und zur rechten Seite. Atmen Sie ein paar Mal tief ein und tief aus. Schreiben Sie jetzt alles auf, was Ihnen zu Ihren persönlichen Zielen einfällt! Was möchten Sie in 20 Jahren erreicht haben? Im Moment ist es egal, ob Sie es jetzt sofort angehen wollen oder erst in ein paar Jahren. Schreiben Sie 5 Minuten lang, so schnell Sie können. Versuchen Sie, nicht zu denken, sondern einfach zu schreiben. Gehen Sie nicht zu sehr ins Detail. Aber bleiben Sie konkret, damit Sie ein Bild haben. Es genügt, wenn Sie selbst später wissen, was gemeint ist. „Porsche 911 in Silber" reicht völlig. Welche Ausstattung er haben soll, wissen Sie ja.

Vielleicht wollen Sie im Alter mit den Enkelkindern Fußballspielen? Es kommt darauf an, der Phantasie freien Lauf zu lassen. Halten Sie nichts zurück. Ignorieren Sie alle Grenzen und schreiben Sie auf, was „rausprudelt". Egal wie absurd es klingen mag. Es ist **Ihr** Brainstorming nach **Ihren** Zielen. Hier hat Ihr Unterbewusstes, Ihr inneres Kind, endlich die Chance, sich Gehör zu verschaffen. Streichen können Sie später immer noch.

Persönliche Ziele

Welche persönlichen Ziele habe ich für die nächsten 20 Jahre?

Beispiele aus meinen Zielen:

> in die USA reisen und den Grand Canyon mit einem Helikopter durchfliegen

> Bücher über Dinge schreiben, die ich wichtig finde, und Vorträge darüber halten

> mit meiner Frau einmal pro Jahr eine einwöchige Kulturreise machen

> einmal pro Jahr mit der Familie in ein sehr gutes Hotel zum Skiurlaub fahren

> in den Schulferien genug Zeit und Geld haben, um mit meiner Familie die Welt zu bereisen

> Spanisch lernen

> mit der Familie auf einem Forschungsschiff in die Antarktis reisen

> die besten Sänger der Welt im Sydney Opera House hören

> Alpendurchquerung mit dem Rad und zu Fuß

> Segeln lernen und regelmäßig Segeltouren machen

> mit meinen Kindern durch die Alpen radeln

> den Schutz der Umwelt tatkräftig unterstützen

> frei von Rückenschmerzen sein

> Vegetarier werden und einen Koch engagieren, der dreimal die Woche für uns kocht

Schreiben Sie jetzt einige Ziele für die nächsten 20 Jahre fest. Keine Angst, wenn nicht alles dabei sein sollte. Es kommt darauf an, diesen Prozess zu verinnerlichen und ihn regelmäßig zu üben. Wie so manches im Leben scheint es erst einmal recht umständlich. Aber Sie schaffen dadurch Klarheit für sich und Ihr Unterbewusstsein – das ist der entscheidende Punkt.

Nur wenn etwas klar erkennbar ist, können Sie darauf
fokussieren und es schließlich erreichen.

Ich dachte zunächst auch, es geht schon, wenn ich meine Ziele „irgendwie im Hinterkopf habe". Doch da habe ich mich leider immer wieder verzettelt und viel Zeit, Energie und Geld auf der Stecke gelassen. Schreiben Sie die Dinge also auf, damit sie als Grundlage für Ihre Vorstellungskraft dienen können. Tauchen Sei ein in Ihre Texte, entwickeln Sie farbige Bilder. So nehmen Gedanken Form an. Wie wir später noch sehen werden, sind unsere Gedanken entscheidend für unser Leben verantwortlich.

Ihre persönlichen Ziele liegen nun in Form einer bunten und sehr wertvollen Sammlung vor Ihnen. Was machen wir jetzt daraus? Was unterscheidet sie von kurzlebigen „Silvesterzielen"?

An Silvester nehmen wir uns viel fürs neue Jahr vor. Meist sind es jedoch spontane Vorsätze, nach dem Motto „Es wäre gut, wenn...". Wir haben weder eine konkrete Vorstellung von den notwendigen Schritten, noch stehen wir wirklich hinter diesen hehren Zielen. Manche sind schon ein paar Tage später wieder vergessen.

Die Ziele, die Sie eben aufgeschrieben haben, sind von ganz anderer Art. Sie sind aus Ihrem Inneren entstanden. Und Sie werden sehen: je öfter Sie den Prozess wiederholen, desto klarer werden Ihre Vorstellungen, desto fundierter werden Ihre Visionen sein.

Zeitschiene und Priorisierung

Ein neues Projekt braucht zusätzlichen Platz, zeitlich, räumlich und gedanklich. Bringen wir deshalb zunächst Ordnung in Ihre persönlichen Ziele!

Alles auf einmal und sofort – das funktioniert selten. Häufig haben wir Träume, bei denen uns jede Idee zur Umsetzung fehlt. Deshalb ist es wichtig, ihnen eine gewisse Entwicklungszeit zu gönnen. Umstände und Vorstellungen verändern sich im Laufe der Zeit, und es kann ohne Weiteres passieren, dass Dinge, die heute „undenkbar" scheinen, in fünf Jahren zu unserem Alltag gehören. Ordnen Sie daher Ihre Ziele bitte zeitlich ein! Welche Ziele wollen Sie in 1, 3, 5, 10, 20 Jahren erreicht haben? Nehmen Sie sich dafür höchstens drei Minuten Zeit.

Natürlich sind alle wichtig, und ich hätte auch gern alles sofort. Ich kann mir aber beim besten Willen nicht vorstellen, in einem Jahr mit den Kindern auf einem Forschungsschiff in die Antarktis zu reisen. Sie sind noch zu klein, und die Faszination für Shackleton hat sie noch nicht erreicht. Hier gibt es andere Dinge, die mir näher und JETZT wichtiger sind.

Stellen Sie sich die Frage: Was will ich jetzt im Moment in mein Ziel investieren – zeitlich, finanziell und geistig? Diese Frage hilft oft, die dringlichsten von den weniger dringlichen Zielen zu unterscheiden. Lautet das Ergebnis 0, 0, 0, dann würde ich das Ziel nicht auf ein Jahr festlegen, sondern einen realistischen Zeitrahmen wählen.

Jahre	Ziele
2	In die USA reisen und den Grand Canyon mit einem Helikopter durchfliegen
1	Bücher über Dinge schreiben, die ich wichtig finde, und Vorträge darüber halten
2	Mit meiner Frau einmal pro Jahr eine einwÖchige Kulturreise machen
2	Einmal pro Jahr mit der Familie in ein sehr gutes Hotel zum Skiurlaub fahren
2	In den Schulferien Zeit und Geld haben, um mit meiner Familie die Welt zu bereisen
3	Sapnisch lernen
10	Mit der Familie auf einem Forschungsschiff in die Antarktis reisen
5	In der Oper von Sydney die besten Sanger der Welt hÖren
3	Alpendruchquerung mit dem Rad und zu Fuß
10	Segeln lernen und regelmäßig Segeltouren machen
10	Mit meinen Kindern durch die Alpen radeln
1	Den Schutz der Umwelt tatkräftig unterstützen
1	Frei von Rückenschmerzen sein
1	Vegetarier werden und einen Koch engagieren, der dreimal die Woche für uns kocht

Durch die Zeiteinteilung haben wir schon einen ganz guten Überblick über die Dinge, die wir gerne in unser Leben holen möchten. Als ich mit meiner Einteilung fertig war, stellte ich fest, dass die Unzufriedenheit über meine aktuelle Situation schon etwas abgenommen hatte. Ich hatte erkannt, dass für viele Dinge noch genügend Zeit bleibt und ich mir ihretwegen keinen Stress machen muss. Anhand dieser zeitlichen Abstufung konnte ich in Ruhe Strategien zur Realisierung entwickeln. Und über manche Ziele musste ich mir überhaupt noch keine Gedanken machen. Wichtig ist, dass die Ziele notiert und zeitlich eingeteilt sind.

Verzichten Sie auf die Priorisierung, dann wird es Ihnen so ergehen wie mir bei einer Matheprüfung im Studium. Ich fing mit einer Aufgabe an, kam nicht gleich weiter, versuchte es mit einer anderen, während mir die erste noch im Kopf herumspukte und jede Konzentration zunichte machte. Der Blick zur Uhr oder auf die noch unbearbeitete Rückseite des Aufgabenblattes löste jedes Mal Panik aus.

Aktion ohne Konzentration führt selbst bei
ausreichendem Wissen zu schlechten Ergebnissen.

Meine Rettung war schließlich die Priorisierung nach erreichbaren Punkten. Ich investierte zwei wertvolle Minuten in meine Beruhigung und weitere drei in die rasche Einteilung meiner Zeit nach Bedeutung der Aufgaben. Anschließend war ich zwar nicht klüger, aber ruhiger. Ich konnte in der letzten Minute noch das Ergebnis der vorletzten Aufgabe hinschreiben und schaffte eine akzeptable Note.

Hätte ich die Aufgaben von Anfang an nach ihrem Stellenwert sortiert und das Zeitkontingent als ausreichend erkannt, wäre das Ergebnis deutlich besser ausgefallen.

Der Vorteil solcher Prüfungen ist natürlich der, dass ich ein schlechtes Ergebnis meist noch ausgleichen kann und selbst im schlimmsten Fall höchstens ein Semester verliere. Im Leben ist das ebenfalls möglich, aber der Aufwand zum Ausgleich von schlechten Ergebnissen ist sehr viel höher und irgendwann zeitlich auch nicht mehr zu leisten.

Die Priorisierung Ihrer Ziele macht Ihnen deutlich, wie viel Zeit und Energie Sie für diese jeweils einplanen müssen. Mit einem gewissen Plan und definierten Zielen durch den Tag zu gehen, durch die Woche, das Jahr und das Leben, führt mit Sicherheit zu den besseren Ergebnissen.

Schreiben Sie sich die Ziele in Ihr „Buch des Lebens". Markieren Sie die erreichten mit einem Textmarker. So bauen Sie sich eine Datenbank der Erfolgserlebnisse auf und dokumentieren Ihre eigene Entwicklung. Blättern Sie das Buch immer mal wieder durch und seien Sie stolz auf sich!

Sprechen Sie zunächst mit niemandem darüber. Ihre Ziele muss zu diesem Zeitpunkt niemand kennen. Das sind Ihre Geheimnisse, Ihre Träume, Ihre Phantasien, die Sie jetzt noch schützen müssen. Denn dies ist eine entscheidende Phase für den gesamten weiteren Prozess, ja für Ihr ganzes Leben.

Berufliche Ziele

Welche Menschen bewundern wir? Menschen, die an sich zweifeln und im Alltagstrott gefangen sind? Oder jene, die auf ihrem Gebiet außergewöhnliche Leistungen vollbringen? Meist macht ihnen ihre Tätigkeit auch noch große Freude. Das Thema liegt ihnen, und es geht ihnen alles scheinbar leicht von der Hand.

Ich habe recht lange gebraucht, um zu erkennen, dass das, was mir leicht fällt, auch wertvoll ist. Ein Maler aus meinem Bekanntenkreis sagt über seine Bilder: „Das ist doch keine Kunst für mich, das kann ich ja". Trotzdem sind sie etwas wert – oder eben gerade deshalb.

Lange Zeit habe ich vor allem versucht, in den Bereichen, die mir weniger lagen, besser zu werden. „Seltsamerweise" bin ich aber nie wirklich auf einen grünen Zweig gekommen. Es kostete immer viel Überwindung, und sobald ich etwas nachließ, ging gar nichts mehr voran. Als würde man mit angezogener Handbremse fahren. Wenn es um unsere Zukunftsplanung geht, ignorieren wir das Qualmen und den Geruch der überhitzten Bremsen meist viel zu lange. Wir geben immer mehr Gas und versuchen, uns weiter „durchzubeißen". Dabei würden wir auf der Straße doch auch sofort stehenbleiben, nach der Ursache forschen und den Schaden beheben.

Herausragende Leistungen in Bereichen zu erbringen, die uns nicht liegen, das wird uns kaum gelingen. Und falls doch, haben wir meist viel zu viel für den vermeintlichen Erfolg bezahlt. Leider wird in unserer Gesellschaft aber gerade das erwartet. Aus irgendeinem Grund sind wir in einem bestimmten Job gelandet, und jetzt müssen wir „das Beste daraus machen". Die wenigsten Menschen haben sich vor ihrer Karriere intensiv Gedanken über ihre Fähigkeiten und ihre berufliche Zukunft gemacht. Es gab höchstens mal ein paar Praxissemester, aber da war es ja auch schon fast zu spät. Die wenigsten sind durch eine „Schule der Zielfindung" gegangen. Viele, die nicht dieses Glück hatten, stecken jetzt tief in beruflichen Zwängen und wissen nicht, wie sie sich befreien sollen.

Forschen Sie also nach Ihren Zielen. Suchen Sie nach denen, die Ihnen wirklich Freude machen. Denn die sind häufig mit Fähigkeiten verbunden, die Ihnen liegen. Finden Sie heraus, was Sie immer schon gerne gemacht haben, und bringen Sie es in Einklang mit Ihren Zielen!

> In welchen Bereichen lernen Sie auch heute noch gerne dazu?

> Womit befassen Sie sich gerne jeden Tag?

Es ist oft nicht notwendig, alles zu verändern. Meistens genügen kleine Änderungen, und die Sache sieht nach kurzer Zeit schon ganz anders aus.

Überlegen Sie, was Sie erreichen wollen und wie Sie mit den gegebenen Fähigkeiten, Ihren Ressourcen, diese Ziele Schritt für Schritt erreichen können.

Das „Gleichnis vom anvertrauten Geld"

Ein reicher Mann geht auf Reisen, er vertraut für die Zeit seiner Abwesenheit seinen Dienern sein Vermögen an. Der eine bekommt fünf Talente, der andere zwei, der dritte Diener ein Talent. Was genau sie mit dem Geld machen, bleibt ihnen überlassen. Nach der Rückkehr bietet sich dem Reichen folgendes Bild: der erste Diener hat aus fünf Talenten zehn gemacht, der zweite aus zwei Talenten vier. Der Dritte hatte Angst, alles zu verlieren, und hat nicht mit seinem Talent gearbeitet, er hat es nicht genutzt, sondern es vergraben und gibt es seinem Herrn zurück. Der Herr nimmt ihm daraufhin das eine Talent ab und gibt es dem ersten Diener. Mt 25,15; sinngemäß nacherzählt

Als dieser Bibeltext entstand, bezeichnete „Talent" eine Währung. Aber auch wenn man den heutigen Sinn des Wortes zugrunde legt, trifft das Gleichnis zu. Uns wurden Fähigkeiten mitgegeben, die wir zu unserem eigenen und zum Nutzen anderer einsetzen und ausbauen sollten. Nutzen und verbessern wir das, was wir haben, anstatt es ängstlich zu vergraben!

Legen wir los mit der Zielfindung für Ihre beruflichen Ziele oder für Ihre Veränderungswünsche! Bringen Sie sich dazu in Schwung und laden Sie sich mit Energie auf. Stehen Sie auf, legen Sie fetzige Musik ein, strecken Sie sich, hüpfen und tanzen Sie, atmen Sie tief ein und tief aus. Lassen Sie alles los. Alle Zwänge, alle Ängste, alles was Sie belastet, kicken Sie es regelrecht von sich weg.

Setzen Sie sich dann hin und schreiben Sie schnell alles nieder, was Ihnen einfällt. Was Sie gerne machen möchten, worin Sie gut sind und was Sie anders haben wollen. Sehen Sie sich bereits in der Position, in der Sie gerne sein möchten. Es spielt jetzt keine Rolle, welche Konsequenzen das hätte, und ob es im Moment möglich erscheint. Schreiben Sie einfach alles auf, was Ihnen einfällt, ohne darüber nachzudenken.

Nehmen Sie sich dafür sieben Minuten Zeit.

Als Anregung hier ein paar meiner beruflichen Ziele:

> voller Tatendrang jeden Tag aufstehen und Freude und Dankbarkeit für das empfinden, was ich tue

> Bücher schreiben und Audio- und Videoprogramme zu Themen zu erstellen, die mir wichtig sind, und mein Lebenswerk dokumentieren

> mitreißende Vorträge vor Menschen halten, die mehr aus ihrem Leben machen möchten

> Menschen Möglichkeiten aufzeigen, wie sie ihre Ziele erreichen können

> von freundlichen, ehrlichen und unternehmungslustigen Menschen umgeben sein, sie als Freunde und Geschäftspartner gewinnen

> Produkte aus meiner Arbeit kreieren, die meine Zeit vom Geldverdienen entkoppeln und regelmäßig mindestens xy Euro/ Monat einbringen

> mindestens xyz Euro pro Monat Einkommen aus Vorträgen und Coachings haben

> kreativ, selbstständig, unabhängig und frei arbeiten

> meine Aufträge selbst auswählen können

> Weiterbildung durch mindestens vier hochkarätige Seminare pro Jahr

> während der Schulferien keine Termine wahrnehmen müssen

> mindestens vier Stunden pro Tag Zeit für meine Familie haben

Wie bei den persönlichen Zielen haben Sie jetzt eine Sammlung von Zielen und Vorstellungen für Ihr berufliches Leben.

Ordnen Sie nun die Ziele in einer zeitlichen Reihenfolge. Schreiben Sie wieder vor jedes Ziel, bis wann Sie es unbedingt erreicht haben müssen.

Nehmen Sie sich dafür drei Minuten Zeit. Überlegen Sie nicht lange, verlassen Sie sich ganz auf Ihr Gefühl. Bringen Sie Ihre Gedanken zu Papier und schaffen Sie dadurch Ordnung. Der erste Gedanke ist oft der richtige.

Achten Sie auch diesmal darauf, Ihre Ziele nicht sofort jedem zu erzählen. Denn die meisten Menschen können Ihren Gedanken nicht folgen und kennen auch Ihre Hintergründe nicht. Ihre Ideen, Visionen und Ziele sind jetzt kleine, zarte Pflänzchen. Diese müssen Sie noch schützen und pflegen, damit sie sich entwickeln können. Erst nach einiger Zeit sind sie so robust, dass sie dem Sturm standhalten und genügend Substanz haben, um auch Trockenperioden zu überstehen.

Wenn Sie Ihre Ziele dagegen zu früh jemandem erzählen, der Ihre Euphorie nicht teilt, führt das häufig zu Zweifeln und Frustration.

Natürlich ist es wichtig, die Meinung anderer einzuholen. Aber eben erst, wenn die Überlegungen schon etwas mehr Form angenommen haben. Erst dann werden sie Belastungen und kritischen Fragen standhalten. Sie vermeiden dadurch, dass Sie zu stark verunsichert oder gar aus der Bahn geworfen werden.

Finanzielle Ziele

Finanzielle Ziele sind natürlich in gewisser Weise mit den beruflichen Zielen verbunden. Es ist jedoch wichtig, auch hier verschiedene Anlageformen und Lebensabschnitte zu bedenken.

> Was sichert mir mein Einkommen im Alter?

> Wie kann ich mir ein finanzielles Fundament aufbauen?

> Wo investiere ich? In Immobilien, Aktien, Gold, Silber?

> Welche Sicherheiten will ich schaffen?

> Wie kann ich durch den Ertrag meines Depots eine Grundabsicherung für mich und meine Familie erreichen?

> Wie möchte ich meine Kinder für ihre Zukunft finanziell ausstatten?

> Wie viel Geld möchte ich im Rentenalter haben oder regelmäßig einnehmen?

Gehen Sie ebenso vor wie bei den bisherigen Zielfindungsprozessen. Arbeiten Sie in einem energiegeladenen Zustand, und lassen Sie alles zu, was Ihr Stift auf das Papier zaubert.

Konkretisieren Sie Ihre Ziele

Sie haben jetzt aus drei wesentlichen Bereichen Ihres Lebens viele verschiedene Ziele in einer zeitlichen Reihenfolge geordnet. Wählen Sie jetzt aus jedem Bereich die zwei wichtigsten Ziele aus, die Sie innerhalb eines Jahres erreichen wollen. Schreiben Sie diese Ziele noch einmal sauber auf jeweils ein eigenes Blatt in Ihrem „Buch des Lebens". Formulieren Sie das Ziel dabei schon etwas konkreter als beim vorigen Durchgang.

Eines von meinen Zielen könnte jetzt zum Beispiel lauten: Wir fliegen im Sommer 2016 in die USA. Drei Wochen lang bereisen wir den Westen. Hauptstationen sind: Grand Canyon, Bryce-Canyon, San Francisco und Las Vegas.

Haben Sie beispielsweise geschrieben: „Ich will mehr Urlaub haben", dann ist das ziemlich vage. Das Ziel ist schon erreicht, wenn Sie sich einen Tag mehr Urlaub nehmen oder Ihr Chef Ihnen einen Tag zum Ausgleich Ihrer 200 Überstunden „schenkt". Natürlich hatten Sie das so nicht gemeint. Formulieren Sie daher möglichst exakt.

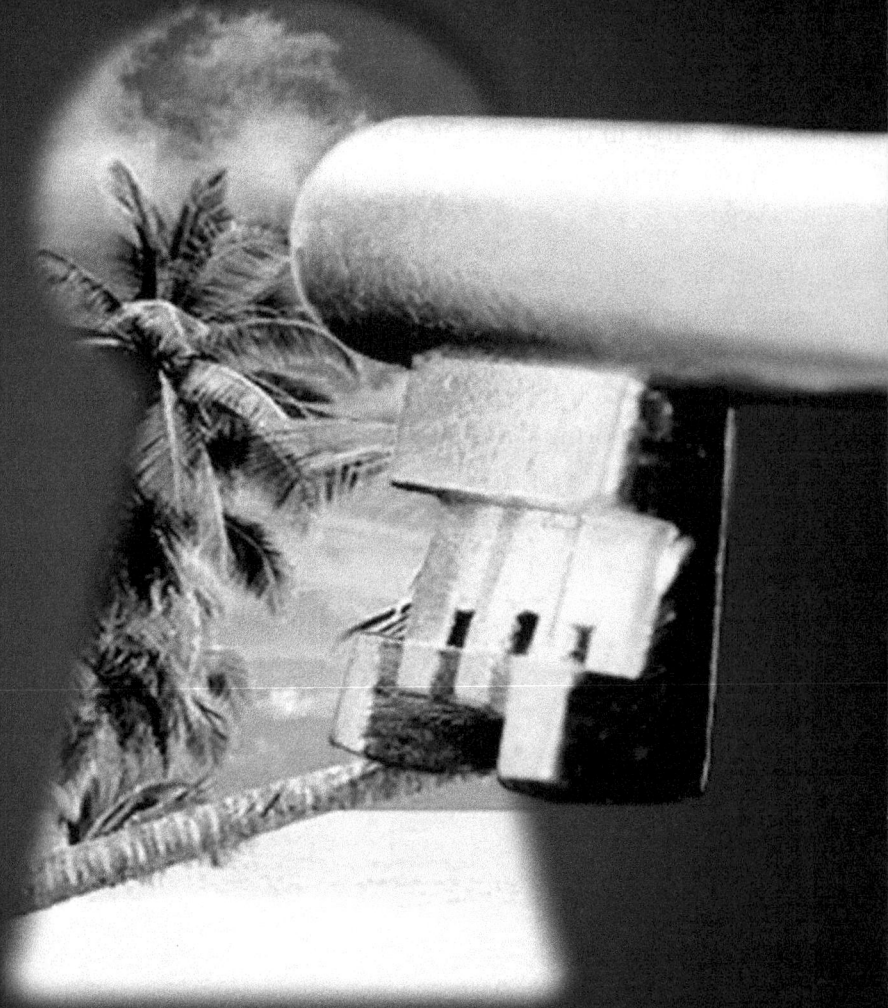

SCHLÜSSEL 4

AUF DAS WARUM KOMMT ES AN!

Damit Sie Ihre Ziele beharrlich verfolgen können,
müssen Sie nicht nur wissen, was Sie wollen. Ebenso
wichtig ist es, dass Sie wissen, warum Sie etwas wollen.

Ein Sportler liebt das Siegen. Er hat ein klares Bild vor Augen, sieht sich schon auf dem Siegerpodest. Anerkennung, Freude, Geld – all das wird ihm zuteil, und daraus leitet er in seiner Vorstellung ein traumhaftes Leben ab. Das ist die Energie, die ihn trägt. Die ihn aufstehen lässt, wenn er am Boden liegt. Hätte er nur die Tartanbahn im Kopf und dazu das Bild, wie er sich Runde um Runde schindet, dann wäre es mit dem Ehrgeiz wahrscheinlich bald vorbei.

Motivation, Ehrgeiz und Durchhaltewille entstehen
aus dem WARUM.

Viele vergessen, das WARUM bewusst zu hinterfragen und es damit zu festigen. Aber gerade das ist der entscheidende Punkt, der uns wie ein Magnet zum Ziel zieht. Dieser Grund lässt all jene Gefühle in uns aufkommen, die zum Erreichen des Ziels so wichtig sind.

Stellen Sie sich vor, Sie sind in der Wüste. Sie haben kein Wasser mehr, die rettende Oase ist etliche Kilometer entfernt. Ihre Kräfte schwinden von Stunde zu Stunde. Sie wollen überleben, aber auch dieser Überlebenswille wird schwächer. Erschöpft setzen Sie sich in den glühend heißen Sand. Sie schließen die Augen, Ihnen ist jetzt alles egal.

Nein, nicht alles. Plötzlich kommen Ihnen Gedanken an Ihre Kinder. Ihre Kinder, die ohne Sie aufwachsen werden, wenn Sie jetzt aufgeben. Auf einmal erkennen Sie Gründe, warum Sie unbedingt weitergehen müssen. Sie sehen die Zukunft Ihrer Kinder als Halbwaisen. Tiefe Gefühle berühren Sie, und dadurch mobilisieren Sie Ihre letzten Kräfte.

Sie sehen: wenn Sie wissen, **warum** Sie etwas wollen, werden Sie es erreichen.

Häufig jedoch sind die Gründe nicht so klar und auch nicht so fest in unseren Gefühlen verankert. Wir müssen sie schriftlich fixieren, sonst verlieren wir sie aus den Augen.

Das Gehirn lässt sich leicht ablenken, es lernt dazu, ist veränderbar. Daher können sich unter bestimmten Voraussetzungen auch Ansichten und Meinungen wandeln. Dies kann den Stellenwert unserer Ziele verschieben, wenn sie nicht schriftlich fixiert sind. Das exakte Aufschreiben (und natürlich auch das häufige Lesen) ist gewissermaßen die Eichreferenz für jedes Ziel.

Wenn wir jetzt emotional unterfütterte Gründe mit exakt definierten Zielen kombinieren, können uns auch die größten Stürme nicht mehr vom Kurs abbringen. Selbst dann nicht, wenn alle äußeren Umstände sich geändert haben und mittlerweile gegen uns zu sprechen scheinen.

Das WARUM der Freude (Zug)

Schreiben Sie zu jedem Ihrer Einjahres-Ziele einen Satz auf, warum Sie es um jeden Preis in dieser Zeit erreichen müssen! Wie verbessert sich Ihr Leben, wenn Sie das Ziel realisiert haben? Welche Freude und welche Vorteile haben Sie selbst, Ihre Kinder, Freunde oder vielleicht sogar fremde Menschen dadurch? Warum können Sie stolz darauf sein? Der Text muss Sie emotional berühren. Sie müssen eine Freude, eine Dankbarkeit spüren, als hätten Sie das Ziel bereits erreicht.

Üben Sie dies mit kleinen Beispielen. Erinnern Sie sich an Dinge, die Sie erreicht haben? Blättern Sie in Ihrem „Buch des Lebens" und lesen Sie Ihre Erfolge nach. Sollte dort noch nichts stehen, fangen Sie jetzt an, die Seiten zu füllen.

Sie können natürlich auch aufgeben und sich in drei Jahren darüber ärgern, dass Sie heute nicht weitergemacht haben. Drei Jahre Ihres Lebens sind dann wieder verstrichen...

Ich meine das gewiss nicht persönlich, ich spreche hier auch von mir selbst. Ich glaubte viel zu lange, auf solche Planungen verzichten zu können, mit dem Erfolg, dass die Jahre mir nur so durch die Finger glitten. Machen Sie es besser!

Als Beispiel meine Gedanken zum Warum der Freude:

„Nur wenn ich dieses Buch schreibe, kann ich meine Fähigkeiten sinnvoll einsetzen, mein Wissen teilen und so mich selbst und andere für Neues begeistern. Es begeistert mich, eine „Anleitung" zu entwerfen, in der viele meiner Gedanken, Ideen und Erfahrungen enthalten sind, und die denen hilft, die mehr aus ihrer Lebenszeit machen wollen.

Meine Investitionen ins Leben zahlen sich dadurch für mich und für andere dauerhaft aus. Ich freue mich, meine Erkenntnisse für jeden sichtbar und nutzbar zu machen. Es macht mir Freude, darüber zu schreiben und zu sprechen."

Das WARUM der Angst (Druck)

Seien Sie ehrlich zu sich: stellen Sie sich auch vor, was passiert, wenn Sie das Ziel nicht erreichen. Fühlen Sie sich richtig schlecht dabei, wenn Sie das Geld für die Reitstunden Ihrer Tochter nicht aufbringen oder keine Zeit finden, Ihren Sohn zum Fußballtraining zu begleiten? Stellen Sie sich vor, Sie sind im Alter krank und verbraucht, weil Sie in keiner Weise auf Ihre Ernährung geachtet haben. Ihre Kinder machen sich größte Sorgen um Sie. Tauchen Sie ein paar Augenblicke emotional in dieses Szenario ein.

Es ist meist leichter, Emotionen aufzubauen, wenn es um Auswirkungen auf andere geht. Ich spreche aus eigener Erfahrung. Letztendlich könnte mir doch alles egal sein. Sterbe ich halt, was soll's. Eine solche Einstellung wäre allerdings reichlich feige und unverantwortlich meiner Familie gegenüber. Ein Feigling möchte ich in diesem Zusammenhang sicher nicht sein.

Wir haben Angst vor Zurückweisung, Verlust, Versagen. Wir unternehmen fast alles, um solche Szenarien zu vermeiden. Nutzen Sie diese Energie! Wandeln Sie Bremsenergie in Antriebskraft um!

Schreiben Sie zu jedem der sechs Einjahresziele einen Satz auf: Was passiert, wenn ich das Ziel nicht bis zum vorgegebenen Termin erreiche? Haben Sie ruhig ein bisschen Angst vor den Konsequenzen. Ihr Unterbewusstsein wird Ihnen helfen, den worst case zu vermeiden.

Wandeln Sie Bremsenergie in Antriebskraft um!

Machen Sie Ihre Ziele sichtbar

Verwenden Sie die folgende Grafik, um Ihre Ziele sichtbar zu machen. Es ist eine wunderbare Darstellungsmöglichkeit, bei der Sie sofort erkennen, wo Sie sich in welchem Bereich gerade befinden. Sie können Ihre sechs Ziele (und noch zwei weitere, die Ihnen am Herzen liegen) hier bewerten. Wie weit sind Sie in welchen Bereichen fortgeschritten? Ich bin sicher, Sie haben bereits sehr große Vorarbeit geleistet, ohne dass es Ihnen bewusst ist.

Zeichnen Sie einfach einen Kreis auf ein Blatt Papier und teilen Sie diesen in 6 oder 8 Kuchenstücke. Jedes Kuchenstück wird einem Ziel zugeteilt und am Kreissegment außen beschriftet. Der Mittelpunkt des Kuchens ist Null. Das bedeutet: hier haben Sie noch nichts getan und natürlich auch nichts erreicht. Die Kreislinie steht für 100 Prozent: hier ist alles erreicht, Sie sind bereits im gewünschten Stadium.

Beurteilen Sie jetzt eines Ihrer Ziele von 0 – 100 Prozent und ziehen Sie bei dem entsprechenden Wert eine Parallele zum Kuchenrand. Wiederholen Sie das für alle Ziele. Malen Sie dann die einzelnen Kuchenstücke farbig aus. Sie werden ein gezacktes Rad erhalten, eines, das noch nicht besonders rund läuft.

So können Sie sofort sehen, wie nahe Sie dem jeweiligen Ziel Ihrer Empfindung nach bereits sind. Außerdem erkennen Sie, wie ein Ziel im Verhältnis zu den anderen steht. Das ist wiederum wichtig für unser Unterbewusstsein, denn es denkt in Bildern. Eine deutlich sichtbare Lücke möchte es möglichst schnell schließen.

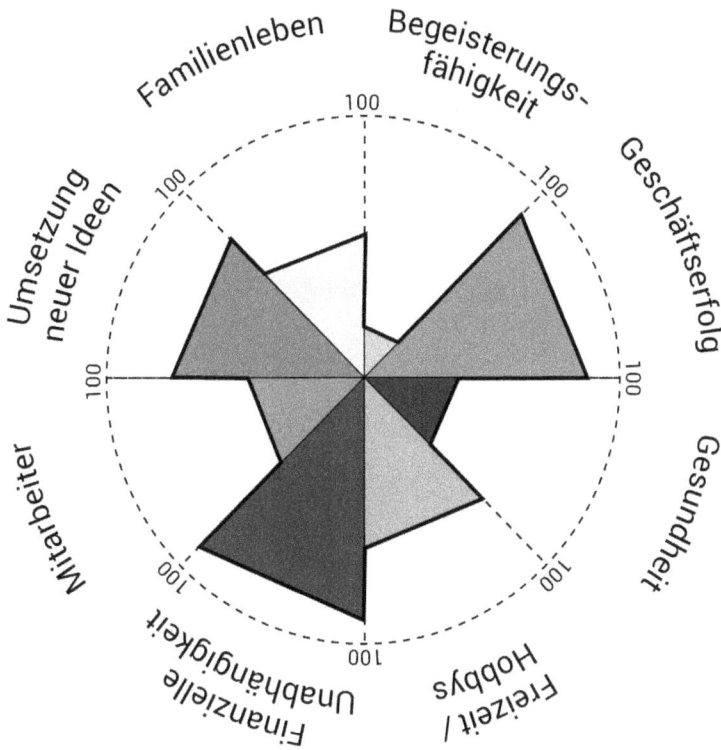

Viele bemerken erst durch diese Darstellung, dass sie für ihre privaten Ziele noch kaum etwas getan haben, die beruflichen aber schon bei 80 Prozent und mehr liegen. Um das Rad des Lebens einigermaßen rund laufen zu lassen, sind aber alle Bereiche wichtig. Sonst wird die Unwucht bei entsprechender Belastung das ganze Rad zerstören. Und dann hat man auch an den bereits erreichten Zielen keine Freude mehr.

Im Beispiel sind recht allgemeine Themen aufgeführt. Sie können dieses Rad natürlich ebenso für ein einziges, großes Ziel verwenden, und die dazu notwendigen Schritte entsprechend in Kuchenstücke aufteilen. Auch dann sehen Sie sehr schnell die Defizite und die Fortschritte. Dadurch erhalten Sie einen guten Projektüberblick und wissen, an welchen Stellen Sie weiter aktiv sein sollten.

0 % ist im Mittelpunkt = sehr schlecht 100 % außen am Kreis = absolut herausragend.

Quelle: in Anlehnung an Tony Robbins „Time of your life"

Beurteilen Sie sich selbst, definieren Sie Ihren aktuellen Status quo.

Können Sie so richtig Gas geben – oder gibt es eine Unwucht?

Die Grafik können Sie sich auch unter folgendem Link zusenden lassen: www.christianschwarz.net/buecher/

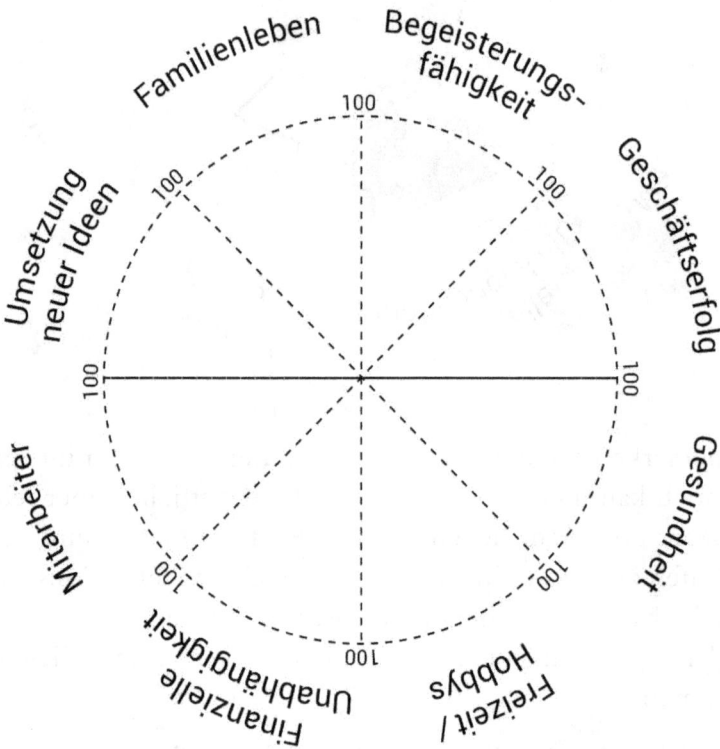

Rückblick aus der Zukunft

Versetzen Sie sich in die Situation, in der Sie all Ihre Ziele bereits erreicht haben! Stellen Sie sich vor, Sie sitzen auf Ihrer Veranda mit Blick aufs Meer. Sie sind inzwischen 80 Jahre alt, die Enkelkinder spielen im

Garten, während Sie auf Ihr Leben zurückblicken. Sie denken an den Tag zurück, an dem Sie Ihre Ziele und die Gründe dafür aufgeschrieben haben. Sie sehen die Erfolge, die Freuden, die Erlebnisse. Sie spüren eine angenehme Luft, die vom Meer herüberweht. Sie freuen sich über jeden Tag. Sie sehen das entspannte, glückliche Gesicht Ihrer Frau. Sie denken an all die Menschen, denen Sie in Ihrem Leben geholfen haben. Sie spüren ihre Dankbarkeit und die Wärme von vielen, vielen schönen Momenten. Sie sind gesund und neugierig. Sie strahlen Freude und Glück aus, sind eins mit sich selbst. Die Sonne geht langsam unter. Sie empfinden eine große Dankbarkeit für Ihr Leben und für das, was Sie geschaffen haben.

Schließen Sie ruhig für ein paar Minuten die Augen. Lassen Sie Ihre persönlichen Bilder aufsteigen. Genießen Sie die Rückschau auf Ihr Leben und fühlen Sie, wie sich Freude und Wärme in Ihnen ausbreiten.

Kommen Sie nun wieder zurück in die Gegenwart. Sie sind im Hier und Jetzt. Es ist noch nichts von dem passiert, was Sie geträumt haben. Sie haben aber genügend positive Gründe und Gefühle, um Ihre Ziele erreichen zu können.

Der Mensch ist allerdings so veranlagt, dass er nicht nur die Zugkraft der positiven Dinge braucht, um langfristig an einer Sache dranzubleiben. Nein, er braucht auch manchmal den sogenannten „Tritt in den Hintern". Druck, Angst, Befürchtungen sind aus unserem Alltag nicht wegzudenken. Und in gewissen Maßen sind sie sogar zielführend. Angst ist eine wichtige Eigenschaft. Seit Jahrtausenden warnt und schützt sie uns vor Gefahren.

Wenn ich nur an die Zusammenstellung der Unterlagen für die Steuererklärung denke, wird mir schon leicht übel. Mir auszumalen, wie entspannt die Woche zwischen Weihnachten und Neujahr sein wird, wenn alles bereits abgegeben ist, reicht nicht aus, um mich rechtzeitig aufzuraffen. Ebenso wenig die Vermutung, dass ich Geld vom Finanzamt zurückbekomme. Erst auf den letzten Drücker und unter Androhung von Strafe werde ich schließlich fertig. Ohne diesen Druck hätte ich die Unterlagen wahrscheinlich noch lange nicht herausgesucht. Druck und Angst in Maßen sind oftmals sehr hilfreich, um Stress zu vermeiden. Bauen Sie sich unterstützend zum „Zugtier" Freude den „Anschieber" Druck mit in Ihre Vorstellung ein.

Ihr „Horrorszenario" könnte zum Beispiel so aussehen: Sie sind 80 Jahre alt und sehen Ihr müdes, erloschenes Gesicht im Spiegel. Es ist ausgebrannt vom lebenslangen Kampf ums Überleben. Sie sind geschieden. Sie haben Ihr Leben lang gearbeitet, haben immer versucht, das Beste zu geben. Aber es waren zu viele Einflüsse, die Sie abgelenkt haben. Zu Ihren Kindern haben Sie wenig Kontakt, die Enkel kennen Sie kaum. Früher fanden Sie vor lauter „wichtigen" Dingen keine Zeit, sich um Ihre Lieben zu kümmern. So sind die Jahre verfolgen, Tag um Tag, Woche für Woche, Jahr für Jahr. Jetzt braucht Sie niemand mehr. Sie sind enttäuscht vom Leben und trinken jeden Tag ein Gläschen zu viel, um sich von Ihrer Situation abzulenken. Das Gehen fällt Ihnen zusehends schwer. Bald werden Sie Hilfe im Alltag brauchen. Vielleicht ein Pflegeheim? Aber wer soll das bezahlen? Der Stress und der Druck nehmen für Sie niemals ab...

Wie fühlt sich das an? Wie schwer werden Ihre Arme und Beine, wie groß wird der Druck? Schließen Sie jetzt die Augen und lassen die Szene auf sich wirken...

Öffnen Sie die Augen, kommen Sie zurück, es ist nichts passiert.

Sie haben alle Chancen, alle Möglichkeiten, Ihr Leben so auszurichten, wie Sie es haben wollen. Sie selbst bestimmen Ihre Ziele.

Halten Sie sich aber auch den Druck in Erinnerung. Er wird Sie in den nächsten 40 Jahren zu Boden drücken, wenn Sie sich jetzt nicht um die wirklich wichtigen Dinge in Ihrem Leben kümmern. Und zwar so kümmern, dass Sie und Ihre Mitmenschen während des Prozesses daraus Kraft ziehen.

Selbstcheck: Passen meine Ziele zu mir?

Überprüfen Sie, ob es wirklich Ihre eigenen Ziele sind, die Sie da aufgeschrieben haben. Fragen Sie sich: Wer müsste ich sein, um der zu sein, der diese Ziele erreicht. In welchen Kreisen müsste ich verkehren, welche Kleidung sollte ich tragen, was müsste ich wissen, was sollte ich können? Interessiert mich das Ganze wirklich? Oder ist es nur eine Flucht in eine andere Situation, die ich mir irgendwie schöner vorstelle als meine gegenwärtige?

Hier klafft oft eine große Lücke. Denn vielleicht will ich in letzter Konsequenz dieses Ziel doch nicht erreichen, weil ich zu viele meiner Eigenschaften dafür aufgeben oder ändern müsste.

Fühlen Sie sich wohl bei dem Gedanken an Ihr Ziel, oder gibt es etwas in Ihrer Persönlichkeit, das sich dagegen sträubt? Besinnen Sie sich auf das, was Sie schon immer gut konnten. Schauen Sie weiter: Was haben Sie in den vergangenen Jahren gelernt, welche Aufgaben haben Ihnen wirklich gutgetan?

Schreiben Sie alles auf und vernetzen Sie Ihre Fähigkeiten mit Ihren Zielen. Gelingt es Ihnen, in einen Tagtraum zu verfallen und über die verrücktesten Möglichkeiten wenigstens 10 Minuten phantasievoll nachzudenken? Schaffen Sie es, diese Ideen und Verknüpfungen als klare Vorstellungen vor Ihrem geistigen Auge zu sehen? Fühlen Sie sich in die Szene integriert?

Welche Menschen kommen in Ihrem Tagtraum vor? Fühlen Sie sich wohl in dieser Gesellschaft oder sind Sie unsicher? Wollen Sie sich wirklich in dieser Umgebung bewegen, oder möchten Sie damit nur sich selbst und anderen etwas beweisen? Wenn alles so passt, dann können Sie davon ausgehen, auf dem richtigen Weg zu sein.

Was auch immer in Ihrer Vorstellung auftaucht, seien Sie ehrlich zu sich selbst. Ich habe mir viele Dinge vorgestellt, aber wenn ich ganz genau hingefühlt habe, war da meist ein leichtes Unbehagen in mir. Ingenieur, das ist ein toller Beruf, da bin ich wer, da kann ich wirklich was bewegen – das war so eine Vorstellung. Sie war deutlich von außen beeinflusst („Du brauchst eine gescheite Arbeit!"). Ich habe das alles jahrelang durchgezogen.

Schließlich bin ich aber doch bei dem gelandet, was mir schon immer leicht gefallen ist. Ich halte gerne Vorträge und bringe gerne Dinge in Bewegung. Menschen für eine Sache oder eine Idee zu begeistern, dabei fühle ich mich richtig wohl. Vor allem, wenn die Idee dann auch in die Tat umgesetzt wird. Im Prinzip habe ich das schon als Kind gemacht, nur die Themen und das Publikum haben sich inzwischen verändert. Aber es waren große Umwege notwendig, um das als den richtigen Weg zu erkennen. Ich musste erst lernen, an mich zu glauben und mich selbst wiederzuentdecken. Vertrauen Sie daher Ihrer inneren Stimme und hören Sie genau hin, ob Ihr Vorhaben zu Ihnen passt.

Das Verfolgen der eigenen Ziele ist in mancher Hinsicht mit dem Bau eines Hauses vergleichbar. Dort wird, nach einigen Gesprächen mit dem Auftraggeber, zunächst ein erster Entwurf erstellt. Alle Details, Wünsche, Funktionsprogramme und Erweiterungsmöglichkeiten sind schon darin enthalten. Wenn man am Anfang wirklich alle Themen intensiv durchdenkt, spart man sich im Laufe des Projektes unglaublich viel Energie, Zeit und somit auch Geld.

Was ist der nächste Schritt? Der Plan wird verändert, auf den Kopf gestellt, zerstückelt und wieder neu zusammengesetzt. Nach ca. 3 Monaten und 6 Planungstreffen sieht er fast wieder aus wie am Anfang. Der Unterschied besteht jedoch darin, dass der Auftraggeber sich nun sicher ist, die richtigen Entscheidungen getroffen zu haben. Er hat sich alle Eventualitäten aus allen möglichen Perspektiven vor Augen geführt, und ist fast auf das gleiche Ergebnis wie zu Beginn gekommen.

Dieser Vorlauf kann zwar nervenaufreibend sein, verbessert aber den weiteren Projektablauf ganz enorm. Der Bauherr ist überzeugt, das Optimum zu bekommen. Er wird während der Bauphase kaum noch Änderungswünsche vortragen. Das ist deshalb so wichtig, weil Änderungen im Prozess viel teurer und zeitintensiver sind als in der Planungsphase.

Auf Ihre Ziele übertragen bedeutet das: nehmen Sie sich Zeit, zerlegen

Sie Ihre Ziele, und hinterfragen Sie, ob sie wirklich zu Ihnen passen. Sie können jedes Ziel erreichen, egal wie utopisch es sein mag, aber machen Sie sich selbst nichts vor. Sonst geht Ihnen nach ein paar Jahren die Luft aus und Sie sind frustriert.

Stimmen Ihre Ziele mit Ihren Rahmenbedingungen überein?

Erstellen Sie ein Portfolio an Eigenschaften, die Sie täglich leben möchten. Definieren Sie die Rahmenbedingungen, in denen Sie sich wohlfühlen. Notieren Sie zum Beispiel Dinge, über die Sie sich täglich freuen können oder auf die Sie stolz sind.

Können Sie sich vorstellen, diese Punkte auf Ihrem Weg zur Zielerreichung so durchzuführen? Und vor allem auch, nachdem Sie Ihre Ziele erreicht haben?

Ein paar Anregungen aus meinem Selbstcheck:

> Die erste Stunde des Tages gehört nur mir. Ich nutze sie für Meditation und Gymnastik.

> Ich arbeite zu meinen Zeiten, in meinem Rhythmus.

> Ich trage die Kleidung, die ich tragen will, ohne Zwänge.

> Ich treibe täglich Sport.

> Ich habe in allen Schulferien Zeit für Urlaub mit meinen Kindern.

> Ich habe die Wochenenden frei.

> Ich lache mehrmals am Tag übers ganze Gesicht.

> Ich habe lebensfrohe, erfolgreiche Menschen um mich, von denen ich lernen kann, und die mich auf meinem Weg weiterbringen.

> Ich lerne von den besten Lehrern alle Dinge, die mich interessieren.

> Ich bin dankbar für das, was ich bereits habe, und bin nicht neidisch auf andere.

> Ich lebe täglich im Gefühl: es ist genug für alle da.

> Ich möchte jeden Abend sagen können: Ich habe heute mein Bestes gegeben.

Passen Ihre Ziele und Ihre Vorstellungen vom
täglichen Leben zusammen?

Stellen Sie die richtigen Fragen!

Oft lauten die Fragen an dieser Stelle:

> Das soll ich alles machen, um mein Ziel zu erreichen?

> Wie soll ich das schaffen?

Wie fühlt sich so eine Frage für Sie an? Die Formulierung der Frage baut schon einen gewissen Widerstand auf gegen das Ziel oder die Aufgabe. Wir verbinden die Lösung sofort mit Mehraufwand, der negativ besetzt ist. Wir hätten das Ziel zwar ganz gerne erreicht, doch der Weg dorthin erscheint zu anstrengend. Gezwungenermaßen müssen wir häufig diese Aufgaben trotzdem lösen. Wir tun das jedoch widerstrebend, und so wird die Anstrengung tatsächlich höher und das Ergebnis höchstwahrscheinlich schlechter.

> Wie kann ich mein Ziel in der kürzesten Zeit mit dem
> bestmöglichen Ergebnis erreichen?

> Und zwar so, dass mir die Arbeit leicht von der Hand geht und
> noch dazu Spaß macht?

Wie fühlt sich diese Frage an? Natürlich sagen Sie jetzt: „Ja, ja, wenn es eine sinnvolle Aufgabe ist, dann macht sie mir auch Freude. Aber meistens bekomme ich ja bloß Aufgaben, die in meinen Augen unnütz sind." Da kann ich Ihnen nicht widersprechen. Aber genau das ist das Kernthema dieses Buches: Wie schaffen wir es, unsere Aufgaben und den Sinn darin möglichst häufig selbst zu definieren? Denn nur dann fällt es uns immer leichter, große Aufgaben anzugehen und sie erfolgreich zu lösen.

Zurück zur Frage: Für die meisten Menschen klingt die zweite Formulierung deutlich angenehmer, denn sie baut keinen Widerstand auf, den wir erst überwinden müssten. Stattdessen geht sie sofort in den Lösungsmodus über. Wie kann ich das am schnellsten und besten machen – das suggeriert bereits, dass ich es auf alle Fälle kann. Das gibt uns Sicherheit. Die Frage löst in mir sofort Gedanken zu einer schnellen, erfolgreichen und angenehmen Lösung aus.

Das sind die besten Startvoraussetzungen für ein erfolgreiches Projekt!

Die Qualität der Fragen entscheidet darüber, welche Lösungsvorschläge wir finden. Die Fragen sind der Ursprung aller Wege, sie bestimmen, wie viel Freude mir die Lösung der jeweiligen Aufgabe machen wird.

Wir setzen bei dieser zweiten Art der Fragestellung unser Unterbewusstsein optimal ein. Als treuer Arbeiter wird es alle Winkel unseres Gehirns durchforsten, und es wird auch weitere Informationsquellen zu Rate ziehen, um Antworten auf die Frage zu finden. Es ist jetzt auf der Suche nach guten Lösungen. Und gute Lösungen bringen Erfolg.

Bei der ersten Fragestellung, „Wie soll ich das alles schaffen?", sucht und findet es tausend Dinge, von denen es glaubt, dass sie getan werden müssen. Daraus entsteht eine To-do-Liste, die kein Ende nehmen wird.

SCHLÜSSEL 5

LOSLEGEN!

*„Aller Anfang ist leicht, und die letzten Stufen werden
am schwersten und seltensten erstiegen."* Goethe

Wenn Sie es bis hierher geschafft haben, dürfen Sie stolz auf sich sein. Die meisten Menschen starten zwar voller Elan in eine neue Sache, aber genauso schnell verlieren sie auch wieder das Interesse daran. Das liegt zum einen daran, dass sie nicht genau wissen, was sie wollen, und sicher auch nicht verbindlich sagen können, warum sie es wollen.

Der andere Punkt ist, so komisch das klingen mag: sie fangen nicht an. Ich kenne das von mir selbst. In manchen Bereichen fällt mir das Anfangen ganz leicht, etwa bei handwerklichen Tätigkeiten. Das ist ein Hobby, ich beherrsche es, jeder traut es mir zu, ich habe nur gute Erfahrungen damit gemacht, und es ist leicht zu visualisieren. Ein Vorhaben wird geplant, ausgeführt, vollendet. Ziel erreicht, das nächste bitte!

Nehmen wir deshalb lieber ein paar Beispiele, bei denen das Anfangen uns schwerer fällt, und überlegen wir, wie es trotzdem gelingt.

Eliminieren von Rückenschmerzen

Rückenschmerzen plagen inzwischen fast jeden. Dabei kann man viel dagegen tun.

Die erste Maßnahme ist, die Ursache herauszufinden und zu überlegen, wer mir helfen kann.

Physiotherapeuten sind hier gute Ansprechpartner. Sie erstellen Ihnen ein individuelles Trainingsprogramm, und bald darauf können Sie zu Hause mit kleinen Übungen anfangen.

Aus meiner Erfahrung sind solche kleinen, oft wiederholten Übungen viel effizienter als große Aktionen im Fitnessstudio. Billiger sind sie außerdem. Wenn Sie also für viel Geld Bekannte treffen und an imposanten Geräten gesehen werden wollen, gehen Sie ins Studio. Wenn Sie etwas suchen, das Ihnen auf günstigem Weg dauerhaft hilft, integrieren Sie ein paar unscheinbare Übungen in Ihren Alltag.

Sie können sie jederzeit ohne großen Aufwand durchführen: in der Mittagspause – teilweise sogar am Arbeitsplatz – und ganz sicher am Morgen und am Abend zu Hause. Training ist Körperhygiene. Für jeden von uns ist es selbstverständlich, sich morgens das Gesicht zu waschen und die Zähne zu putzen. Dasselbe sollte für Kraft- und Ausdauertraining gelten. Die Zeit dafür muss als wesentlicher Bestandteil des täglichen Lebens angesehen werden.

Gehen Sie einmal im Monat zum Physiotherapeuten Ihres Vertrauens. Nutzen Sie die Zeit, um Ihre Fragen zu stellen. Formulieren Sie diese so, wie ich es unter „Stellen Sie die richtigen Fragen" beschrieben habe. Fragen Sie nach der Ursache und der Lösung. Verschwenden Sie keine Zeit mit der Frage nach den Symptomen.

Wenn Sie nach zwei Monaten schmerzfrei sind, werden Ihnen die weiteren Ausbaustufen für Ihre Gesundheit noch mehr Freude machen. Denken Sie auch daran, Ihre Übungen und Erfolge in Ihrem „Buch des Lebens" zu dokumentieren. Das sind die Schritte auf dem Weg zum Erfolg.

Übergewicht abbauen

Für viele Menschen ist die nächste wichtige Etappe die Gewichtsreduktion.

Wieder lautet die entscheidende Frage: „Was kann ich jetzt tun, um den gewünschten Zustand zu erreichen und Spaß dabei zu haben?"

Klären Sie den Grund für Ihr Übergewicht. Fast immer ist das sehr einfach: Sie essen oder trinken zu viele ungesunde Dinge zur falschen Zeit. Sie glauben mir nicht und ärgern sich über meine dreiste Behauptung?

Tun Sie sich trotzdem einen Gefallen: beweisen Sie sich das Gegenteil.

Schreiben Sie über sieben Tage auf, was Sie essen und was Sie trinken. Eine kleine Tabelle ist hier sehr hilfreich. Tragen Sie diese Tabelle immer bei sich. Investieren Sie in sieben Blätter und machen Sie das eine Woche lang.

Mein persönlicher Getränke- und Nahrungsmittelkonsum

Tag Uhrzeit	Getrank	Menge	Nahrungsmittel	Menge
00:00				
01:00				
02:00				
03:00				
04:00				
05:00				
06:00				
07:00				
08:00				
09:00				
10:00				
11:00				
12:00				
13:00				
14:00				
15:00				
16:00				
17:00				
18:00				
19:00				
20:00				
21:00				
22:00				
23:00				

Die Tabelle können Sie sich auch unter folgendem Link zusenden lassen: www.christianschwarz.net/buecher

Weitere Informationen zur Ernährung finden Sie im Kapitel „Sichern Sie Ihre Energieversorgung".

Gehen Sie mit dieser Übersicht zu einem Ernährungsberater und lassen Sie sich qualifiziert beraten. Sie werden überrascht sein, was er sagen wird, nachdem er seine Sprache wieder gefunden hat. „Normalerweise müssten Sie tot sein", ist häufig die Standardreaktion. Aber die meisten von uns leben ja noch und wundern sich dann, warum alles immer schwerer fällt, warum es hier zwickt und dort zieht.

Lieben Sie Kaltakquise

Kaltakquise ist ebenfalls für viele ein heikles Thema. Sie könnten jetzt fragen: „Warum fällt mir das so schwer?" Und Sie werden aus Ihrem Inneren vielleicht die Antwort erhalten: „Die Leute sind so unfreundlich, es ist mir peinlich…" Fragen Sie stattdessen: „Was kann ich tun, um neue Kunden zu gewinnen, und zwar auf eine Art, die mir Freude macht?"

Insbesondere, wenn wir von dem Produkt, das wir anzubieten haben, nur bedingt überzeugt sind, ist es fast unmöglich, hier Erfolgserlebnisse zu erzielen. Der Prozess ist anstrengend, gerät immer wieder ins Stocken und kostet unendlich viel Kraft. Wenn dem so ist, überlegen Sie, wie Sie Ihren Kunden mit diesem Produkt Nutzen bringen könnten, und beweisen Sie es ihnen gleich beim Anruf oder beim Termin.

Sollte Sie keinen überzeugenden Nutzen für Ihren potentiellen Kunden entwickeln können, dann überprüfen Sie das Produkt oder die Zielgruppe. Es ist sehr frustrierend, trotz großer Anstrengung und Überwindung ständig Absagen zu bekommen. Weit angenehmer ist es, das richtige Produkt mit der richtigen Botschaft zum richtigen Zeitpunkt mit den richtigen Mitteln zum richtigen Adressaten zu bringen. Mit den Zusagen und den daraus entstehenden Mitteln können dann weitere Optimierungsmaßnahmen stattfinden. Sie können zum Beispiel jemanden für die Kaltakquise einstellen, falls Sie das jetzt überhaupt noch wollen.

Mehr zu den Themen Produktbeschreibung, Zielgruppendefinition und Verkündung Ihrer „Botschaft", finden Sie im Kapitel „Optimieren Sie Ihre Produkte".

Dies waren typische Beispiele, die Sie sinngemäß auf Ihre Situation übertragen können. Fragen Sie sich für jedes Ihrer Ziele: „Was kann ich tun, um den gewünschten Endzustand auf einem Weg zu erreichen, der mir Freude bereitet?" Durch die richtige Fragestellung finden Sie Ihren Weg.

Fragen Sie nach Lösungen und nicht nach Problemen!

Welche Widerstände erwarten uns?

Widerstände und Misserfolge sind häufig Indikatoren dafür, dass etwas nicht ganz stimmig ist. Oft ist uns selbst unsere Zielvorstellung nicht ganz klar. Fragen Sie sich deshalb immer wieder: Was könnte ich an meinem Ziel noch verbessern und an meiner Vorstellung optimieren, damit ich mein Ziel leichter erreiche und Spaß dabei habe?

Manchmal sind aber auch Neid und Missgunst die Ursache. Auch hier können Sie sich die Frage stellen: „Was sollte ich beachten, damit diese Menschen nicht mehr neidisch auf mich sind?" „Was könnte ich an meinem Verhalten ihnen gegenüber verbessern?"

Hier muss man allerdings unterscheiden, ob der Neid egoistisch ist oder eher aus unterbewusster Bewunderung resultiert. Manche Menschen sollte man dann in die weiteren Gedankengänge nicht mit einbeziehen, denn sie werden immer etwas finden, was Ihrem Erfolg schaden könnte. Nichtsdestoweniger: für Sie ist es wichtig, dass Sie von Ihrem eigenen Weg überzeugt sind und ein klares Bild Ihres Zieles vor Augen haben.

Versuchen Sie nicht, andere Menschen, vor allem Freunde und Familie, von Ihren Ideen zu überzeugen. Zeigen Sie ihnen nur die Vorteile auf, die diese Idee, dieses Ziel, auch für sie haben wird. Sagen Sie ihnen außerdem, dass Sie sie lieben, und welche Prioritäten Sie setzen. Es könnte sonst passieren, dass der Lebenspartner oder die Kinder eifersüchtig auf das Projekt werden und es bewusst oder unbewusst sabotieren.

Weitere Widerstände treten in Form von Ablenkungen auf. Selbstzweifel und Angst sind da sehr hoch im Kurs. Mehr dazu finden Sie im Kapitel „Ablenkungen".

Wichtig ist, dass Sie sich Ihrer Sache sicher sind und anfangen. Ihr Ziel ist bekannt, ob Sie dann auch sofort in die richtige Richtung starten, ist zweitrangig. Ein Flugzeug startet immer gegen den Wind, egal wohin es fliegen soll. Erst mit der Bewegung, wenn die Luft vorbeistreift, kann das Steuer wirken und das Flugzeug auf Zielkurs bringen. Am Boden hat das Steuerruder keine Wirkung.

Verschwenden wir unsere Zeit nicht mit Überzeugungsarbeit

Wie viel Energie habe ich verbraucht, um Freunde oder Fremde von meinem Tun zu überzeugen. Es war eine Suche nach äußerer Bestätigung und Sicherheit.

Immer wieder begegnen wir unzufriedenen, in ihrem Überdruss erstarrten Menschen. Sie werden an jeder neuen Idee zweifeln und tausend Einwände vorbringen, schon aus Prinzip. Unseren Elan empfinden sie als Angriff auf ihre eigene, träge Lebensweise. Ob bewusst oder unbewusst – diese Menschen werden alles dafür tun, dass wir scheitern.

Aber selbst bei Freunden stellen wir manchmal fest: sie entwickeln sich in eine andere Richtung als wir. Unsere Interessen, unsere Gesprächsthemen laufen langsam auseinander. Es wäre unsinnig, das jemandem vorzuwerfen. Aber wir sollten es berücksichtigen. Sonst kann es passieren, dass auch diese Freunde Zweifel säen, gerade in Momenten, in denen wir besonders auf Zuspruch angewiesen sind. Wir müssen sorgfältig abwägen, wem wir von unseren Zielen erzählen, und wann wir es tun.

Wer unterwegs ist, sollte seinen Weg gut dokumentieren. Denn manchmal hat man den Eindruck, dass nichts vorangeht. Dann kommen Zweifel und Gedanken ans Scheitern auf. Ängstlich fragt man sich: Was habe ich bisher schon geschafft? Auch diese Zweifel werden gerne gegen Ihr Vorhaben verwendet. „Ich habe es doch gleich gesagt, du glaubst mir ja nicht…" – solche Sätze dürften jedem bekannt sein.

Dann ist es gut, im eigenen „Buch des Lebens" blättern zu können, und zu lesen, wie weit man schon gekommen ist. Dort finden wir alle Hindernisse, die wir bereits überwunden haben, an denen wir gewachsen sind, und die uns letztlich sogar geholfen haben, nach oben zu kommen. Das macht uns Mut.

Wie wollen wir jemanden, dem es im Tal gefällt, überzeugen, dass er auf den Gipfel kommen soll? Wir können nur begeistert erzählen. Sehnsüchtig muss jeder selbst werden. Vor allem aber dürfen wir uns nicht im Tal halten lassen. Die Talbewohner werden uns tausend Gründe nennen können, weshalb es hier schöner ist als auf dem kalten und gefährlichen Berg.

Der Weg zum Ziel ist mit Durststrecken und Hindernissen gepflastert.

Alle Hindernisse und Schwierigkeiten sind Stufen, auf denen wir in die Höhe steigen. Nietzsche

Zusammenfassung

Zusammenfassung Sie haben durch Ihre Ziele festgelegt, was Sie wollen. Sie haben die Gründe dafür ausgearbeitet, warum Sie Ihre Ziele unbedingt erreichen müssen. Sie haben Möglichkeiten gesehen, wie Sie beginnen können Ihre Ziele zu erreichen. Es ist wichtig, aus der Emotion heraus die ersten Aktivitäten zu starten, das Rad ins Rollen zu bringen. Bevor es aber Geschwindigkeit aufnimmt und unkontrolliert gegen eine Wand prallt, sind ein paar Überlegungen zur Streckenplanung sinnvoll.

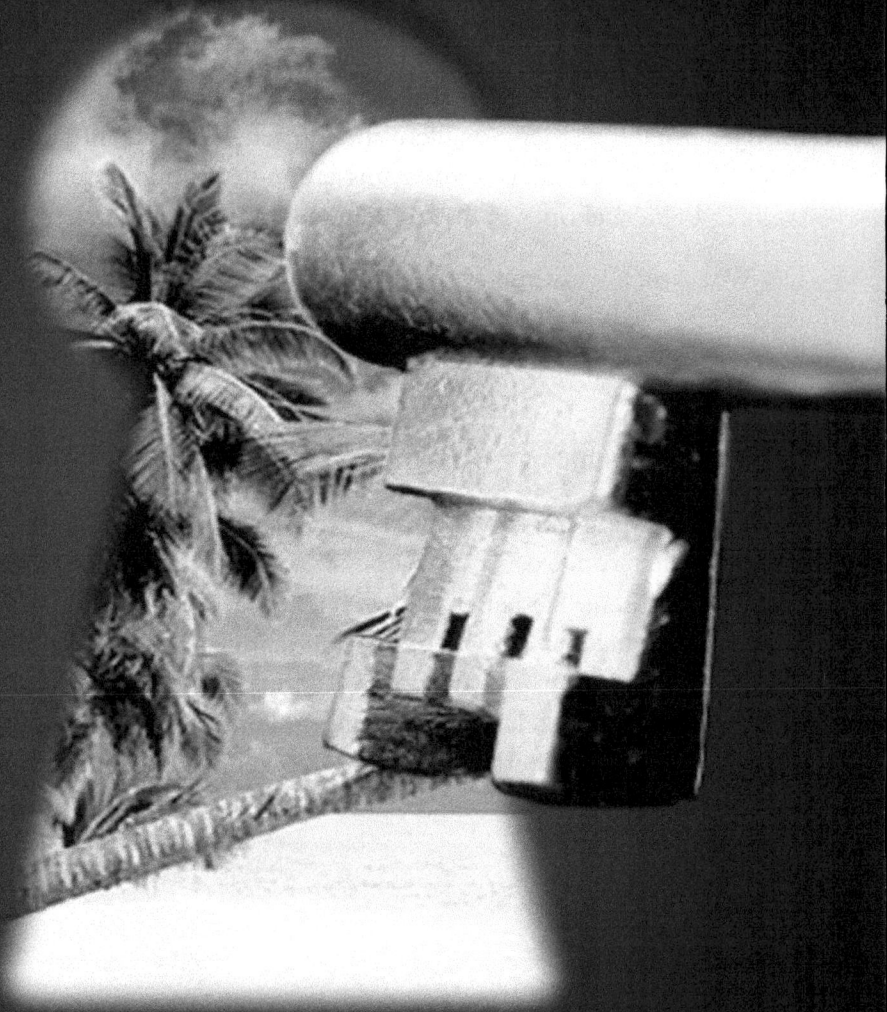

SCHLÜSSEL 6

PLANUNG

Was will ich bis wann, mit welchem Aufwand, in welcher Qualität erreichen?

Für die bildliche Vorstellung ist das Baugewerbe ein dankbarer Bereich. Stellen Sie sich vor, Sie haben sich entschieden, ein Haus zu bauen. Sie kennen das Raumprogramm, wissen im Groben, wie Ihr Haus aussehen soll, und Sie haben gute Gründe, warum Sie es unbedingt brauchen. Sie haben sich umfassend informiert und viele Prospekte gesammelt. Denken Sie, es wäre jetzt sinnvoll, die ersten Ziegelsteine zu kaufen oder die Fenster zu bestellen?

Es ist außerordentlich wichtig, sofort loszulegen und sich zu informieren und ein paar Überlegungen anzustellen. Um aber langfristig durchzuhalten, brauchen Sie gute Pläne, die Ihnen im Vorfeld zeigen, worauf Sie achten müssen. Der Planungsaufwand erscheint zwar am Anfang hoch, aber Sie können sicher sein: durch eine solide Planung reduzieren Sie Ihren Gesamtaufwand drastisch und erhöhen außerdem Ihre Erfolgsaussichten in allen Bereichen um ein Vielfaches.

Durchzuhalten und das gewünschte Ergebnis zu erzielen,
ist nur möglich, wenn Sie eine qualifizierte Planung haben.

Wem ist es noch nicht so ergangen: Voller Elan stürzen wir uns in neue Aufgaben. Wir fangen hier an, machen dort weiter. Das eine klappt, das andere nicht. Dann brauchen wir hier noch Informationen und dort noch ein Teil aus dem Baumarkt... Bei komplexen Vorhaben geht mit dieser Methode schnell der Überblick verloren. Viel Zeit wird in Details investiert, die für das Gesamtprojekt von geringer Bedeutung sind. Andere Bereiche werden komplett vernachlässigt, weil wir dazu keine rechte Lust haben. Langsam lässt die Begeisterung nach, die Zeit wird knapp und viele Punkte sind noch offen.

Im Laufe der Zeit werden andere Dinge wichtiger, und so entziehen wir unserer „Baustelle" mehr und mehr unsere Aufmerksamkeit. Das Projekt bleibt unvollendet, und schlimmer noch: es hat Energie und Zeit gekostet. Auch als Bauruine zieht es weiterhin Energie von uns ab. Denn es macht uns unzufrieden.

Vielleicht erreichen wir auch das eine oder andere gute Ergebnis auf diese Weise. Häufig ist aber der Preis dafür höher als gedacht, da der Erfolg mit viel Leerlauf, Mehraufwand und Schnittstellenverlusten teuer erkauft wurde. Fehlende Abstimmungen und unklare Vorstellungen von notwendigen Investitionen trüben oft den vermeintlichen Erfolg.

Um zu erreichen, dass wir an alle relevanten Dinge denken, dass wir Termine einhalten und stets den Überblick über die Kostensituation haben, ist eine Planung dieser Dinge im Vorfeld unerlässlich. Es spielt keine Rolle, ob es Ihr Ziel ist, ein Haus zu bauen oder Weihnachteinkäufe zu machen, eine der Projektkomplexität angepasste Planung spart Ihnen immer Zeit, Geld und Nerven.

Terminplan

Beginnen wir damit, die Zeit zu planen.

Wann ist mein Einzugstermin? Wann will ich mein Ziel erreicht haben? Von diesem Termin aus gilt es rückwärts zu rechnen. Über Erfahrungen und Plausibilitätsüberlegungen ist es möglich, einen ungefähren Endtermin zu benennen, auch wenn ich zu Beginn noch nicht genau weiß, wie lange die einzelnen Maßnahmen und somit das Projekt dauern. Der Endtermin kann ruhig ambitioniert sein, das heißt so angesetzt werden, dass alle Beteiligten gefordert, aber bitte nicht überfordert sind. Er gilt dann als Orientierungspunkt, um die weitere Planung zu entwickeln und diesen aus Erfahrung angenommenen Endtermin zu bestätigen. Gegebenenfalls kann er jetzt noch korrigiert werden.

Wenn wir andersherum beginnen, indem wir zunächst alle notwendigen Maßnahmen locker aneinanderreihen, um dann zu sehen, auf welches Datum der Endtermin fällt, wird dieser mit Sicherheit später angesetzt als mit der ersten Methode.

Ganz offensichtlich ist der Endtermin nicht zu verschieben, wenn es darum geht, rechtzeitig für einen Geburtstag oder Weihnachten Geschenke zu besorgen. Ein guter Terminplan enthält Fixpunkte und Meilensteine, die unbedingt eingehalten werden müssen. Unter Berücksichtigung dieser Meilensteine wird ein Terminplan entwickelt, der die Abhängigkeiten einzelner Bereiche zeitlich koordiniert.

Änderungen, Ergänzungen und Verschiebungen ergeben sich fast immer. Damit deren Auswirkungen nicht die ganze Terminsituation verändern, werden sogenannte freie Puffer-Zeiten eingebaut. Das heißt, wenn sich die eine oder andere Maßnahme verschiebt, kann das zeitlich gepuffert werden, ohne dass der nächste Meilenstein oder sogar der Endtermin gefährdet ist.

Des Weiteren berücksichtigt der Terminplan die notwendigen Ressourcen sowie Urlaubs- und Jahreszeiten. Mit Ressourcen sind beispielsweise andere Firmen oder Personen gemeint, die wir zur Durchführung brauchen, und die im gewünschten Zeitraum auch zur Verfügung stehen müssen.

Je nach Projekt wird die Terminplanung in unterschiedlichen Detaillierungsgraden entwickelt. Eine allgemeine Übersicht über das gesamte Projekt bietet der Grobterminplan. Diesem folgen immer detailliertere Planungen, bis hin zu Terminlisten, die dann in der Endphase in einem sehr engen Zeitfenster den Ablauf koordinieren. Diese Listen bedeuten am Schluss immer Stress und es gilt, sie möglichst durch eine gute Planung im Vorfeld zu vermeiden.

Eine Frage, die ich häufig gehört habe, lautet: „Ich habe doch meinen Endtermin, wozu brauche ich eine detaillierte Terminplanung?" Stellen Sie sich vor, Sie müssen Weihnachtsgeschenke besorgen. Der Endtermin ist klar. Schaffen Sie es aber aufgrund von zu vielen Ablenkungen in der „ruhigen" Vorweihnachtszeit nicht, rechtzeitig alle Geschenke zu kaufen, können Sie Probleme bekommen. Beispielsweise gibt es ein Geschenk nicht mehr oder es hat eine längere Lieferzeit. Dann kann es eng und stressig werden. Meist wird es auch teurer, wenn Sie keine Alternative und keine Zeit mehr haben.

Ein durchdachter Terminplan berücksichtigt die längeren Lieferzeiten im Weihnachtsgeschäft und hält Ihnen diese Gefahr vom Leib. Besser, er weist Sie rechtzeitig darauf hin, wann Sie beginnen sollten. Ein Blick genügt und Sie wissen, dass Sie diese Woche den Weihnachtseinkauf beginnen müssen. Noch ist Zeit, eventuell ein alternatives Geschenk zu suchen. Ein Umtausch oder längere Lieferzeiten verursachen keinen Stress. Das ganze Vorhaben „Weihnachtseinkauf" wird völlig entspannt, stressfrei und vielleicht auch noch günstiger. Wenn Sie nur einen Termin für den Einkauf festlegen wollen, brauchen Sie noch keinen besonders ausgefeilten Terminplan. Aber sobald es darum geht, den Christbaum zu besorgen, die Geschenke einzupacken, Plätzchen zu backen, Gäste einzuladen, Wein und Getränke zu kaufen und dieses in den normalen Tagesablauf zu integrieren, erscheint ein Terminplan schon sinnvoller.

Ein guter Terminplan gibt Ihnen die Übersicht, was bis wann erledigt werden muss. So erkennen Sie auch leichter, welche Dinge Sie vielleicht zusammenlegen können, weil Sie zum Beispiel aus anderen Gründen sowieso in die Stadt müssen.

Vorausschauende Terminplanung reduziert Kosten und Stress und verbessert die Qualität.

Bei komplexeren Dingen, wie zum Beispiel dem Bau eines Hauses, werden die Planungen terminlich aufeinander abgestimmt. Ein sogenannter Planungsterminplan sorgt dafür, dass die Fachplaner die jeweiligen Pläne ausarbeiten und rechtzeitig zur Verfügung stellen.

Ein Ausführungsterminplan koordiniert dann die Handwerker und die Zulieferfirmen.

Bauen Sie zum Beispiel eine Schule um, sind lärmintensive Arbeiten auf die unterrichtsfreie Zeit zu legen (ja, ich weiß, wenn Sie Eltern sind, wissen Sie, dass das an der Schule Ihrer Kinder nicht der Fall ist...).

Wenn Sie all diese Dinge nicht exakt aufeinander abstimmen, wird es mit dem Endtermin schwierig werden. Auch deshalb, weil Sie keine Möglichkeit haben, zu messen, wie weit Sie schon sind. Sind wir im Zeitplan oder nicht? Wer etwas nicht messen kann, der wird es auch nicht steuern können. Wenn wir nicht wissen, an welcher Stelle des Ozeans wir treiben, können wir kaum den Kurs zum Ziel festlegen.

Kalender in Outlook etc. sind sehr gut fürs Tagesgeschäft. Für einen Projektplan sind sie jedoch ungeeignet. Denn sie sind nicht dazu gedacht, Zusammenhänge, Übersichten und Abhängigkeiten darzustellen.

Eine einfache und sehr übersichtliche Darstellungsform ist der Balkenplan. Hier sind in der linken Spalte die Tätigkeiten beschrieben und rechts entsprechend der gewählten Zeitskala die Zeiträume zur Ausführung der Tätigkeiten angetragen. Es können Verknüpfungen und Abhängigkeiten eingestellt werden. So erkennt man beispielsweise sofort, wie sich eine Terminverschiebung am Projektanfang auf Zwischentermine oder sogar auf den Endtermin auswirkt. Insbesondere bei komplexen Projekten mit vielen Abhängigkeiten ist das existenziell notwendig und enorm zeitsparend. Microsoft Project ist eines unter vielen Programmen, die hier gute Dienste leisten.

Ein Tipp am Rande: Das sofortige Erkennen von möglichen Konsequenzen bei Zeitverschiebungen kann sehr gut zur Argumentation verwendet werden, um eine verzögernde Maßnahme nicht tolerieren zu müssen. Manche Projektbeteiligte sind sehr kreativ, um für sich selbst möglichst viel Zeit zu gewinnen. Sie versuchen ständig, ihren Beitrag zum Projekt nach hinten zu verschieben. Lassen Sie das als Projektleiter zu, weil Sie ein netter Mensch sind und dem anderen helfen wollen, kann das viel zusätzliche Arbeit bedeuten. Auch hier hat die Praxis gezeigt, dass extrem viel Energie und Zeit eingespart werden kann, wenn Sie – entkoppelt von emotionalen Diskussionen – auf den engen Terminplan verweisen und die Konsequenzen einer Verzögerung sofort sichtbar machen können.

Last but not least: vergessen Sie die Pausen nicht! Wir kommen im Kapitel „Sichern Sie Ihre Energieversorgung" noch genauer darauf zu sprechen, wie wichtig Pausen, Ruhe- und Regenerationszeiten sind. Vorab nur so viel: Sie müssen Pausen als festen Bestandteil in Ihre Zeitplanung integrieren und sie verbindlich einhalten. Dadurch steigen Ihre Chancen, im Plan zu bleiben, ganz erheblich. Betrügen Sie sich nicht selbst: Pausenzeiten sind keine freien Pufferzeiten.

Budgetplan

Jedes Ziel bedarf einer Form von Investition. Meistens handelt es sich dabei um Zeit und Geld. Das Budget für Zeit wird im Terminplan festgelegt. Für die Finanzen gibt es den Budgetplan. Ob Sie ein Haus bauen, eine neue Produktionsstraße in Ihrer Fertigung aufbauen, eine Ausbildung zum Flugkapitän machen, oder die Kinder zu verschieden Zeiten zum Musikunterricht bringen müssen – alles bedeutet eine Investition von Geld und Zeit.

Eine Kostenberechnung ist für jedes größere Ziel sinnvoll.

Wenn Sie sich beispielsweise eine Reise als Ziel gesetzt haben, wissen Sie sehr früh, was diese kostet. Die Flüge und das Hotel sind klar, noch ein paar Prozent Nebenkosten und Einkäufe dazu... und schon haben Sie einen Betrag, mit dem zu rechnen ist.

Wenn das Ziel heißt, ein Haus zu bauen, wird das mit den Investitionen sehr interessant. Denn die Beträge sind meist um einiges höher als bei einer Reise. Und es sind viele, viele Einzelbauteile, die berechnet werden müssen. Ein Laie kann das nicht leisten, er ist auf professionelle Hilfe angewiesen. Aus diesem Grund ist hier eine geringe Mehrinvestition in einen „Profi der Kosten" sehr ratsam (Architekten sind das häufig nicht, denn ihr Beruf ist die Gestaltung, die Kreativität – und die gerät oft mit den Kosten in Konflikt).

Ihr Plan ist nur so gut wie die Daten, mit denen Sie ihn gefüttert haben. Daher ist es empfehlenswert, mit einem bestimmten Prozentsatz an unvorhergesehenen Mehrinvestitionen zu planen.

Wenn Sie für 500.000 Euro ein Haus bauen wollen, und es ergeben sich gegen Ende der Bauzeit 10% Mehrkosten aufgrund von Nachträgen, die Sie nicht kalkuliert hatten, dann können diese 50.000 Euro eine große Herausforderung darstellen. Es kommt zu Stress und es entstehen Verzögerungen im Bauablauf, was wiederum zu weiteren Kosten und Zeitverlust führt.

Ich will Ihnen keine Angst machen, aber wenn Ziele zu Veränderungen im Leben führen sollen, ist damit häufig ein großer Aufwand verbunden, sowohl finanziell als auch zeitlich. Diese Investitionen realistisch zu betrachten, sich Rat von Externen zu holen und auch immer wieder eigene Plausibilitätskontrollen durchzuführen, ist ein guter Weg, sich Überblick zu verschaffen und ihn auch während der Projekte zu behalten.

Qualitätsplanung

Welche Qualität möchte ich erreichen? Sollten Sie jemals Seminare zum Thema Persönlichkeitsentwicklung besucht haben, wissen Sie, dass dort häufig die Rede vom „Besten", vom „Feinsten" ist. Das ist grundsätzlich schon richtig. Nur oftmals ist es nicht klar zu visualisieren. Deshalb tun wir uns anfänglich schwer, daran zu glauben. Wir brauchen auch hier eine klare Zielsetzung in einzelnen Bereichen, die mit dem Gesamtsystem in Einklang zu bringen ist. Was möchten wir unbedingt in der besten Qualität haben, warum möchten wir es so haben? Welche Bereiche sind vorerst in normaler Qualität ausreichend, können aber später verbessert oder ergänzt werden?

Sie planen Ihr Traumhaus und haben eine ganz exakte Vorstellung von Ihrem Badezimmer. Von den Fliesen, den Armaturen, der Badewanne und dem Surround-Musiksystem. Gleichzeitig wollen Sie aber Echtholzparkett im ganzen Haus verlegt haben.

Normalerweise liegt in dieser Phase nur eine Kostenschätzung vom Architekten vor, die jedoch große Toleranz haben darf und somit keine verlässliche Kalkulationsgrundlage darstellt. Daher empfehle ich Ihnen, vor Baubeginn bzw. vor Beginn Ihrer Zielverfolgung, einen verhältnismäßig geringen Betrag zu investieren und die Kosten möglichst exakt berechnen zu lassen.

Wenn Sie diesem Rat folgen, wissen Sie aus dem Budgetplan und der Kostenberechnung, dass Parkett und Traumbad gleichzeitig nicht möglich sind. Das ist zwar nicht optimal, aber Sie können nun klare Entscheidungen treffen und sicher sein, dass Sie alle Möglichkeiten bedacht haben. Nur wenn Sie den Überblick über alle Gewerke und deren Kosten haben, sind solche auf Fakten beruhenden Entscheidungen möglich. Sie bringen Sicherheit und Entspannung in das gesamte Projekt.

In diesem Fall ist es klar: das Bad wird so gebaut, wie Sie es sich vorstellen. Fliesen, Dusche und Wanne sind später nur mit sehr hohem Aufwand und viel Schmutz wieder auszutauschen. Das Echtholzparkett muss warten. Bei Bodenbelägen ist eine Nachrüstung oder sogar der Austausch nach ein paar Jahren mit überschaubarem Aufwand machbar. Aus eigener Erfahrung darf ich sagen, dass wir auch besser mit dem Parkett ein paar Jahre gewartet und zuerst einen günstigeren Teppich verlegt hätten. Dann wären dem Parkett viele Dellen und Kratzer durch aufschlagende Spielsachen erspart geblieben...

Ressourcenplanung

Welche Ressourcen haben wir für unsere Weiterentwicklung, für unsere Pläne? Zu Ressourcen zählen natürlich Geld, Zeit, Wissen, aber auch Kontakte, Ideen, Erfahrungen, Freunde und nicht zuletzt die Familie.

Denn Sie können beginnen, was Sie wollen – wenn Ihnen Ihre Partnerschaft und die Erziehung der Kinder wichtig sind, dann müssen Sie Ihr Unterfangen darauf abstimmen. Wenn diese Beziehungen nämlich wegbrechen, verlieren Sie eine Menge Energie, Zeit und Geld.

Sehr oft ist man sich seiner Ressourcen nicht bewusst. Es ist ähnlich wie mit den schönen und wertvollen Erlebnissen, die irgendwo im komprimierten Rückblick untergehen.

Ohne eine geeignete Planung ist es kaum möglich, die erforderlichen Investitionen, die benötigte Zeit und die vorhandenen Ressourcen zu kalkulieren. Die folgenden Fragen sind sehr hilfreich, wenn es darum geht, die zur Verfügung stehenden Ressourcen zu entdecken, zu beurteilen und einzuplanen:

> Reichen mein Wissen und mein Können für das Vorhaben aus?

> Was sollte ich noch lernen, weil es sehr wichtig für mein Vorhaben ist?

> Wen brauche ich zur Unterstützung?

> Wen kann ich fragen, wenn es schwierig wird?

> Wie viel Zeit kann ich investieren? Pro Tag, pro Woche?

> Wie viel Geld kann ich für das Vorhaben zur Verfügung stellen?

> Wie stark darf ich mein Umfeld belasten, ohne dass es zu Problemen führt?

Den Rahmen für ein erfolgreiches Projekt bildet das Zusammenspiel der vier großen Bereiche Zeitplanung, Budgetplanung, Qualitätsplanung und Ressourcenplanung.

Risikominimierung

So wie durch qualifizierte Planung die Wahrscheinlichkeit steigt, seine Ziele zu erreichen, so sinkt im gleichen Maß das Risiko, Verluste zu erleiden. Es gibt kein Projekt ohne Risiko. Aber Sie können die Rahmenbedingungen so gestalten, dass dieses Risiko minimiert wird. Denken Sie nur an das morgendliche Badritual. Schon mit dem Nassrasierer könnten Sie sich wirklich ernsthaft schneiden, gäbe es da nicht die zur Risikominimierung angebrachten Schutzdrähte. Sie könnten auch im Dunkeln über die Katze stolpern und sich am Waschbecken die Nase brechen. Das elektrische Licht und der an der richtigen Stelle geplante Lichtschalter reduzieren diese Gefahr beträchtlich.

Es gibt immer Faktoren, die vielleicht unzureichend bedacht wurden, oder Umstände, auf die man selbst keinen Einfluss hat. Durch eine erstklassige Planung können diese jedoch entschärft werden. Im Terminplan sind es die freien Pufferzeiten, im Budgetplan die stillen Reserven und bei der Ressourcenplanung vielleicht der gute Freund, der bei Bedarf einspringt.

Kritisch wird es erst, wenn mehrere Faktoren unbeachtet bleiben, die dann in der Ausführungsphase zu Problemen werden. Wenn Zeit, Geld und andere Ressourcen gleichzeitig knapp werden, kann das Projekt sehr teuer werden und im schlimmsten Fall sogar scheitern.

Ein Ziel zu erreichen, ist immer ein Projekt.

Zusammenfassung

Zusammenfassung Die Projektvorbereitung und -planung ist immer mit Aufwand verbunden. Jedoch ist dieser weit geringer als der Aufwand, der bei nicht durchdachten Projekten für Korrekturen und Schadensbegrenzung notwendig wird.

SCHLÜSSEL 7

STOPPEN SIE DIE VERSCHWENDUNG VON ZEIT, GELD UND MOTIVATION

Machen wir einen Abstecher in den Arbeitsalltag. Alle Beispiele sind in etwa so abgelaufen wie hier geschildert. Sie können als Denkanstöße dienen und uns zeigen, woran es möglicherweise liegt, dass die Aufgaben immer mehr und die Erfolgserlebnisse immer weniger werden. Warum wir uns manchmal wie im Hamsterrad fühlen und unsere Motivation nachlässt. Seien Sie versichert, das sind keine Einzelfälle.

Mangelhafte Grundlagenermittlung

Für eine neue Produktionsstätte sollte produktionsunterstützende Software geliefert werden. Nach Auftragseingang und -bestätigung stellte sich heraus, dass die Grundlagenermittlung nicht ausreichend war. Während der Auftragsabwicklung wurde offensichtlich, dass die gelieferte Software standardmäßig nicht mit den vorhandenen Maschinen kommunizieren kann. Dies hatte man bei der Grundlagenermittlung nicht überprüft.

Die Folge war ein Terminverzug von ca. 5 Monaten sowie ein zusätzlicher Entwicklungsaufwand für 3 Personen von insgesamt ca. 5 Wochen. Außerdem wurde der Entwicklungsleiter für mindestens 15 Stunden im Projekt gebunden. Und es musste Testsoftware für 6.000 Euro gekauft werden, um vor der zweiten Auslieferung alle Funktionalitäten überprüfen zu können. Auch diese Software war im Auftrag nicht vorgesehen und somit nicht kalkuliert.

Weiterhin blieben aufgrund der zusätzlichen Arbeiten wichtige Entwicklungstätigkeiten in anderen Bereichen auf der Strecke. Daraus ergaben sich wiederum Verzögerungen, Arbeitsbehinderungen und Mehraufwendungen für Mitarbeiter und für andere Kunden, die nochmals mindestens in dieser Größenordnung anzunehmen sind.

Die entstandenen Mehrkosten übertreffen den kalkulierten Gewinn. Außerdem ist die Kundenzufriedenheit gesunken. Und zwar nicht nur bei diesem einen Kunden, sondern auch bei jenen Kunden, die durch die Engpässe ebenfalls betroffen waren. Die entstandenen Kosten liegen bei insgesamt 40.000 – 50.000 Euro. Wobei hier der Schaden durch Verlust von Folgeaufträgen genauso wenig berücksichtigt ist wie der Zeitverlust der eigenen Mitarbeiter durch ständige Terminverschiebungen und zusätzliche Besprechungen. Die Kosten, die dem Kunden durch Produktionsausfall entstanden sind, wurden ebenfalls noch nicht einberechnet.

Missachtung der Kundenziele

Ein vollkommen falsch kalkuliertes Projekt blockiert alle anderen Projekte. Die Gründe hierfür liegen in einer unklaren Abstimmung zwischen Auftraggeber und Auftragnehmer sowie in einer mangelhaften Erfassung und Dokumentation des Kundenwunsches. Hinzu kommen unvorhergesehene Entwicklungsthemen für Produkteigenschaften, die vertraglich zugesagt wurden. Durch die mangelhafte Kommunikation und Undurchsichtigkeit der Produktstrukturen ist man im Vertrieb davon ausgegangen, dass diese Funktionalitäten vorhanden sind. Da das aber nicht der Fall war, müssen diese nun auf Kosten des Auftragnehmers entwickelt werden.

Zwei Personen sind dadurch zusätzlich über einen Zeitraum von 5 Monaten, je 2 Tage pro Woche vor Ort mit Fehleranalyse und Schadensbehebung befasst. Eine zusätzliche, unbezahlte Arbeitsleistung von ca. 2 Tagen x 8 Stunden x 5 Monate = 80 Tagen.

Aufgrund der Größe des Auftrages und der damit zusammenhängenden Vertragsstrafe hat dieses Projekt höchste Priorität. Deshalb müssen viele Termine für andere Projekte kurzfristig gestrichen werden, was zu weiterer Kundenunzufriedenheit führt. Für die Mitarbeiter im Außendienst bedeutet es noch häufigere Ortswechsel, was überproportionale Reisezeiten und somit unproduktive Zeit mit sich bringt. Diese Zeit fehlt zur Vorbereitung von Kundenterminen. Daher können Arbeiten vor Ort häufig nicht abgeschlossen werden. Die Disposition ist ständig mit

Terminjonglage und Kundenberuhigung beschäftigt. Projektterminpläne von anderen Projekten werden verschoben, ohne dass man die Konsequenzen abschätzen kann. Im Endeffekt ist es ein Teufelskreis von Verschiebungen, der alle Mitarbeiter und Kunden frustriert. Das Tagespensum wird nicht erreicht und das führt zu großer Unzufriedenheit und Stress auf allen Ebenen.

Es ist leicht zu erkennen, wie wichtig es ist, eine qualifizierte Grundlagenermittlung zu betreiben. Hier muss man sehr gewissenhaft alle Eventualitäten durchdenken und sie auch mit dem Auftraggeber abschließend diskutieren. Es muss detailliert dokumentiert werden, welche ZIELE er tatsächlich mit der Investition verfolgt. Erst wenn wir sein WARUM kennen, sind wir in der Lage, die geeigneten Produkte für seine Lösung zu finden.

Stundenlange Besprechungen

Interne Besprechung, Dienstag 9:00 Uhr, 7 Teilnehmer, Dauer 2 Stunden. Agenda fehlt, keine Zeit, ein Besprechungsprotokoll zu erstellen. Ja, so etwas gibt es.

Die Besprechung einer Auftragsbestätigung steht an. Die mit dem Kunden in Kontakt stehende Person ist nicht anwesend. Die Folge sind lange Spekulationen über wesentliche Formulierungen im Angebotsschreiben. Während versucht wird, die fehlenden Informationen durch telefonische Rückfrage einzuholen, warten sechs Personen im Besprechungsraum. Der Kollege ist nicht erreichbar, daher beginnt man schließlich, den nächsten Fall zu diskutieren. Mitten in die Besprechung dieses Punktes platzt der Rückruf des Kollegen zu Punkt eins. Wieder wird die Arbeit von sieben Personen unterbrochen. Und auch der Anrufer musste andere Aufgaben erst einmal liegenlassen. Nach langwieriger Debatte kann aber leider auch er keine abschließenden Antworten auf alle Fragen geben. Er verspricht jedoch, das sofort mit dem Kunden abzuklären. Der zweite Rückruf erfolgt nach Ende der Besprechung und unterbricht die aktuelle Arbeit des Abteilungsleiters.

Das Ergebnis der Besprechung ist eine Vertagung der Entscheidungen zu wesentlichen Punkten. Direkt sind ca. 7 Stunden Arbeitszeit verloren und es werden noch unzählige weitere hinzukommen. Denn aufgrund von fehlenden Informationen können keine Entscheidungen getroffen und somit auch keine klaren Arbeitsanweisungen gegeben werden. Die bereits vorgeplanten Ausführungstermine müssen daher verschoben werden.

Aus normalen Besprechungen werden auf diese Weise Endlosdiskussionen, weil entscheidende Personen nicht rechtzeitig involviert sind und weil niemand in der Runde genau weiß, welche Informationen vom Kunden eingeholt werden müssen.

Unklare Arbeitsanweisungen

Im technischen Außendienst und auch im Handwerk müssen die Aufgaben exakt definiert sein. Ebenso wichtig ist es, vor dem Termin die Rahmenbedingungen vor Ort möglichst genau in Erfahrung zu bringen. Das klingt absolut logisch und sollte eine Selbstverständlichkeit sein – nur in der Realität sieht es oft anders aus.

Wenn Sie das nächste Mal an einer Baustelle vorbeikommen, dann werden Sie sehen, dass mindestens einer auf dieser Baustelle gerade telefoniert. Meist stehen ein oder zwei Kollegen dabei und warten auf das Ergebnis des Gesprächs (ich frage mich immer, was die wohl gemacht haben, bevor das Handy Einzug hielt).

Hier sind insbesondere Führungskräfte und Vorgesetzte gefragt, eine möglichst umfassende Vorbereitung zu gewährleisten. Diese ist mit den ausführenden Mitarbeitern zu besprechen und die konkreten Ziele von Ortsterminen oder Maßnahmen sind klar und schriftlich darzustellen. Des Weiteren muss die Zeit zur Vorbereitung für die Mitarbeiter eingeplant werden und die Qualität dieser Vorbereitung muss zumindest anfänglich kontrolliert werden. Denn unter Vorbereitung versteht jeder etwas anderes. Und Nachlässigkeit in diesem Punkt ist einer der Hauptgründe für fehlgeschlagene Projekte oder ineffiziente Termine.

Außerdem müssen die Maßnahmen vorab mit dem Kunden besprochen werden. Wenn es sich um komplexere Themen handelt, geschieht dies idealerweise im Beisein des Ausführenden.

Sollten mehrere Personen zu einem gemeinsamen Termin fahren, ist auch hier eine Dokumentation der Tagesziele sicher keine Zeitverschwendung. Verzichtet man darauf, passiert häufig Folgendes: Der eine denkt vom anderen: „Er wird schon wissen, was zu tun ist". Um sich keine Blöße zu geben, tut dieser natürlich auch so, als wüsste er es. Das Resultat ist klar. Kaum beim Kunden angekommen, ruft man in der Zentrale an, um die fehlenden Informationen einzuholen. Wer dann wiederum in seiner Arbeit unterbrochen wird, können Sie sich vorstellen...

Der Zeitverlust vor Ort durch mangelhafte Vorbereitung oder schlechte Grundlagenermittlung ist aus mehreren Gründen sehr teuer:

> Die eigene Zeit wurde ineffizient genutzt.

> Dasselbe gilt für die Zeit des Auftraggebers, der sich den Termin ebenfalls freihalten musste.

> Andere Techniker und der Projektleiter werden aus ihrer Arbeit gerissen und müssen kurzfristig für Rückfragen zur Verfügung stehen.

> Schließlich beginnt der Kunde an der Fachkenntnis des Mitarbeiters zu zweifeln. Dieser Vertrauensverlust kann mittelfristig und bei wiederholten Fehlern zum Verlust des Kunden führen.

Ich kann verstehen, wenn Sie jetzt einwenden: „So geht das in der Praxis nicht, ich kann ja nicht dauernd Besprechungen abhalten". Aber das können Sie durchaus, wenn die Besprechungen kurz und sachlich die Rahmenbedingungen und Ziele darstellen. Und wenn sie schriftlich dokumentiert werden. Diese Dokumentation übergibt man den Ausführenden in Form eines Protokolls. Häufig genügen hier ein paar Stichpunkte.

Dieses Vorgehen bedeutet viel weniger Aufwand. Und es ist deutlich kostengünstiger als Nachbesserungen durchzuführen, Verschiebungen zu organisieren und sich gegen Vertragsstrafen zu wehren.

Die modernen Kommunikationsmöglichkeiten können uns hier wunderbar unterstützen. Halten Sie kurze Videokonferenzen ab, nicht zu aufwendig, zeigen Sie ein paar Fotos vom

Einsatzort, oder sprechen Sie per Telefon gleichzeitig mit Ihren Mitarbeitern und dem Auftraggeber. Stimmen Sie sich ab, damit vor dem Termin jeder auf dem gleichen Informationsstand ist. Nehmen Sie das Gespräch auf und lassen Sie es noch vor dem Termin als Protokoll versenden. Heute ist das mit Smartphones etc. sehr einfach. Investieren Sie hier. Ihre Mitarbeiter werden sich freuen, „coole" Geräte vom Chef bezahlt zu bekommen, und Sie haben einen deutlich reduzierten Zeitaufwand.

Das Wichtigste aber ist, dass sich alle Beteiligten über das zu erreichende Ergebnis und den dafür notwendigen Zeitrahmen einig sind und dass sie dies schriftlich bestätigt haben. Bei größeren Projekten ist das meist Standard. Aber die kleineren werden diesbezüglich sehr stiefmütterlich behandelt.

Prüfen Sie einmal Ihren Kosten-Nutzen-Faktor in Bezug auf die Auftragssumme und die geplante Auftragsdauer. Ich wäre nicht überrascht, wenn Sie die berühmten 80% Ihrer Zeit in Kleinaufträge investieren, die höchstens 20% Ihres Gewinns ausmachen.

„Hast du mal schnell eine Minute?"

Es gibt nicht wenige Abteilungsleiter, die den ganzen Tag mit dieser Frage konfrontiert werden und damit mehr als 80% ihrer regulären Arbeitszeit verbrauchen. Die eigentliche Arbeit wird dann in den Überstunden erledigt.

Durch Themen, die sich „kurzfristig" ergeben und „sofort" behandelt werden „müssen", entsteht ein großer Zeitverlust. Meist ist die Thematik schon lange bekannt, doch hat sich ihrer noch nie jemand richtig angenommen. Die spontane Besprechung, meist aufgrund von „Brandmeldungen" beim Kunden, bringt kein nachhaltiges Ergebnis, sondern nur kurzfristige „Kühlung". Überstürztes, ungeplantes Vorgehen in der kurzfristigen Abarbeitung zieht zusätzliche Qualitäts- und Zeitverluste nach sich.

Des Weiteren werden Termine für Dritte ebenfalls verschoben, was eine Kettenreaktion auslöst. Auch hier kommen wir nicht daran vorbei, eine klare Vorgabe zu schaffen, wann und in welcher Form Anfragen gestellt werden können.

> *Grundsätzlich sollten „Unterbrecher" und somit „Zeitdiebe"*
> *schon vor der Frage „Störe ich?" gestoppt werden.*

Wir sollten diese „Unterbrecher" dazu bringen, nur zu festgelegten Zeiten zu erscheinen. Außerdem müssen sie dann ihre Anliegen, schriftlich, knapp formuliert und inklusive Lösungsvorschlag mitbringen.

Folgende Informationen sollten in der schriftlichen Vorbereitung enthalten sein:

> Worum geht es?

> Was ist an der aktuellen Situation verbesserungswürdig?

> Welchen Lösungsvorschlag habe ich?

> Was haben wir von dieser Lösung und was hat der Kunde davon?

> Bis wann muss das Problem gelöst sein?

In vielen Fällen ist nach solchen Überlegungen der Besprechungstermin nicht mehr notwendig. Oder er reduziert sich auf ein paar Details und somit zeitlich auf ein Minimum.

Ansonsten hat es sich bewährt, beispielsweise zweimal pro Woche fixe Zeiten für allgemeine Fragen auszuweisen. Sie können, nach Anmeldung, zügig abgearbeitet werden.

Jeder Mitarbeiter sollte eine Gesamtagenda für sich selbst führen, damit er die während des Tages aufkommenden Fragen bis zum Termin nicht vergisst. So muss er nicht mit jeder Frage gleich zum Abteilungsleiter laufen.

Zusammenfassung

Zusammenfassung Projektvorbereitung und Projektplanung brauchen anfänglich Zeit. Die Amortisationszeit ist jedoch sehr kurz und der Gewinn steigt enorm.

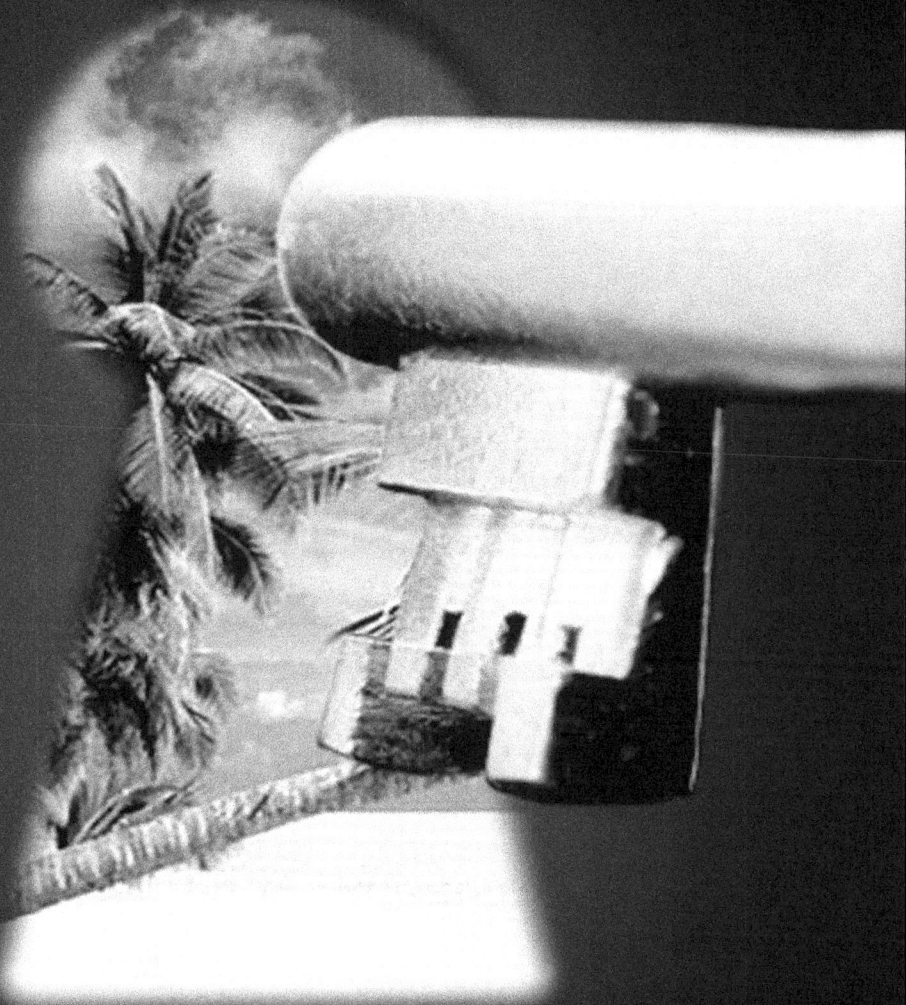

SCHLÜSSEL 8

TECHNISCHES ZEITMANAGEMENT

To-do-Listen

Seit 4.000 Jahren verwenden wir das gleiche System, um unsere Aufgaben zu erledigen. Inzwischen verdoppelt sich aber das Wissen der Welt alle 5 bis 10 Jahre. Von manchen

neuen Möglichkeiten wurden wir völlig überrumpelt, etwa von der ständigen Erreichbarkeit übers Internet und die damit verbundenen Technologien. Praktisch über Nacht ist daraus eine Erwartungshaltung hinsichtlich unserer Reaktionsgeschwindigkeit entstanden, der wir mit unseren erlernten Verhaltensmustern nicht entsprechen können. Denn unsere Art, die Aufgaben zu strukturieren und zu bearbeiten, ist dieselbe wie vor 4.000 Jahren. Auch wenn wir sie heute meist in To-do-Listen festhalten.

Es ist völlig gleichgültig, ob Sie diese Listen per PC, per Smartphone oder auf Papier erstellen. Die Listen werden immer länger, denn sobald Sie einen Punkt abgearbeitet haben, kommen meist zwei neue dazu.

Die Bezeichnung der Liste verrät schon, was zu erwarten ist: eine Menge Arbeit. Wir wollen aber nicht mehr Arbeit, wir wollen Ergebnisse. Daher sollte auch unsere Liste „Ergebnisliste" heißen. Wenn wir dagegen auf die Aufgaben fokussieren, bekommen wir immer mehr davon.

Erfolgreiche Menschen fragen sich nicht: „Was muss ich tun?".

Sie stellen sich stattdessen folgende Fragen:

> Was will ich erreichen?

> Warum will ich es erreichen?

> Welche Schritte sind dazu notwendig?

Bei dieser Fragestellung konzentrieren wir uns nicht auf das, was wir tun müssen, sondern auf unser Ziel. Wir fokussieren nicht auf das „To-do", sondern auf das gewünschte Ergebnis. Wohin wir unsere Aufmerksamkeit lenken, dorthin werden wir auch mit Hilfe unserer Gedanken, Worte und Werke geführt. Das Unterbewusstsein trägt seinen Teil dazu bei und freut sich ebenfalls auf die Ergebnisse, die ja Freude und Glück versprechen. Es unterstützt uns dabei, neue Wege zum Ziel aufzudecken, an die das Gehirn noch nicht gedacht hat. Es hat nämlich den klaren Befehl vom Gehirn, dieses Ergebnis zu erreichen. Somit arbeiten alle unsere Systeme auf das Ergebnis hin.

Konzentrieren wir dagegen unsere Aufmerksamkeit, unsere Handlungen und die Anweisungen an unser Unterbewusstsein auf To-do-Listen, wird zwar ein Punkt nach dem anderen erledigt, aber viele Möglichkeiten und Alternativen bleiben unentdeckt. Das liegt daran, dass aus dieser Perspektive nicht erkennbar ist, wohin die Reise gehen soll. Der Gesamtplan wird vom Unterbewusstsein nicht erfasst und so kann es uns auch nicht zu Lösungsvorschlägen verhelfen, sondern nur stupide Punkt für Punkt abarbeiten.

Denken Sie nur an die Einkaufsliste, die Ihnen Ihre Frau geschrieben hat. Sie haben alles erledigt, aber die Frage, ob Sie auch Sahne mitgebracht haben, beantworten Sie mit einem klaren Nein. Sahne stand nicht auf der Liste. Hätten Sie gewusst, dass die Liste für das Essen mit Freunden gedacht ist, bei dem es als Nachspeise Pflaumenkuchen geben soll, dann wären Sie wahrscheinlich von sich aus auf die Idee gekommen, Sahne mitzubringen.

Im Prinzip funktioniert eine To-do-Liste wie ein Gespräch, bei dem man immer nur genau auf das antwortet, was der andere fragt, und nicht berücksichtigt, worauf er hinauswill. „Können Sie mir sagen, wie spät es ist?" – „Ja." Die Antwort ist korrekt, aber sie nützt Ihnen nichts. Sie haben dadurch sogar noch weitere „Arbeit" mit der nächsten Frage, und so verbrauchen Sie Zeit und Energie, und die Aufgaben werden immer mehr.

Erzählen Sie ohne Zusammenhang von den Dingen, die auf Ihrer Liste stehen, wird keine große Hilfe von außen kommen können. Erklären Sie hingegen, dass Sie eine Reise nach Hawaii planen und deshalb all diese Punkte zu erledigen haben, kann es durchaus vorkommen, dass

Ihr Gegenüber sagt: „Da war ich doch gerade. Soll ich Ihnen ein paar Tipps geben?". Die Qualität der Information ist höchstwahrscheinlich um einiges besser als das, was Sie durch Abarbeitung Ihrer To-do-Liste erreicht hätten. Außerdem haben Sie viel Zeit gespart.

Wenn Sie das verinnerlicht haben, reicht Ihnen eine To-do-Liste als Gedankenstütze. Sie hält Ihnen vor Augen, welche Ergebnisse Sie heute gerne erzielen möchten. Ergänzen Sie aber unbedingt zu jedem Punkt ganz kurz, WARUM Sie ihn erreichen wollen. Damit sind Sie auf der Siegerstraße.

Schreibtisch aufräumen

Ausschließlich die Unterlagen auf dem Schreibtisch zu haben, die man im Moment bearbeitet, ist einer der ersten Tipps in vielen Kursen zur Büroorganisation. Nur dann kann die ganze Konzentration auf das aktuelle Thema gerichtet werden. Jetzt sagen Sie vielleicht: „Mich stört das aber nicht. Ich kann an einem überladenen Schreibtisch genauso gut arbeiten." Gratulation, wenn dem so ist. Jedoch zeigen zahlreiche wissenschaftliche Untersuchungen, dass sich praktisch jeder Mensch von Dingen in seiner Umgebung ablenken lässt. Insbesondere von unerledigten Dingen, deren Anblick belastende Gedanken hervorrufen kann. Von einem Dekorationsgegenstand, der immer auf dem Tisch steht, lassen wir uns sicher weniger ablenken als von einem Berg von Akten, losem Papier oder Büchern.

Weshalb es mehr Energie kostet, sich auf etwas zu konzentrieren, wenn Ablenkungsmöglichkeiten für die Augen oder die Ohren bestehen, ist leicht zu erklären. Stellen Sie sich folgende Szene vor: Sie blicken aufs Meer hinaus, die Wellen gleiten ruhig und regelmäßig an den Strand. Sie beobachten eine Möwe, die ihre Bahnen zieht. Sie achten auf ihren Flügelschlag und die langen Segelphasen. Auf den Sinkflug, das Aufsteigen und die Richtungswechsel. Sie verfolgen sie, bis sie am Horizont verschwunden ist. Denken Sie, Sie hätten eine Möwe im Hamburger Containerhafen auch so genau beobachtet?

Sicherlich werden Sie Ihre Arbeit gut erledigen. Doch es sind die kleinen Dinge, die es erschweren, den Fokus zu halten, die immer irgendwo

Energie abzweigen und die Konzentration unterbrechen. Denken Sie nur an den tropfenden Wasserhahn, wie viel Wasser im Laufe eines Tages dadurch einfach verschwindet. Ebenso entziehen Ihnen all die winzigen Ablenkungen Energie, ohne dass es Ihnen bewusst wird.

Achten Sie deshalb auch auf die kleinen Dinge,
während Sie Ihre großen Ziele verfolgen.

Umgang mit E-Mails, WhatsApp-Nachrichten etc.

Das ist wie eine Droge, die sich rasend schnell ausbreitet, anfangs Spaß macht und auch zunächst keine sichtbaren Schäden verursacht. Unter bestimmten Umständen und vor allem bei richtiger Dosierung kann sie sogar von großem Nutzen sein. Doch wer informiert uns über Risiken und Nebenwirkungen? Sie könnten höchstens Ihren Zeitmanagement- oder Zielfindungsbeauftragten dazu befragen, wenn Sie einen haben.

Anfänglich habe ich durchschnittlich 30 Mal am Tag meinen Posteingang gecheckt oder Outlook hat mich auf Posteingang hingewiesen. Das heißt, ich lasse mich 30 Mal in meiner Konzentration stören und unterbreche die aktuelle Arbeit. Verwenden wir nur je 5 Minuten zum Lesen und für kurze Antworten, sind 2,5 Stunden weg. Bedenkt man die Zeit, die wir benötigen, um wieder in unsere Arbeit hineinzufinden, brauchen wir diese 5 Minuten mit Sicherheit.

Prüfen Sie sich selbst, um sich bewusst zu machen, wie oft Sie aus Ihrer Arbeit gerissen werden. Führen Sie 2 Tage lang eine Strichliste: jede Störung oder Unterbrechung ist ein Strich auf Ihrem Blatt. Ob die Unterbrechung gewollt oder ungewollt ist, spielt dabei keine Rolle.

Sie kennen alle diese Unterbrechungen, die scheinbar immer wichtig und dringend sind und die Sie keinesfalls aufschieben dürfen. Die Zeit ist schnelllebig und meistens wird sofort eine Antwort erwartet. So gehen häufig drei, vier oder mehr E-Mails hin und her, bis eine Kleinigkeit geklärt ist. Jede erhält einen Strich, ob gelesen oder selbst geschrieben. Nachdem Sie kurz vor Feierabend die Striche zusammengezählt haben, überlegen Sie, ob Sie sich an die ersten 10 Nachrichten des Tages noch erinnern. Denken Sie kurz darüber nach, wie viele tatsächlich zu einer Katastrophe geführt hätten, wenn sie länger als drei Stunden unbeantwortet geblieben wären.

Meine Erfahrung hat mir gezeigt, dass es weniger als 10 % sind. Mit den übrigen gut 90% hätte ich mir leicht ein paar Stunden Zeit lassen können. Viele davon hätten überhaupt keiner Reaktion bedurft. Und selbst die wichtigen 10% hindern die Welt meist auch nicht daran, sich weiter zu drehen.

Wenn unsere Geschäftspartner und Auftraggeber daran gewöhnt sind, dass E-Mails oder andere Nachrichten von uns jeweils um 13:00 Uhr und gegen 16:00 Uhr beantwortet werden, dann stellen sie sich darauf ein. Sie können in Ihren Kommunikationsprogrammen eine Zeitangabe für Beantwortungen einstellen (als eine Version der Abwesenheitsnotiz). Für wirklich dringende Anliegen können Sie noch andere Möglichkeiten angeben, wie Sie im Notfall zu erreichen sind. Machen Sie aber deutlich: nur im Notfall!

Ein Beispiel hierfür sind gut organisierte Physiotherapeuten oder Ärzte. Sie können ihre Arbeit am Patienten nicht ständig unterbrechen. Auch bei einem Pfarrer wäre es eher ungewöhnlich, wenn während der Messe sein Handy klingelt. Obwohl es in seinem Fall durchaus sein kann, dass es um Leben und Tod geht. Und glauben Sie, dass ein Fußballstar während eines Spiels oder während des Trainings seine Messages checkt?

Technisch lässt sich das durch Einstellung der Abholzeiten von Nachrichten verhindern.

Und wenn das nicht geht, deaktivieren Sie wenigstens das akustische Signal und auch die optische Anzeige für das Eintreffen von Nachrichten. Denn die Störung beginnt schon beim Bemerken. Es ist wie mit der immer zu spät gestellten Frage: „Darf ich Sie kurz stören?"

Wer sich seltener unterbrechen lässt, wird sehr schnell bessere Arbeitsergebnisse erzielen. Sie werden deutlich mehr in höherer Qualität erledigen können. Wesentlich dabei ist aber, dass Sie den Eindruck gewinnen, heute etwas Wichtiges geschafft zu haben. Sie können getrost abschalten und den Abend entspannt genießen.

Umgang mit Social Media

Privates gehört nicht ins Internet.

Wenn ich nur die Hälfte von dem glauben darf, was über das systematische Scannen und Auswerten von Daten berichtet wird, wundert es mich nicht mehr, dass ich keine Angebote für Brillen bekomme. Auf meinem Facebook-Bild trage ich nämlich keine. Welche Rolle das spielt? Angeblich werden die Bilder beispielsweise nach Brillen durchsucht und entsprechende Angebote landen dann zufälligerweise auf unserem Bildschirm. Was es von diesem Bruce Springsteen alles gibt, erfahre ich verstärkt, seit ich ihn in meinem Facebook-Account unter Musikgeschmack eingetragen habe. Jetzt sind das ja relativ harmlose Informationen. Aber so manche Nutzer, vor allem Kinder und Jugendliche, geben dort deutlich empfindlichere Daten ein. Und leider auch passende oder besser unpassende Fotos dazu. Irgendwann kommt die Zeit (wenn sie nicht schon da ist), in der auf unsere „einwandfreie Internetvergangenheit" geachtet wird. Davon hängen dann Gehalt und Ansehen ab. Es entstehen Abhängigkeiten bis hin zur Erpressbarkeit.

Ich sehe das wie bei Tattoos. Die sind natürlich cool und manche sehen ja auch ganz gut aus. Aber irgendwann sind doch viele Menschen nicht mehr ganz so „scharf" auf die Bilder aus ihrer stürmischen Jugendzeit. Und auch die Tattoos verlieren auf faltiger Haut ihre Schärfe. Oft konnten die Motive mit der persönlichen Entwicklung nicht Schritt halten und werden nach ein paar Jahren als peinlich empfunden.

Ähnlich wie Daten im Internet bekommt man Tattoos fast nicht mehr weg. Allerdings hat man hier wenigstens noch die Möglichkeit, sich durch entsprechende Kleidung vor Blicken zu schützen. Anders im Internet. Außer durch einen weltweiten „Reset" der Datenspeicher – durch mehrere hundert Atombombenblitze oder einen Meteoriteneinschlag – werden die einmal eingestellten Daten wohl nicht mehr aus dem WWW und seinen Backups gelöscht werden können.

In Bezug auf Zeitkompetenz gelten für Social Media ähnliche Regeln wie für E-Mails (s. „Umgang mit E-Mails"). Wer auf SEINE Zeit Wert legt, sollte sich genau überlegen, wie viel er davon ins Posten und Twittern investiert. Zeit ist unsere wertvollste Ressource. Wir können sie nicht vermehren, wir können sie nur besser nutzen.

Für geschäftliche Zwecke sieht die Sache ein wenig anders aus. Hier können wir uns auf die Seite der Jäger stellen und sämtliche Marketingstrategien austesten und sicher auch gute Geschäfte daraus generieren. Der Fantasie sind keine Grenzen gesetzt. Trotzdem sei auch hier angemerkt, dass wir nur das verbreiten sollten, was ehrlich und gehaltvoll ist.

> *Zeit ist unsere wertvollste Ressource, wir können sie nicht vermehren, wir können sie nur besser nutzen.*

Besprechungssteuerung

Besprechungen sind ein sehr teures, aber auch unverzichtbares Mittel, um Projekte aller Art mit mehreren Beteiligten durchzuführen. Daher ist es notwendig, jede Besprechung gut vorzubereiten und straff durchzuziehen. Am Ende müssen klare Ergebnisse, Vereinbarungen, Termine und Zuständigkeiten exakt dokumentiert werden. Das klingt logisch, wird aber in den wenigsten Fällen umgesetzt.

Die Steuerung kann nur dann gelingen, wenn der Besprechungsleiter genau weiß, was mit dieser Besprechung erreicht werden soll. Er muss wissen, wen er dazu braucht, und welche Unterlagen notwendig sind. Er muss seine Ziele kennen und diese Ziele müssen im Einklang mit den Projektplänen stehen. Nur wenn er weiß, was jeder Beteiligte zu leisten hat, bis wann das erfolgen muss und mit welchen Abhängigkeiten es verbunden ist, kann er qualifiziert eine Besprechung leiten.

Der Besprechungsleiter muss im Vorfeld die Einladung mit den Besprechungspunkten versehen und sie so verfassen, dass jeder Teilnehmer weiß, welche Unterlagen er mitbringen und wie er sich vorbereiten muss. Sind die Ziele der einzelnen Punkte klar dargestellt, wird die klassische Ausrede „Das habe ich nicht gewusst" auf geradezu magische Weise vermieden. Ab einem bestimmten Grad der Ausbildung und Verantwortung darf von jedem erwartet werden, dass er sich selbst Gedanken zur Umsetzung der ihn betreffenden Punkte macht. Natürlich muss er dazu die Ziele dieser Punkte kennen und er muss im Vorfeld die Möglichkeit haben, auch seine eigenen Punkte mit auf die Agenda zu stellen. Ist einer der Teilnehmer zum wiederholten Male nicht vorbereitet oder verzögert er durch sein Verhalten ständig die Besprechung, dann werfen Sie ihn raus. Wenn es Ihr Chef ist, dann geben Sie ihm dieses Buch.

Ein weiterer Effekt, vor allem in eingespielten Teams, ist der, dass sich die Eingeladenen beim Studieren der Agenda bereits Gedanken über mögliche Lösungen machen und diese in Einzelgesprächen mit anderen Teilnehmern abstimmen. Dazu gehört auch die rechtzeitige Anforderung von fehlenden Unterlagen. Das ist der Idealfall. Er tritt immer häufiger ein, wenn alle Beteiligten wissen, dass sie dadurch schnell wieder aus der Konferenz entlassen werden. Außerdem erkennen sie in einer gut organisierten Besprechung, dass alles, was man von ihnen fordert, auch tatsächlich gefragt ist und dass darauf aufgebaut wird.

Sehr viel Zeit spart man auch, indem man die Anfangszeit exakt einhält und jedem, der nicht pünktlich ist, den Eindruck vermittelt, dass er alle anderen stört und dafür verantwortlich ist, wenn sich das Ende der Besprechung nach hinten verschiebt. Das Ende ist ebenso festzulegen und einzuhalten wie der Anfang. Es ist kaum zu glauben, welche Macht darin liegt, Diskussionen effektiv zu halten und auf den Punkt zu bringen, wenn das Ende der Besprechung naht. Sie haben mit Ihrer Agenda ein gutes Messinstrument dafür, wie schnell Sie vorankommen müssen. Wenn Sie nach der Hälfte der Zeit immer noch bei Punkt 4 von 15 sind, könnte es eng werden.

Entscheidend ist die Fähigkeit des Besprechungsleiters, die Punkte abzuschließen, sie zu dokumentieren und dann den Beschluss, die Zuständigkeiten und die festgelegten Termine noch einmal zusammenzufassen. Das erspart allen Beteiligten die endlosen Telefonate und E-Mails nach dem Protokollversand. Die Zusammenfassung am Ende eines jeden Punktes hat den Vorteil, dass die Erinnerung noch frisch ist. Werden alle Punkte am Schluss zusammengefasst, führt das häufig erneut zu zeitintensiven Diskussionen.

Das Protokoll sollte bald, im Idealfall noch am selben Tag, verschickt werden. Das hilft Ihnen bei der Erstellung und auch den Beteiligen, weil sie noch sehr nahe am Geschehen sind. Drei Tage später sind schon wieder viel zu viele Dinge passiert, die vielleicht wichtiger sind oder zumindest wichtiger erscheinen. Also erledigt man das „alte" Protokoll „auf den letzten Drücker" und macht dadurch wichtige Dinge wieder dringend.

Zusammenfassung

Zusammenfassung Sie sehen, wie viel es uns kosten kann, wenn Termine und Projekte unzureichend vorbereitet sind. Häufig ist die Ursache die vermeintlich fehlende Zeit. Schon eine grobe Nachkalkulation zeigt jedoch, dass so unterm Strich viel höhere Kosten entstehen und dass mehr Zeit verbraucht wird, als wenn man sich im Vorfeld ausreichend Zeit nimmt.

SCHLÜSSEL 9

WICHTIG IST RELATIV

Immer wieder tauchen die Worte „wichtig" und „dringend" auf. Schauen wir uns deshalb an, was es mit diesen Worten in Bezug auf unser Zeitkontingent und unser Stresslevel auf sich hat.

Die Flut an Informationen nimmt ständig zu. Und in Form Ihres Smartphones verfolgen diese Informationen Sie auch noch überall hin. Ja, sie leuchten, summen, klingeln und vibrieren regelmäßig und immer häufiger in Ihren Alltag hinein. Sie vergiften auch noch die Zeiten, in denen Sie eigentlich überhaupt nicht an irgendwelche Informationen denken möchten. Doch ständige Erreichbarkeit wird heutzutage erwartet. Wer hat da schon den Mut, sich auszuklinken?

Jede ungeplante Unterbrechung schadet Ihrer Produktivität. Der dadurch erhöhte Zeitaufwand führt dazu, dass Sie immer weniger Ihrer Aufgaben in der dafür vorgesehen Arbeitszeit schaffen. Die Folge ist klar: Die Überstunden steigen. Auch das ist modern. Wer keine Überstunden macht, gilt nicht als wichtig, engagiert und lässig. Aber genau das wollen wir doch alle sein!! Zumindest wir Männer neigen dazu.

Denken Sie nur zurück, welch lässige Cowboys mit Marlboro-Zigaretten die unendliche Weite durchritten. So wollte jeder sein. Da sich jedoch die wenigsten einen Ausritt in den Wilden Westen leisten konnten, fing man zumindest schon mal mit den Zigaretten an.

Die Cowboys von heute sind die Afterwork-Typen. Lässig gekleidet kommen sie nach vielen Überstunden zur Party, leicht gestresst, aber trotzdem gut gelaunt.

Da diese Situation – ebenso wie der Ausritt in den Wilden Westen – wiederum den wenigsten zuteil wird, begnügt sich die Mehrzahl der „Jedermänner" mit den Überstunden und dem Stress und fühlt sich auch noch lässig dabei.

Wir sind so programmiert, dass wir inzwischen sogar stolz darauf sind, Überstunden zu machen und gestresst zu sein. Dass daraus eine psychische

Belastung entsteht, die zu dauerhaften Schäden führen kann, wird genauso in Kauf genommen, wie früher die Gesundheitsschäden durchs Rauchen. Vielleicht klebt ja künftig an der Firmentür ein Schriftzug:

Vorsicht – Arbeit kann tödlich sein.

Aufgrund der extremen Informationsflut und des Kommunikationsdrucks können wir den Stress mit herkömmlichen Ansätzen nicht mehr ausreichend reduzieren. Uns bleibt nur eine Möglichkeit: zu entscheiden, ob wir **als wichtig gelten** oder lieber **erfolgreich sein** wollen.

Es ist unsere Entscheidung! Natürlich bringt sie Konsequenzen mit sich: Es bedarf einer Systemänderung! Und die beginnt nicht damit, dass wir uns vornehmen, nur noch dreimal am Tag unsere SMS zu kontrollieren. Das werden wir nicht lange durchhalten. Notwendig ist eine Veränderung unserer Rahmenbedingungen! Mit „Rahmenbedingungen" sind hier Einstellungen gemeint.

Wir müssen umdenken und uns klarmachen: „Ich bin kein Freiwild, auf das jeder jederzeit mit Informationen und Anfragen schießen darf. Ich selbst bestimme, wann ich Information und Kommunikation zulasse und wann ich wem antworte".

Unser Stresslevel ist nicht ausschließlich von der Menge der Arbeit abhängig. Entscheidend ist der **Blickwinkel,** aus dem wir die jeweilige Sache betrachten, der **Sinn**, den wir ihr geben, und der **Wert**, den wir ihr beimessen.

Inwieweit wir mit uns zufrieden sind und entspannen können, ist wesentlich davon abhängig, wie wir unsere täglichen Aufgaben beurteilen, wie wir mit ihnen umgehen und wie viel Zeit wir damit verbringen.

Darüber haben sich schon viele Menschen Gedanken gemacht. Was Eisenhower herausgefunden hat, lässt sich mit leichten Anpassungen auch auf unsere Zeit übertragen.

Tätigkeiten nach Wichtigkeit und Dringlichkeit

Beurteilen wir unsere Tätigkeiten nach Wichtigkeit und Dringlichkeit, dann ergeben sich folgende Bereiche:

I	Nicht wichtig und nicht dringend	→ Frustration
II	Nicht wichtig, aber dringend	→ Stress
III	Wichtig und dringend	→ Stress
IV	Wichtig, aber nicht dringend	→ Entspannung, Begeisterung, Erfolg

Je nachdem, wie lange wir uns in den jeweiligen Bereichen befinden, ändert sich unser Gemütszustand.

I   Nicht wichtig und nicht dringend → Frustration

Unwichtige SMS lesen und schreiben, fernsehen, durch belanglose Seiten im Web surfen, Computerspiele spielen, Kommentare anderer Leute zu bestimmten Ereignissen lesen. Täglich die neuesten Nachrichten verfolgen und darüber diskutieren.

Die meisten Menschen verbringen einen Großteil Ihres Lebens mit Dingen, die weder wichtig noch dringend sind. Gemeine Behauptung, oder? Das ist auch völlig in Ordnung und sehr sozial. Hunderttausende von Arbeitsplätzen werden dadurch gesichert. Wer es aber wirklich ernst meint mit seiner Zeit und seiner Zielerreichung, der sollte hier ehrlich zu sich selbst sein und sich fragen, ob diese Art der Beschäftigung tatsächlich sinnvoll ist. Es steht außer Frage, dass diese Dinge dazugehören, jeder macht das. Aber welchen Anteil wir ihnen in unserem Leben geben, entscheidet darüber, wie erfolgreich und zufrieden wir sind. Keines der oben genannten Dinge bringt uns direkten Nutzen.

In diesem Bereich ist ein riesiges Potential an Zeit zu finden, wenn man es finden will.

II   Nicht wichtig, aber dringend → Stress

Die Abteilung „Nicht wichtig, aber dringend" gibt es hauptsächlich deshalb, weil wir uns zu viele Dinge dringend machen, oder sie uns dringend gemacht werden. Viele davon sind nicht wirklich dringend.

Die Frage lautet: wie kann die Anzahl der vermeintlich dringenden Aufgaben reduziert werden?

Wie dringend ist es tatsächlich, im Moment des Auktionsendes auf die Ebay-Seite zu starren?

Entscheiden Sie sich, ob Ihnen Ihre Zeit wichtiger ist als die 20 Euro Mehrpreis. Je wichtiger Ihnen das Objekt der Versteigerung ist, desto mehr können Sie bieten. Sie sparen viel Zeit, wenn Sie sich vorab für einen angemessenen Preis entscheiden und der Sache dann ihren Lauf lassen. Jene Menschen, die wirklich auf Ihre Zeit achten, kennen die Entscheidung. Sie wissen mit dieser Zeit Dinge zu tun, die ihnen mehr bringen, als der ungewisse „Schnäppchenpreis".

Wenn Sie es schaffen, die Dringlichkeit, in diesem Moment online sein zu müssen, zu reduzieren, haben Sie Ihr Stresslevel gesenkt und mehr Zeit für andere Themen gewonnen.

Die Abwägung der Dringlichkeit und eine klare Entscheidung sind ausschlaggebend dafür, ob wir in Stress geraten oder nicht.

III Wichtig und dringend → Stress

Geschäftliche Entscheidungen treffen, Steuerprüfung vorbereiten, für eine Prüfung lernen,

Vorbereitung der Besprechungsagenda – diese Themen sind wichtig. In dem Moment, in dem wir erfahren, dass wir hier in irgendeiner Form aktiv werden müssen, sind diese Dinge aber meist nicht dringend. Das werden sie erst, wenn wir sie aufschieben. Dann geraten wir wirklich in Stress. Die Erfahrung zeigt, dass dies auf über neunzig Prozent der Dinge zutrifft, die wichtig und dringend erscheinen und somit massiven Stress verursachen. Wie die rechtzeitige „Inangriffnahme" gelingt, können Sie im Kapitel „Terminplanung" nachlesen.

Anders sieht es bei unvorhersehbaren Ereignissen aus. Ein Unfall – ein Hauptakteur fällt kurzfristig aus und muss ersetzt werden. Bei den Rolling Stones gäbe es ohne Mick Jagger keinen Auftritt. In so einem

Moment kommt wirklich Stress auf. Das würde ich dann auch als Schicksal bezeichnen. Es sollte eben nicht sein. Für einen solchen Fall gibt es kein Backup.

Wenn dagegen ein Blitz in die Stromleitung einschlägt und die Veranstaltung länger unterbrochen werden muss, fällt das wieder unter das Thema Planung. Hier hätte ein Notstromaggregat vorbereitet werden müssen, wenn die Veranstaltung so extrem wichtig ist. Falls sie das nicht ist, kann sie auch abgebrochen werden. Natürlich klingt das nach Besserwisserei. Trotzdem: was könnte bei einer guten Planung wirklich passieren, damit wir massiv in Stress geraten? Wie wahrscheinlich ist dieser Fall?

Im Geschäftsalltag stehen laufend wichtige und dringende Entscheidungen an. Davon leben viele Manager, und es wird sich sicher nicht ganz vermeiden lassen. Wenden Sie aber den einen oder anderen Hinweis der vorangegangenen Seiten an und hinterfragen Sie die Situation entsprechend. Sie werden feststellen, dass sich viele Fälle tatsächlich entschärfen lassen. Voraussetzung ist jedoch, dass wir es wirklich wollen und wir nicht unbedingt als moderner „Marlboro Cowboy" durch unser Leben reiten wollen.

IV Wichtig, aber nicht dringend → Entspannung, Begeisterung, Erfolg

Entscheidungen und Besprechungen in Ruhe vorbereiten, regelmäßig Sport treiben, Weiterbildungen besuchen, Projekte rechtzeitig planen und systematische Kontrollroutinen durchführen. Wichtige Zeit mit der Familie und mit Freunden verbringen und entspannt erleben. Den Kindern bei ihren Hausaufgaben helfen. Rechtzeitig und gut vorbereitet zu Terminen aufbrechen...

Richtig wohl fühlen wir uns, wenn uns diese wichtigen Dinge spielerisch von der Hand gehen. Wenn sie uns nicht unter Druck setzen, weil wir sie rechtzeitig beginnen, bevor sie dringend werden. Das könnte auch der Grund dafür sein, dass in diesem Zustand vieles wie von selbst funktioniert.

Besprechungen sind wichtig. Stellen Sie sich vor, Sie bereiten die nächste Besprechung in Ruhe vor, klären die Agenda und kennen Ihre Ziele für die einzelnen Punkte, die Sie in der Besprechung erreichen möchten.

Sport und körperliche Fitness sind lebenswichtig. Auch sie sind im Normalfall nicht dringend. Das werden sie erst, wenn der Arzt Ihnen einen Wink mit dem „Zaunpfahl" gibt, um Sie vor einem Herzinfarkt zu bewahren. Geben Sie von vornherein regelmäßiger, körperlicher Betätigung eine hohe Priorität und einen festen Platz in Ihrem Tagesablauf, wird diese Thematik nicht dringend werden.

Weiterbildung ist ebenfalls nicht dringend, wenn wir sie regelmäßig durchführen und rechtzeitig die nächsten Termine dafür einplanen. Kontrolle der Aufgaben unserer Mitarbeiter, der Kundenzufriedenheit, der Verbesserungsprozesse und Geschäftsergebnisse... alles wird erst dann dringend, wenn wir die Dinge schleifen lassen und plötzlich gezwungen sind, kurzfristig zu handeln.

Aus dem vierten Bereich schöpfen wir Kraft, obwohl wir ständig wichtige Entscheidungen treffen und sicher dabei mehr leisten und bewegen als in allen anderen Bereichen. Es werden Ihnen Sachen spielerisch gelingen, auf die Sie stolz sind und die Ihnen und anderen großen Nutzen bringen. Durch diese effiziente Arbeitsweise und Lebensgestaltung entsteht auch genügend innere Ruhe und Zufriedenheit, um die Pausenzeiten entspannt genießen und sich dabei erholen zu können.

Allerdings gibt es noch eine andere Gefahr. Unsere Gesellschaft ist auf Dauerbeschäftigung ausgerichtet, oder besser gesagt: darauf konditioniert. Jemand der nicht im Stress ist, wird schon verdächtigt, nichts zu tun. Eine nicht zu unterschätzende Gefahr für das eigene Wertgefühl, besonders dann, wenn etwas trotz aller Leichtigkeit einmal nicht sofort gelingt. Wir fangen in diesem Fall sehr schnell an, uns zu fragen: „Was mache ich eigentlich, mache ich wirklich genug?" Wir beginnen, an uns selbst und an unserer Leistung zu zweifeln. Bleiben Sie sich treu, blättern Sie in Ihrem „Buch des Lebens" und lesen Sie nach, wie Sie in eine entspannte Position gekommen sind. Wenn Sie sich das immer wieder sichtbar machen können, dann sind Sie vor dieser Gefahr gefeit und können weiter auf Erfolgskurs bleiben. Wenn nicht, werden Sie im Folgenden Methoden kennenlernen, die Sie wieder in die richtige Spur bringen.

Womit verbrauchen wir unsere Zeit?

Wie gestresst wir sind, hängt davon ab, wie viel Zeit
wir im jeweiligen Bereich verbringen.

Schreiben Sie auf, welche Dinge Sie täglich machen, und ordnen Sie diese einer der Kategorien I bis IV zu. Schätzen Sie, wie viel Zeit Sie pro Tag bzw. pro Woche in welchem Bereich verbringen.

Bedenken Sie: Gedanken kosten auch Zeit. Mit welchen Gedanken, die im Prinzip nichts bringen, beschäftigen Sie sich jeden Tag? Hier sind auch Gedanken an Dinge gemeint, die Sie nicht ändern können, wie das Wetter, Fußballergebnisse, Skandale berühmter Persönlichkeiten oder Probleme, die der Vergangenheit angehören.

> Was machen und was denken Sie den Tag über?
> Wie viel Zeit verbringen Sie durchschnittlich pro Tag mit diesen Tätigkeiten?
> Ordnen Sie die einzelnen Tätigkeiten den Bereichen I bis IV zu.

Konzentration auf die Goldnuggets

Idealerweise verbringen Sie die meiste Zeit Ihres Lebens mit Tätigkeiten im Bereich IV. Hier sind die Goldnuggets zu finden. Spüren Sie in sich hinein: wie viel Zeit würden Sie gerne im Bereich IV verbringen? Ich kann nur für mich sprechen, aber wenn ich es schaffe, 60 bis 70 Prozent meiner Zeit so zu erleben, dann bin ich wirklich guter Stimmung. Mein Ziel sind ca. 80 Prozent. Allerdings muss ich zugeben: das bedarf einer großen Disziplin, und manchmal habe ich einfach keine Lust auf Disziplin. Aber meine Ziele und meine Gründe dafür ziehen mich fast automatisch immer wieder in die richtige Spur. Es ist jetzt **nicht dringend, aber wichtig,** kontinuierlich darauf hinzuarbeiten. Ich kenne meine Ziele und es macht mir Spaß, ihnen jeden Tag ein bisschen näherzukommen.

Wie viel **Prozent** Ihrer Zeit verbringen Sie in den Kategorien I – IV ?

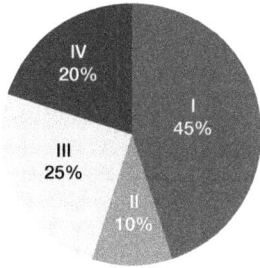

Skizzieren Sie Ihren eigenen Kreis, um Ihre Zeiteinteilung sichtbar zu machen.

Im Beispiel ist dargestellt, wie hoch der prozentuale Anteil der Zeit in den vier genannten Bereichen ist. Es lässt sich deutlich erkennen, dass die betroffene Person wohl eher frustriert und gestresst durchs Leben geht.

Unterstellen wir ihr acht Stunden Schlaf, dann verteilen sich die restlichen sechzehn Stunden wie folgt:

7,2 Stunden im Bereich I → Frustration 45%

1,6 Stunden im Bereich II → Stress 10%

4,0 Stunden im Bereich III → Stress 25%

3,2 Stunden im Bereich IV → Entspannung, Begeisterung, Erfolg 20%

Machen Sie sich noch einmal bewusst, wie viel Lebenszeit in einer Stunde pro Tag steckt:

Wenn Sie nur eine Stunde pro Tag weniger fernsehen oder ziellos im Web surfen, bedeutet das:

1 Stunde pro Tag → 365 Stunden pro Jahr → das sind 15 volle 24-Stunden-Tage pro Jahr, die Sie zusätzlich zu Ihrer freien Verfügung haben. Nach zwei Jahren bedeutet das: ein ganzer Monat ist FREI!!!

Notieren Sie in Ihr „Buch des Lebens" bitte Folgendes:

❯ Rechnen Sie schriftlich aus, wie viel Zeit Sie **pro Woche** besser nützen könnten.

❯ Rechnen Sie das Ergebnis auf einen Monat und auf ein Jahr hoch und betrachten Sie die Zeit auch auf zehn Jahre gerechnet.

> Was könnten Sie in dieser Zeit alles machen? Wie verbessert sich Ihr Leben, wenn Sie diese Zeit bewusst für Ihre Ziele einsetzen?

> Schreiben Sie mindestens drei Maßnahmen auf, mit denen Sie ab sofort mehr Zeit im Bereich IV verbringen können.

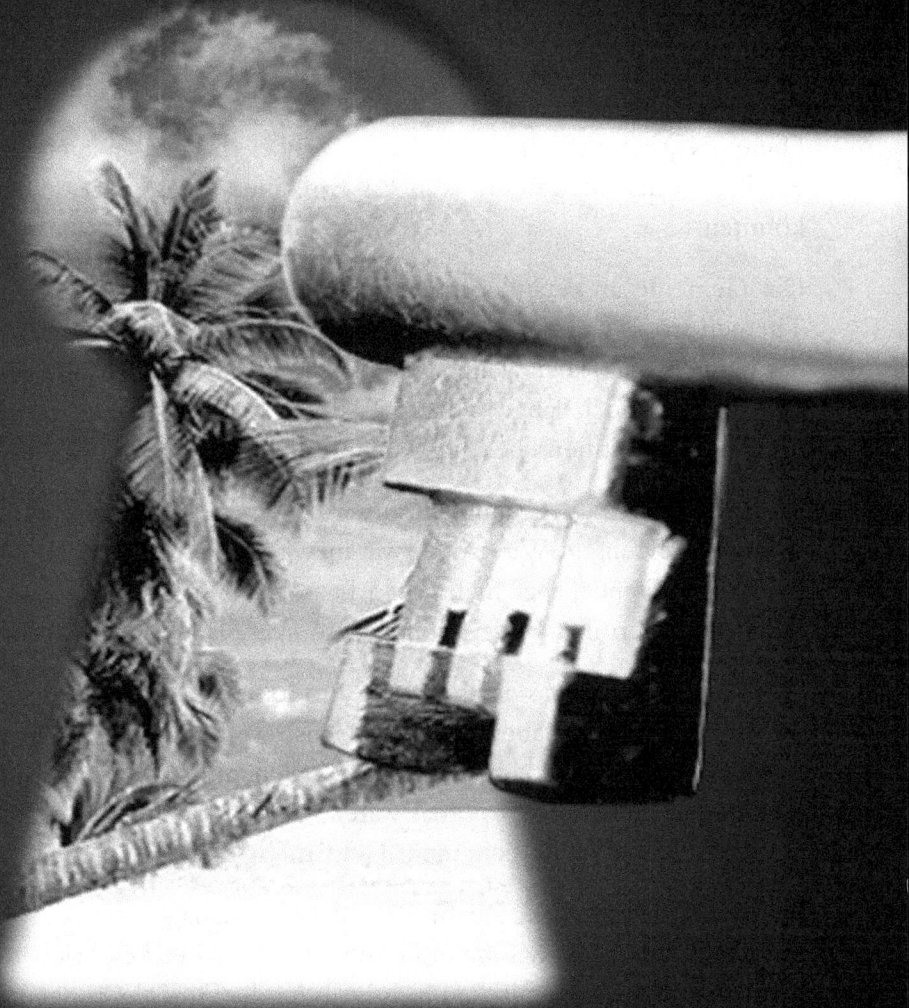

SCHLÜSSEL 10

OPTIMIEREN SIE IHRE PRODUKTE

Business is innovation and marketing. Peter Drucker

Dieses Kapitel soll Sie animieren, darüber nachzudenken, wie Ihre Produkte oder Dienstleistungen das Erreichen Ihrer Ziele unterstützen könnten.

Das Gemeine an Veränderungen ist, dass man immer wieder auf neue Themen stößt, von denen am Anfang keiner etwas gesagt hat. So banal das klingen mag, aber wenn wir uns verändern und neue Wege gehen, bedeutet das noch lange nicht, dass unser Produkt, unsere Firma oder sogar unsere Mitmenschen sich verändern.

Wir machen die beste Planung für unser Leben, aber es funktioniert einfach nicht wie gewünscht. Wir haben zwar inzwischen mehr Zeit und vielleicht auch mehr Freude, aber mehr Geld ist noch nicht in Sicht, obwohl wir wunderbare Termin-, Budget- und Ressourcenpläne erstellt haben.

Woran liegt das? Was ist mit den Produkten oder Dienstleistungen, die wir anbieten? Haben wir die ebenso verbessert? Wenn uns diese Produkte zu einer Verbesserung führen sollen, müssen wir natürlich auch sie verändern. Wenn sie optimal wären, hätten sie ja vorher schon dafür gesorgt, dass wir mehr Zeit, mehr Geld, mehr Freude haben.

Den ganzen Prozess der Zielfindung, des Zeitmanagements, der Planung und Umsetzung, wie wir ihn bisher für uns Menschen beschrieben haben, kann man übertragen auf die Produkte oder die Dienstleistungen, die wir anbieten. Ja, es ist sogar notwendig, das zu tun.

In den vergangenen Jahren war ein kompletter Umbruch der bisherigen, über Jahre entwickelten und immer weiter verbreiteten, Technik zu beobachten. Was vor zwanzig Jahren noch undenkbar war, ist heute völlig normal. Solche Entwicklungen hat es immer gegeben, aber eben nicht in einem so kurzen Zeitraum und mit einer so großen Ausbreitung. Ich erinnere mich noch gut an das DIN-A4-Blatt, vollgeschrieben mit

Urlaubsberichten, welches ich 1992 von Rarotonga, Cook Islands, nach München zu meinem Vater ins Büro faxte. Es dauerte sage und schreibe 10 Minuten, bis diese eine Seite durch war. Währenddessen sah ich mein Urlaubsbudget schrumpfen. 20 US$ kostete das Lebenszeichen aus der Südsee. Telefonieren wäre noch teurer gewesen.

Jetzt haben wir eine Technik, die scheinbar alles kann, und zwar in Echtzeit. Im übertragenen Sinn wurde uns quasi über Nacht ein Hochgeschwindigkeitsrennkurs zur Verfügung gestellt. Doch viele von uns vertrauen nach wie vor auf ihre Erfahrung und auf ihr bewährtes Auto und drehen ihre Runden. Dabei wundern sie sich, warum andere links und rechts nur so an ihnen vorbei rauschen.

Sind unsere Produkte, unsere Dienstleistung und unser Marketing bereits hochgeschwindigkeitstauglich? Hat unsere Zielgruppe noch die gleichen Bedürfnisse wie vor ein paar Jahren? Wissen wir, welche neuen oder ergänzenden Produkte aufgrund der erweiterten technischen Möglichkeiten aus unserem Know-how entstehen können? Vielleicht können wir aus unseren Fähigkeiten Produkte entwickeln, die das Geldverdienen von unserer Zeit entkoppeln.

Ihr Produkt – ein Bestseller

> *Um ein Produkt zu verkaufen, brauchen Sie drei Dinge: Ein Produkt, Marketing und eine Technik, die es Ihnen erlaubt, Informationen an den Kunden zu bringen.* In Anlehnung an Frank Kern „State of the internet"

Beginnen in umgekehrter Reihenfolge:

1. Technik

Im Internetmarketing wird häufig die Meinung vertreten, dass die Technik das alles Entscheidende sei. Es gibt fantastische Plattformen und Werkzeuge, die alles vereinfachen und vernetzen. Enormer Aufwand wird getrieben, um „Freunde" und „Follower" zu sammeln, jeden Unsinn zu twittern und eine Einladung nach der anderen an das ohnehin schon genervte Netzwerk zu versenden.

Reduzieren wir einfach die vermeintliche Macht der Technik auf die Bereiche, in die sie gehört, dann lässt sich festhalten:

> *„Die Aufgabe der Technologie ist es, die richtige Marketing-Botschaft über ein exzellentes Produkt zum richtigen Zeitpunkt an den richtigen Markt zu liefern."* Frank Kern

Wenn Sie es mit dem Hausbau vergleichen, dann ist Technologie etwa so wichtig wie die Fassadenfarbe und der Gartenzaun. Trotzdem wird in diesen Bereich enorm viel Zeit und Geld investiert.

2. Marketing

Weitaus wichtiger ist das richtige Marketing. Damit ist aber immer noch kein Geld verdient. Trotzdem wird hier ein Großteil der Energie und Innovation dafür verwendet, möglichst viele technische Systeme einzubinden und überall präsent zu sein, um ja nichts zu verpassen.

> *„Marketing benutzt das Internet, um die richtige Marketing-Botschaft über ein exzellentes Produkt zum richtigen Zeitpunkt an die richtigen Leute zu liefern."* Frank Kern

An dieser Stelle ist aber noch nichts verkauft und somit noch nichts verdient. Wo liegt das Problem?

Erster Grund: Von all den Möglichkeiten, Einflüssen und Ratschlägen werden wir fast zwangsläufig überwältigt und wir bringen nichts mehr zustande. Die Ursache dafür ist das Fehlen konkreter Ziele und einer effektiven Planung. Mit solchen Grundlagen könnten wir Schritt für Schritt strukturiert vorgehen und würden dabei stets den Überblick behalten.

Zweiter Grund: Sie haben kein Produkt, das so außergewöhnlich gut ist, großen Nutzen bringt und das Leben Ihrer Kunden stark verändern wird. Es kann auch sein, dass Sie so ein Produkt haben, es aber noch nicht als ein solches erkannt und dargestellt haben.

3. Überragendes Produkt

Ein Produkt, das so außergewöhnlich gut ist, dass es für Ihre Kunden wie Zauberei wirkt, können Sie durch folgende Aussprüche Ihrer Kunden identifizieren:

> Wie viel Lebenszeit habe ich ohne dieses Produkt bereits verschwendet?

> Wie konnte ich ohne dieses Produkt leben?

Ein herausragendes Produkt haben Sie dann geschaffen, wenn Sie damit einen Kunden effektiv zu einem Ergebnis führen können, welches gravierende Verbesserungen in seinem Leben bewirkt.

Falsch ist hingegen die Annahme, dass Sie den Wert für Ihre Kunden maximieren, wenn Sie ihnen mehr Informationen liefern. Jeder Mensch hat genügend Informationen, er will **Ergebnisse**. Niemand wacht in der Nacht auf und denkt sich: ich brauche unbedingt noch ein paar Persönlichkeitsentwicklungsprogramme auf DVD.

Auch der Nutzen von „Free E-Book-Storys" etc. ist fraglich, denn kostenlos bedeutet letztlich immer, dass wir den Wert unserer Leistung, unseres Produktes geringschätzen. Diese mangelnde Wertschätzung unserer eigenen Produkte überträgt sich auf den Interessenten. Wenn Ihr Produkt großen Nutzen bringt, Sie diesen aufzeigen und es an den richtigen Adressaten bringen, dann können Sie auch getrost von Anfang an so viel Geld dafür verlangen, wie Sie für angemessen halten. Wenn Sie jedoch einen dieser Punkte nicht erfüllen, bringt Ihnen auch eine kostenlose Ausgabe nicht viel.

Finden Sie Ihre Antwort auf die Frage: „Wie können meine Produkte meinen Kunden sicher und schnell helfen, ihre Ergebnisse exponentiell zu verbessern?"

Arme Leute fragen sich, wie schaffe ich es von einer Million Menschen einen Euro zu bekommen. Reiche fragen sich, wie kann ich einer Million Menschen einen Wert von 10.000 Euro geben und von jedem ein Prozent zurück bekommen? vermutlich Anthony Robbins

Zielgruppendefinition

Das beste Produkt nützt Ihnen nichts, wenn derjenige, dem Sie es anbieten, keine Verwendung dafür hat. Sie wollen jemandem ein Motorrad verkaufen und zeigen ihm, welch traumhafte Erlebnisse er dadurch haben kann und wie wunderbar Ihr Produkt dazu beitragen wird. Er hört sich alles an und verabschiedet sich mit der Bemerkung, er habe keinen Motorradführerschein. Sie hatten großen Aufwand und trotzdem keinen Erfolg, denn es fehlen wesentliche Voraussetzungen, damit Ihr Produkt dieser Person Nutzen bringen kann.

Um ein Produkt und die Zielgruppe aufeinander abzustimmen, sind die Antworten auf folgende Fragen sehr hilfreich:

> Was ist mein Produkt?

> Wem bringt es welchen Nutzen?

> Wie sieht die Verbesserung für meinen Kunden im täglichen Leben konkret aus?

> Wer möchte diese Verbesserung haben?

> Wer kann sich das Produkt leisten?

> Wo finde ich diese Leute?

Gehen Sie ruhig zurück zur Zielfindung, machen Sie einen Zielfindungsworkshop mit Ihrem Produkt, es hilft Ihnen, die Fragen zu beantworten. Überprüfen Sie bei der Gelegenheit auch, wie Ihr Produkt zu Ihren Zielen passt. Lassen sich etwa Hauptverkaufszeiten mit Ihren privaten Vorstellungen verbinden, oder stehen diese im Widerspruch? Verkaufen Sie Motorräder, wollen aber in der Hauptverkaufssaison im Frühjahr und Sommer selbst lange Reisen machen, so steht das im Widerspruch zueinander. Hier wäre es besser, Winterbekleidung zu verkaufen. Denken Sie einfach darüber nach und stimmen Sie Ihre Ziele und Ihre Produkte gegebenenfalls in bestimmten Bereichen aufeinander ab.

Sie sehen, wie ähnlich der Prozess für Ihre Persönlichkeitsentwicklung und der Entwicklungsprozess Ihres Produktes einander sind.

Zielgruppen bestehen aus einzelnen Menschen, und wir wollen dem Menschen und nicht der Gruppe etwas verkaufen. Ich kaufe am liebsten dort ein, wo ich mich verstanden fühle, wo ich den Eindruck habe: die wissen, was ich brauche. Dazu muss der Verkäufer wissen, worauf es mir ankommt. Gute Verkäufer erkennen das im persönlichen Gespräch sofort und reagieren darauf. Bei diesen Menschen habe ich den Eindruck, dass sie mich schon jahrelang kennen, und beginne sehr schnell, ihnen zu vertrauen. Es ist dann nicht mehr schwer, mir ein Produkt zu verkaufen, wenn dies annähernd meine Bedürfnisse trifft.

Soweit sind wir aber noch nicht. Bis es zu einem persönlichen Gespräch mit einem Interessenten kommt, sind noch ein paar Schritte zu gehen. Wir definieren deshalb zuerst unseren optimalen Kunden, mit dem wir es zu tun haben möchten, als einzelne Person. Das, was der gute Verkäufer im Gespräch erkennt, müssen wir vorab über den Interessenten herausfinden. Dann können wir ihm das Gefühl geben, dass wir genau wissen, was für ihn die beste Lösung ist. Nun haben wir sein Vertrauen gewonnen und können ihm zeigen, welche Vorteile der Kauf unseres Produktes für ihn hätte. Zunächst aber entwickeln wir ein möglichst realistisches Bild unseres Idealkunden.

Beispielfragen zur Definition unseres Idealkunden:

> Welche Wünsche hat der weibliche oder männliche Idealkunde?

> Welche Sorgen und Ängste hat er?

> Was macht er beruflich?

> Ist er eher Beamter oder Unternehmer?

> Wie viel verdient er?

> Wie kleidet er sich?

> Wie alt ist er?

> In welchen Verhältnissen lebt er? Haus oder Wohnung, Eigentum oder Miete, in der Stadt oder auf dem Land?

> In welchen Kreisen verkehrt er, geschäftlich wie privat?

> Ist er Single oder verheiratet, geschieden, verwitwet

> Hat er Kinder?

> ❯ Welche Hobbys hat er?
> ❯ Welche Zeitungen liest er?
> ❯ Wie viel Zeit hat er?
> ❯ Was isst er gerne?
> ❯ Wann geht er ins Bett?
> ❯ Welche Sehnsüchte und Träume hat er?
> ❯ Was macht ihm besondere Freude?

Welche weiteren Punkte sind interessant? Wo finden Sie Anknüpfungspunkte zu Ihrem Produkt oder Ihrer Dienstleistung?

Aus dieser Beschreibung entwickelt sich eine fiktive Person, die Sie am liebsten jeden Tag hundertmal bei sich begrüßen möchten, weil diese Person laufend Ihre Produkte kauft und diese auch weiterempfiehlt.

Wenn Sie nicht wissen, wie Sie anfangen sollen, fragen Sie Ihre besten Kunden. Sagen Sie ganz einfach, Sie möchten Ihren Service und Ihr Angebot verbessern. Geeignete Fragen sind zum Beispiel: Was würden Sie sich als Kunde/Gast/Patient wünschen? Worauf legen Sie besonderen Wert? Fragen Sie auch, was ihm besonders gut gefällt und warum das so ist. Aus diesen Gesprächen erfahren Sie viel über die einzelne Person, was Sie dann auf andere übertragen können. Denn viele haben sehr ähnliche Herausforderungen zu meistern. Seien Sie der Freund Ihrer Kunden und helfen Sie ihnen, diese Herausforderungen zu meistern. Sie werden es Ihnen danken.

Prüfen Sie zusätzlich, welche Verbindungen zwischen Eigenschaften Ihrer Zielgruppe und allgemeinen Erhebungen (Statistiken) bestehen, die Ihr Produkt verbessern könnten. Ein Beispiel hierfür finden Sie unter dem Punkt „Verkaufspyramide".

Verkaufspyramide

Egal was Sie anbieten, nur ca. 3 % der Personen Ihrer Zielgruppe befassen sich in dem Moment, in dem Sie ihnen Ihr Produkt anbieten, mit diesem Thema und haben gleichzeitig eine konkrete Kaufabsicht.

3% beabsichtigen zu kaufen

7% sind interessiert

30% denken nicht daran

30% glauben nicht,
dass es für sie
interessant ist

30% nicht
interessiert

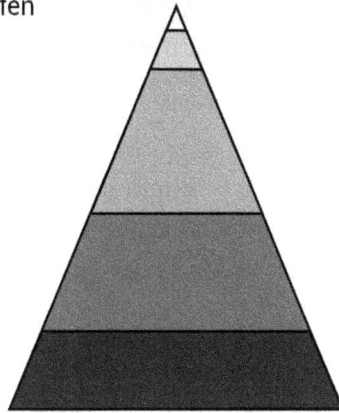

Quelle: Chet Holmes,
„the ultimate sales machine"

Sie verkaufen beispielsweise Fahrrad-Hometrainer:

Drei Prozent Ihrer Zielgruppe informieren sich derzeit über Hometrainer mit der Absicht einen zu kaufen. Die anderen 97 Prozent interessiert das Thema nur am Rande oder überhaupt nicht. Und das gilt selbst dann, wenn Sie ihnen den besten Hometrainer zum besten Preis anbieten würden.

Um diese drei Prozent kämpfen Sie mit allen anderen Anbietern. Es geht um Qualität, Design, Ausstattung, Technik, Garantie, Service und natürlich um den Preis. Wie können Sie es schaffen, Ihr Produkt für die restlichen Personen Ihrer Zielgruppe interessant zu machen? Eine Möglichkeit ist es, vom Produkt weg und hin zum Nutzen für den Kunden zu gehen. Dazu müssen Sie ein bisschen recherchieren, aber das lohnt sich.

Verwenden Sie Marktdaten anstelle von Produktdaten und animieren Sie dadurch Personen Ihrer Zielgruppe zum ernsthaften Nachdenken, ob Ihr Produkt nicht doch für sie interessant wäre.

In diesem Beispiel könnte das so aussehen:

Sie finden Untersuchungen, die belegen, dass Herz-Kreislauf-Erkrankungen die häufigste Todesursache in Deutschland sind.

41 Prozent, d.h. 352.700 Menschen, starben 2010 an den Folgen einer Herz-Kreislauf-Erkrankung. Knapp 92 Prozent der Verstorbenen waren mindestens 65 Jahre alt. Quelle: Statistisches Bundesamt

Solche Aufstellungen zu finden, ist nicht allzu schwer. Dann stellen Sie einen Bezug zu Ihrem Produkt her. Am besten suchen Sie eine anerkannte Persönlichkeit auf dem entsprechenden Gebiet und bauen Ihre Argumentation auf deren Expertise auf:

„Radfahren ist das ideale Herz-Kreislauf-Training. Regelmäßiges Fahrradfahren senkt den Blutdruck und verringert das Herzinfarkt-Risiko. Drei- bis viermal wöchentlich 30 Minuten radeln verlängert das Leben – in Gesundheit! – um etwa zehn Jahre." Prof. Dr. Martin Halle, TU München

Nicht nur 3% Ihrer Zielgruppe, sondern ca. 80% fühlen sich betroffen und denken jetzt über eine Anschaffung nach. Sie haben vorher nicht gewusst, wie wertvoll Ihr Produkt für ihr Leben tatsächlich sein kann. Eine Eigenschaft der Zielgruppe sollte in diesem Fall natürlich das fortgeschrittene Alter sein.

Ihre Botschaft – die einmalige Gelegenheit

Jetzt haben Sie Ihr Produkt und Ihre Zielgruppe definiert. Sie haben analysiert, welche Eigenschaften Ihr Kunde hat und wie er durch Ihr Produkt 150 Jahre alt wird. Weiterhin haben Sie durch Recherche Marktdaten gefunden, die Ihnen helfen, die Eigenschaften Ihres Produktes mit einem Nutzen für Ihren Idealkunden zu verbinden, der diesem vorher noch nicht bewusst war. Was wollen Sie mehr? Ja, Sie sollten es ihm noch sagen!

Wie stellen Sie Ihren zukünftigen Kunden Ihr Angebot vor, damit diese vor Begeisterung Ihren „Laden" stürmen, um Ihr Produkt zu kaufen?

Denken Sie nur zurück an die Schlangen vor den Verkaufsstellen für Konzertkarten. Stunden vor der Öffnung stehen schon Fans dort, um sicher zu sein, dass sie auch eine der begehrten Karten bekommen. Das wollen Sie mit Ihrem Produkt, Ihrer Dienstleistung, Ihrem Angebot auch erreichen.

Stellen Sie sich nun ein Fußballstadion vor. Es ist bis auf den letzten Platz besetzt. Alle Zuschauer gehören zu Ihrer Zielgruppe. Sie haben die Möglichkeit, hier zu sprechen und die Anwesenden von sich und Ihrem Angebot so zu begeistern, dass sie noch während Ihrer Rede nervös werden und sich in Richtung Verkaufsstand bewegen.

> ❯ Was würden Sie sagen, wenn Sie drei Minuten Zeit hätten?

> ❯ Wie würden Sie die Zuschauer so fesseln, dass das oben skizzierte Szenario eintritt?

Denken Sie hierzu an die Fernseh- oder Radiowerbungen, die ständig auf Sie einprasseln.

> ❯ Bei welcher Werbung verharren Sie kurz und beobachten gespannt, was passiert?

> ❯ Was erregt Ihre Aufmerksamkeit?

> ❯ Wie könnten Sie das mit Ihrem Produkt darstellen?

Zwei wesentliche Aspekte der Werbung sind, Schmerzen zu verursachen, um dann eine schmerzlindernde, traumhafte Lösung in Form eines Produkts anzubieten. Gute Spots schaffen das in sechzig Sekunden.

Das Mädchen hat sich im Wald verlaufen, die Nacht bricht herein. Wölfe nähern sich heulend dem Kind, glänzende Augenpaare beobachten es. Das Kind hat Angst. Die Szene ist düster. Das Mädchen gerät in Panik, aber zum Glück denkt es an sein Handy mit genau dem Vertrag, der die beste Netzabdeckung hat. Zitternd ruft es den Vater an (ihn überkommt Angst). Der Vater sprintet aus dem Büro zu seinem Helikopter, fliegt los (er ist pure Energie). Sekunden später ist er über dem Waldstück. Er schaltet die Wärmebildsensoren ein und erkennt auf Anhieb die Konturen seiner weinenden Tochter auf einer Waldlichtung. Sie ist umringt von Wildschweinen, Bären und Wölfen. Die Suchscheinwerfer erhellen den Wald. Fest entschlossen, seine Kleine zu retten (er wird zum Helden), setzt er den Helikopter hart auf die Lichtung, springt im gleichen Moment heraus und nimmt seine Tochter in den Arm (der Retter, der mutige Vater). Danke, Telefonanbieter, tausend Dank! Welch Sicherheit du mir doch gibst. Ohne diese Netzabdeckung wäre mein Kind verloren gewesen (die Telefongesellschaft hat mich zum Helden und besten Vater der Welt gemacht). Für welchen Vertrag werden sich junge Väter wohl entscheiden?

Eine andere Herangehensweise, für Produkte wie etwa Babywindeln, zeigt meist nicht die verschmierte Windel und dazu die naserümpfende Mama. Nein, im reinsten Weiß, Hellblau und Rosa wird im sonnendurchfluteten Badezimmer (Reinheit, der Traum aller Mütter) der süße kleine Po gepudert (Liebe) und in die wohlig warme, weiche und auslaufsichere (suggeriert Sicherheit vor unangenehmen Situationen für die Mama) Windel gewickelt. Sofort gibt es eine innige Umarmung von Mama und Baby (Mama, du bist die Beste, möchte das Baby sagen, und die Mama überträgt das Lob unterbewusst auf die Windelmarke). Mama zieht das Kind schnell an und eilt schick gekleidet zum Mama–Baby-Treff, wo sie gleich über die neue Windel berichtet. Auch die Freundinnen sind begeistert und danken der Mama herzlich für den guten Tipp (Mama denkt auch an das Wohl anderer und erhält dafür noch ein Lob. Wer lobt sie sonst? Wer gibt ihr Sicherheit? Wer macht ihr Baby glücklich und vor allem für ein paar Minuten ruhig? Vielen Dank, lieber Windelhersteller!). Am Schluss des Werbespots wird noch erwähnt, dass es nur heute und morgen (Handlungsaufforderung mit Zeitdruck) die Windel in der Großpackung zum Sonderpreis (mehr für weniger Geld) gibt. Das bedeutet Glück, Lob und Freude im Großformat zu einem reduzierten Preis. Nichts wie her damit!

> Könnten Sie jetzt auf die Bühne treten und Ihr Produkt perfekt und überzeugend präsentieren?

> Könnten es Ihre Mitarbeiter im Innendienst?

> Könnten es Ihre Vertriebsmitarbeiter?

> Erzählen Ihre Flyer, Ihre Broschüren und Ihre Internetseite dieselbe Geschichte?

Google, Facebook und Co

Was würde es Ihnen nutzen, wenn Ihre Produkte bei Google ganz oben platziert wären?

Dazu ein paar Gedanken:

Was will Google? – Geld verdienen, klar. Dazu müssen sie aber Marktführer bleiben. Wie machen sie das? – Durch die Qualität der Suchergebnisse.

Sie und ich, wir suchen nur so lange mit Google, wie wir das finden, was uns wirklich interessiert. – Suchen wir Experteninfos oder oberflächliches Gerede?

Wo fühlen Sie sich zu einem Fachthema besser beraten – im Supermarkt oder beim Fachhändler? Wenn der Fachhändler noch dazu ein erstklassiger Experte und schon lange im Geschäft ist, dann vertrauen Sie ihm und kaufen dort.

Google & Co denken und handeln in ihrem Ranking genauso. Zusätzlich fragt Google bei seinen Freunden und Feinden nach, ob dort etwas von Ihnen zu finden ist. Facebook oder Youtube sind da sehr beliebt. Wenn Sie dort ebenfalls zu finden sind, verstärkt das den guten Eindruck bei Google, und Ihre Website steigt in der Platzierung. Natürlich erkennen die Suchprogramme, ob Ihre Adresse auf anderen Websites gelistet ist und ob diese dort angeklickt werden. Sie prüfen auch, ob es eine Seite ist, die zu Ihrer Tätigkeit passt, und wie stark die Seite frequentiert wird.

Außerdem kommt es darauf an, dass Ihre Seite auf dem neuesten Stand ist. Es wird genau festgestellt, wann und wie häufig Sie Änderungen vornehmen. Diese und sicherlich noch einige andere Routinen prüfen die Suchmaschinen und bilden sich dadurch ihr Urteil über Ihre Seite. Dieses Urteil spiegelt sich in der Platzierung bei den Suchergebnissen wider.

Ein wesentlicher Punkt sind auch die Suchbegriffe, denn von ihnen hängt es ab, unter welchen Begriffen Ihre Seite gefunden werden kann. Weil Sie den Millionen von Menschen da draußen nicht sagen können, wonach sie suchen sollen, drehen Sie den Spieß einfach um. Finden Sie heraus, welche Begriffe die Menschen in Google eintippen, um etwas zu Ihrem Thema zu finden. Dafür bietet Google sogar Werkzeuge an, die Ihnen genau sagen, welche Begriffe wie oft gesucht wurden, wie viele Ergebnisse erzielt wurden und nach welchen anderen Begriffen in diesem Zusammenhang noch gesucht wurde. Das Werkzeug nennt sich Google AdWords (und ist natürlich einfach zu googlen). Es gibt noch eine ganze Menge an Informationen zur SEO – Search Engine Optimization (Suchmaschinenoptimierung), d.h. zu Maßnahmen, welche die Auffindbarkeit Ihrer Seite durch Suchmaschinen verbessern. Aber das würde den Rahmen dieses Buches sprengen.

Wenn Sie wollen, dass Ihnen die Suchmaschinen helfen, helfen Sie diesen zuerst, Ihren Wert anhand der Struktur und der Inhalte Ihrer Website zu erkennen!

Eine kurze Checkliste für Ihre Website:

> Geben Sie sich mit Ihren Themen, Überschriften, Bildern, Texten, Videos, Links usw. als ein Experte auf Ihrem Gebiet zu erkennen – oder vermitteln Sie den Eindruck, Sie hätten einen „Bauchladen"?

> Ist Ihr Thema in Ihrem Domainnamen enthalten? Sind Sie selbst Ihr Thema, dann Ihr Name als Domain.

> Wissen Sie, was Ihre Zielgruppe googelt, und sind diese Suchbegriffe in Ihren Texten und Überschriften vorhanden?

> Ergänzen und erneuern Sie Ihre Inhalte regelmäßig?

> Ist der Link zu Ihrer Website auf anderen, qualifizierten Websites angegeben?

Es gibt noch viele weitere Punkte und Themen, die für das Ranking sinnvoll sind. Wesentlich dabei ist, dass Sie Ihren Webauftritt planvoll und strukturiert weiterentwickeln. Sie können es auch zu einem Projekt machen, zu einem Produkt, das Sie zielorientiert immer weiter verbessern.

E-Mail Autoresponder – automatisieren Sie Ihre Prozesse!

Was nutzt Ihnen die erste Position bei Google, wenn die Leute zwar auf Ihre Homepage kommen, dort auch finden, was sie suchen, aber trotzdem nichts kaufen... Sie kommen und gehen und hinterlassen nur Spuren in den Webanalytics (Programmen, mit denen Sie den Besucherverkehr auf Ihrer Seite überwachen können). Sie können feststellen, ob wenige Besucher viel kaufen, oder ob sehr viele Besucher nichts kaufen. Anhand dieser Erkenntnis können Sie dann mit der „Fehlersuche" beginnen. Viele Besucher und wenige Verkäufe sprechen für Ihre Suchmaschinenoptimierung und gegen Ihr Produkt. Wenige Besucher, die jedoch viel kaufen, bedeutet das Gegenteil. In diesem Fall wäre es gut, mehr potentielle Kunden auf Ihre Seite zu bringen.

Die direkte Vergleichbarkeit zwischen Besuch und Verkauf besteht natürlich nur dann, wenn Sie einen Onlineshop betreiben. Trotzdem ist es in jedem Fall wichtig, einigermaßen über die Besucherzahlen informiert zu sein. Denn mit Hilfe dieser Informationen können Sie Tendenzen erkennen.

Im Durchschnitt muss ein Kaufinteressent ca. 7-10 Mal mit Ihnen in Kontakt treten, damit er ein Produkt oder eine Dienstleistung kauft.

Wie machen Sie das? Der Interessent steht jetzt vor Ihrem Schaufenster. Bildlich gesprochen steht er auf einer schönen Piazza vor Ihrem Restaurant und liest die Speisekarte.

Im Mittelmeerraum würde Sie ein guter Kellner jetzt ansprechen. Woher kommen Sie, wie gefällt Ihnen unsere Stadt? Gleichzeitig reicht er Ihnen schon, während Sie noch unentschlossen sind, ein kleines, kühles Getränk mit Strohhalm, natürlich als Geschenk. Mit dem Glas in der Hand sind Sie gezwungen, noch etwas zu bleiben. Der Strohhalm hindert Sie daran, es in zwei Sekunden herunterzuschütten. Diese Zeit nutzt er, um Ihnen seine Angebote in den schönsten Farben zu beschreiben. Er zeigt Ihnen währenddessen den besten Tisch und beruhigt Sie mit moderaten Preisangaben.

Im Vergleich dazu stellen Sie sich jetzt bitte die schwere, geschlossene Eingangstür eines gutbürgerlichen, bayerischen Lokals vor. Sie stehen draußen und versuchen, durch die beschlagene Scheibe im Aushang die leicht vergilbte Speisekarte zu lesen. Wenn Sie es dennoch wagen (und die Tür aufstemmen können), ist es durchaus möglich, dass Sie durch gespenstisch leere Gänge in die dunkle Gaststube gehen müssen. Dort setzen Sie sich verunsichert hin und warten, bis die Bedienung hinter der Theke hervorkommt. „Wissen'S scho, was dringa meng?" sind dann die ersten Worte. Selbstverständlich gibt es auch viele sehr angenehme bayerische Gaststätten. Aber diese Szene habe ich schon oft erlebt. Ich antworte dann immer mit einem gscherten, bayerischen „Naa!!" (Nein), was im Normalfall sofort eine angenehme Stimmung zaubert. Man versteht sich, bedeutet das in Bayern.

Im Internet haben Sie nicht die Möglichkeit, durch ein kurzes Gespräch die Verhältnisse klarzustellen.

> Wer also holt den Interessenten bei Ihnen auf der Website ab?

> Wer spricht ihn an, bevor er weiterzieht?

Wenn die Verlockung groß und die Gefahr gering ist – wie im Falle des italienischen Kellners – gibt es gute Möglichkeiten, den Interessenten zum Verweilen zu bewegen, um ihm weitere Angebote zukommen zu lassen. Dazu brauchen Sie seinen Namen und seine E-Mail-Adresse.

Der E-Mail-Follow-up-Responder ist ein eigenständiges E-Mail-Verwaltungsprogramm, das zusätzlich eine Maske zum Eintragen bietet (wie Sie sie von den Newsletter-Programmen kennen). In diese freien Felder kann der Besucher seinen Namen und seine E-Mailadresse eintippen. Mit diesen Daten haben Sie die Möglichkeit, im Rahmen der gesetzlichen Vorgaben, dem Interessenten weiter Informationen zukommen zu lassen.

Kurz zur Technik. Nach Eintrag der Daten sendet der Responder automatisch eine Sicherheitsabfrage, die sogenannte Doppel-Opt-in-Routine, an die eingetragene E-Mail-Adresse. Der Empfang dieser Bestätigungsmail ist durch Anklicken des enthaltenen Links zu bestätigen. Das ist ein Missbrauchsschutz, der gewährleistet, dass kein Dritter fremde E-Mail-Adressen verwendet.

Bevor er sich einträgt, müssen Sie den Besucher unbedingt entsprechend den gesetzlichen Datenschutzrichtlinien darauf hinweisen, dass diese Informationen kostenfrei, unverbindlich und jederzeit abbestellbar sind. Selbstverständlich erklären Sie auch, dass Sie die Daten nicht an Dritte weitergeben werden. Prüfen Sie in jedem Fall vor Einsatz des Systems die aktuelle Gesetzeslage.

Es ist die einzige Möglichkeit, in Zukunft aktiv und zeitoptimiert auf die Besucher zuzugehen und ihnen dadurch Nutzen in Form Ihrer Angebote zu bringen.

Die Eintragungen werden vom Responder-System dokumentiert und gespeichert. Ein weiterer Vorteil ist der personifizierte Versand von E-Mails. Das bedeutet, jeder Empfänger wird mit seinem Namen oder Vornamen persönlich angesprochen. Das System ermöglicht Ihnen somit Informationen, auch mit Dateianhängen, automatisiert zu versenden. Die Ansprache mit Namen schafft Vertrauen und die Automatisierung führt zu großer Zeiteffizienz, insbesondere auch in der Kundenpflege.

Viele Websites bieten inzwischen Newsletter an, nur bei den wenigsten kommt allerdings daraufhin eine Information, die dem potentiellen Kunden wirklich etwas bringt oder ihn sogar weiter begeistert und zur Lösung seines Problems beiträgt.

Nutzen Sie diese Chance und das Ihnen bereits entgegengebrachte Vertrauen. Sie haben jetzt die Möglichkeit, mit sehr geringem Zeitaufwand mit Ihrem zukünftigen Kunden zu kommunizieren, ein Vertrauensverhältnis und schließlich eine Geschäftsverbindung zu ihm aufzubauen. Hier kommt die eigentliche Herausforderung, die die Spreu vom Weizen trennt.

Zurück zum Italiener. Stellen Sie sich vor, Sie sitzen jetzt an Ihrem Tisch, warten und warten, und nichts passiert. Kein Kellner, keine Speisekarte. Ehrlich gesagt, so etwas ärgert mich gewaltig, und da ich ein ungeduldiger Mensch bin, gehe ich nach kurzer Zeit. Mit Sicherheit komme ich kein zweites Mal in dieses Lokal. Ich werde es auch nicht weiterempfehlen.

Man hat mich angelockt, aber dann wurde nichts mehr geliefert, um das Vertrauen weiter auszubauen und die Grundlagen für einen erfolgreichen Abschluss zu schaffen.

Warum ist das mit Newslettern häufig so? Entweder kommt keiner mehr, oder es kommen so viele und dann zu 99% unnütze Informationen, dass man sie sowieso nicht anschaut und eher genervt ist. Der Hauptgrund liegt in unzureichender Planung. Mindestens für ein halbes, besser für ein ganzes Jahr im Voraus sollte die Planung entstehen, welche Angebote und Informationen interessant sind. Sie schlagen die Hände über dem Kopf zusammen? Aber wenn Sie sich mit Ihren Mitarbeitern (und vielleicht auch mit einigen Ihrer bestehenden Kunden) zweimal im Jahr ein paar Stunden Gedanken über Themen und Inhalte machen, dann haben Sie mit Sicherheit 12 Themen, die Sie über das Jahr verteilt versenden können. Diese komprimierte Zeitinvestition spart Ihnen im Vergleich zu monatlichen Einzelaktionen nicht nur sehr viel Zeit, sondern auch Nerven. Sie reduziert den Druck, jetzt unbedingt etwas versenden zu müssen. Wieder wandeln Sie „wichtig und dringend" in „wichtig, aber nicht dringend" um. Das bedeutet weniger Stress.

Den jeweiligen Zeitpunkt des Versands können Sie für alle Mails vorab festlegen. So können Sie Rücksicht nehmen auf Ferienzeiten, Feiertage, besondere Events usw. Im Idealfall können bestimmte Events sogar zur Verstärkung Ihrer Informationen genutzt werden.

Mit dieser Methode haben Sie jeden Monat einen Kontakt zu Ihren Interessenten. Sie können jederzeit zusätzliche Mails einfügen oder bestehende ändern.

Da sich aber die Besucher nicht alle im Januar eintragen, kann der Responder so eingestellt werden, dass die im laufenden Jahr bereits verschickten Informationen in festgelegten Zeitabständen nachgesendet werden. Anschließend wird die normale Abfolge übernommen. So entgeht niemandem eine Information. Allerdings sollten Sie bei dieser Variante darauf achten, dass Ostergrüße nicht an Weihnachten versendet werden. Das heißt, die Inhalte sollten zeitlich neutral gehalten werden.

Grundsätzlich lässt sich praktisch alles machen, je nach Anbieter. Es ist eine ausgesprochen feine Sache, mit der Sie unglaublich einfach und kostengünstig viel Zeit sparen können. Durch Vertrauensaufbau und Ihre erstklassigen Produkte können Sie auf diese Weise Ihre Interessenten zu Kunden machen.

Ein weiterer Vorteil der Informationsmails: sie können leicht weitergeleitet werden. So verteilen Ihre Interessenten und Kunden Ihre Informationen per Mausklick. Es ähnelt der Seitenempfehlung mit Social Media, ist aber, wie ich finde, viel persönlicher.

Die oben besprochenen Themen sollen Ihnen ein paar Denkanstöße geben und Blickwinkel nahebringen, Ihre bestehenden Produkte und das Marketing in Bezug auf neue technische Möglichkeiten zu überdenken.

Könnte Ihr Wissen auch ein Produkt sein?

Sie haben so viele Erfahrungen auf Ihrem Gebiet gesammelt, so intensiv darüber nachgedacht, und so viele Lösungen erarbeitet. Natürlich profitieren Sie jetzt in Ihrer täglichen Arbeit davon. Auch Ihre Kunden tun das. Aber könnten Sie dieses Wissen nicht anders verpacken und als eigenständiges Produkt verkaufen? Natürlich ist es nicht ratsam, das eigene Know-how der Konkurrenz frei Haus zu liefern. Überlegen Sie einfach, für wen Ihre Erfahrungen und Ihre Erkenntnisse von Nutzen sind. Wer würde sagen: „Wow, der hat richtig Ahnung. Wenn ich in diesem Bereich etwas brauche, dann gehe ich zu dem"?

Denken Sie darüber nach, ob Sie Ihr Wissen dazu verwenden wollen, ein eigenständiges Informations- oder Bildungsprodukt zu entwickeln und zu verkaufen.

Die Wertigkeit Ihrer Produkte

Wie gesagt, ich bin kein Freund von „Free E-Book" usw., auch wenn hier oft wichtige und gute Informationen zu finden sind. Aber irgendwie geben mir diese Dinge das unterschwellige Gefühl, dass sie nichts wert sind. Außerdem ist es eine Frage der Einstellung. Wenn ich ein herausragendes Produkt oder exklusives Wissen habe, dann darf und soll das auch etwas kosten.

Wenn Ihnen ein Handwerker ein Loch in die Wand bohrt, macht er das auch nicht kostenlos, nur um zu beweisen, dass er es kann, oder? Wenn Sie zum Arzt oder Rechtsanwalt gehen, wissen Sie genau, dass eine Rechnung kommt, sobald Sie „Grüß Gott" gesagt haben.

Machen Sie sich bewusst, wie Ihr Produkt das Leben Ihres Kunden verbessert. Welche Vorteile er dadurch erhält und vor welchen Gefahren es ihn schützt.

Wie es sein Risiko minimiert und wie lange er es nutzen kann. Dann schreiben Sie eine Summe auf, die Ihnen das wert wäre. Das ist Ihr Preis.

Sie werden im Wettbewerb diesen Betrag vielleicht nicht ganz erreichen, aber für Sie und Ihr Unterbewusstsein und somit für Ihr Auftreten ist es extrem wichtig, den wahren Wert zu kennen. Denn dann verlieren Sie ganz schnell die Lust an Preisnachlässen und Dumpingpreisen, und das merkt Ihr Gegenüber. Die Interessenten müssen sich entscheiden zwischen Billigware und erstklassiger Qualität inkl. Service. Zur Unterstützung der Kaufentscheidung können Sie Ihren Kunden gegenüber das „Gesetz der Wirtschaft" von John Ruskin erwähnen.

> *„Es gibt kaum etwas auf dieser Welt, das nicht irgendjemand ein wenig schlechter machen kann und etwas billiger verkaufen könnte, und die Menschen, die sich nur am Preis orientieren, werden die gerechte Beute solcher Menschen. Es ist unklug, zu viel zu bezahlen, aber es ist noch schlechter, zu wenig zu bezahlen. Wenn Sie zu viel bezahlen, verlieren Sie etwas Geld, das ist alles. Wenn Sie dagegen zu wenig bezahlen, verlieren Sie manchmal alles, da der gekaufte Gegenstand die ihm zugedachte Aufgabe nicht erfüllen kann. Das Gesetz der Wirtschaft verbietet es, für wenig Geld viel Wert zu erhalten. Nehmen Sie das niedrigste Angebot an, müssen Sie für das Risiko, das Sie eingehen, etwas hinzurechnen. Und wenn Sie das tun, dann haben Sie auch genug Geld, um für etwas Besseres zu bezahlen."* Ruskin

Vom Marketing zum Verkauf

Im Folgenden sind die wichtigsten Punkte zum Thema Marketing und Verkauf mit neuen Medien zusammengefasst. Prüfen Sie noch einmal, welche der genannten Punkte bei Ihnen noch Verbesserungspotential bieten.

Beschreiben Sie den Nutzen Ihres Produktes für den Kunden. Zeigen Sie dem Interessenten den Nutzen Ihres Produktes, indem Sie für ihn folgende Fragen beantworten:

> ❭ Wie verbessert es sein Leben, das seiner Familie oder seiner Freunde?

> Wie erfährt er Dankbarkeit und Lob, wenn er Ihr Produkt verwendet?

> Welche Gefahren hält es von Ihm fern?

> Wie lange kann er es nutzen?

> Welches Risiko hat er, mit dem Produkt „auf die Nase zu fallen"?

> Wie kann er es sich leisten?

> Was muss er tun, um es zu bekommen?

Wenn Sie diese Fragen beantwortet und Ihre Zielgruppe genau definiert haben, dann sollten Sie sich auf die Suche nach diesen Menschen machen. Oder anders gesagt:

Machen Sie es den Menschen leicht, Sie zu finden.

Generieren Sie mehr Kontakte

Das können Sie tun durch Blogs, Websites, Suchmaschinenoptimierung, Radio, PR-Maßnahmen, Briefe, Mailings, Social Media, Videos, Ausstellungen, Crossovermarketing, Veranstaltungen, Anrufe. Natürlich alles im Rahmen der erlaubten Möglichkeiten und mit Stil.

> Mit welchen Maßnahmen gewinnen Sie wie viele Kontakte pro Woche?

> Wie viele Kontakte sind Ihr Ziel und warum?

> Was müssen Sie optimieren, um das zu erreichen?

Verbessern Sie Ihren Verkaufsprozess

Wenn Sie mehr Kontakte gewonnen haben, brauchen Sie häufig auch persönliche Termine. Nicht alle Produkte werden online verkauft. Das Internet ist in vielen Bereichen ein hervorragendes Hilfsmittel, aber nicht immer reicht es aus.

> Vereinbaren Sie mehr Gespräche mit Entscheidungsträgern.

> Erhöhen Sie die Zahl der Folgetermine zur Produktdarstellung und zum Verkauf

Erstellen Sie auch eine kleine Übersicht über die Kontakte, die Sie hatten, bis jemand gekauft hat. Das zeigt Ihnen ganz deutlich auf, wo Sie am stärksten sind und an welchen Stellen Sie zeiteffizient und profitabel arbeiten. Das heißt, Sie können erkennen, ob Sie zum Beispiel 80% Ihres Umsatzes beim Erstkontakt machen und dafür 20% Ihrer Zeit nutzen. Das würde bedeuten, dass Sie 80% Ihrer Zeit auf Zweit- und Drittkontakte verwenden, die Ihnen nur noch die restlichen 20% Umsatz bringen.

Dadurch sehen Sie sehr schnell, wo Zeit- und Gewinnpotentiale liegen, und haben die Chance, Ihre Zeit besser einzuteilen. Sieht Ihre Tabelle ähnlich aus wie die im Beispiel, dann sollten Sie deutlich mehr Zeit in Ihre Erstkontakte investieren. Dafür können Sie Drittkontakte wegfallen lassen, die unterm Strich nur Verlust bringen.

Sie können diese Zeit auch für Verbesserungen im Service und in der Kundenbetreuung verwenden und dadurch mit geringem Aufwand mehr Nachverkäufe generieren.

Außerdem haben Sie dann Zeit, um Empfehlungsschreiben zu bitten. Und Sie können sich darum kümmern, dass diese richtig platziert und bekannt gemacht werden. Dies bringt wiederum mehr Aufmerksamkeit, die zu mehr Erstkontakten führt usw. Sie sehen, wenn Sie erkennen, wo Sie Zeit verlieren, können Sie auch Verbesserungen vornehmen, ohne dass Sie 28 Stunden am Tag arbeiten müssen.

> *Wenn Sie erkennen, wo Sie Zeit verlieren, können Sie*
> *auch Verbesserungen vornehmen.*

Machen Sie mehr aus Ihrem Produkt

Sie haben ein paar „Zeitfresser" eliminiert und dafür Ihren Service verbessert. Nun können Sie den optimierten Service auch zusätzlich anbieten. Beispielsweise im Rahmen einer Exklusiv-Mitgliedschaft mit besonderen Serviceangeboten, die sonst nicht oder nur für viel Geld erhältlich sind. Verbessern Sie Ihr Angebot kontinuierlich und zeigen Sie den Nutzen für den Kunden auf. Verwenden Sie hierbei zur Unterstützung Ihrer Argumentation auch Statistiken, die Ihre Aussagen „beweisen".

Service- und Garantiezusagen sind sehr gute Argumente für die Streichung Ihrer Nachlässe und Rabatte. Auch Preiserhöhungen lassen sich durch Produktverbesserungen leicht rechtfertigen.

Führen Sie Ihre Kunden und Interessenten

Zeigen Sie Ihren Kunden und Interessenten die nächsten Schritte. Dies sind ganz banale Dinge, auf die es jedoch ankommt.

> Machen Sie es ihnen leicht, Sie zu erreichen, um Fragen stellen zu können.

> Machen Sie es ihnen leicht, die Produkte zu kaufen, indem Sie ihnen sagen, wo diese sofort erhältlich sind.

> In welcher Form können sie bezahlen und wie schnell bekommen sie ihr Geld zurück, wenn sie nicht zufrieden sind?

> Unterbreiten Sie Lösungsvorschläge, wie sie Ihr Produkt am einfachsten in ihr Leben integrieren können.

> Gehen Sie gedanklich die Abfolge durch, bis zu dem Zeitpunkt, an dem Ihre Kunden freudestrahlend mit dem neuen Produkt ihr Leben verbessert haben.

> Überlegen Sie sich, was Sie ihnen jetzt noch Gutes tun können, und bieten Sie das an.

Kurz gesagt

> Kreieren Sie ein Produkt, welches das Leben Ihrer Kunden verbessert.

> Klären Sie, für wen (Zielgruppe) es den größten Nutzen bringt und erklären Sie, warum es das macht. (Verkaufspyramide).

> Generieren Sie neue Kontakte, nutzen Sie Technik, um Marketing in Gewinn zu verwandeln.

> Machen Sie Ihre Kontakte und Interessenten zu Kunden, indem Sie den Nutzen Ihrer Angebote beweisen.

> Begeistern Sie Ihre Kunden durch mehr Leistung als diese erwarten.

> Bieten Sie Ergänzungsleistungen, die gut zu Ihrem Angebot passen.

> Erhöhen Sie die Follow-up-Frequenz, aber hören Sie rechtzeitig auf, bevor es aufdringlich und peinlich wird.

> Halten Sie das Kundenverhältnis länger aufrecht, auch wenn keine Käufe mehr getätigt werden.

> Bleiben Sie auch bei Absagen und Beschwerden am Ball und versuchen Sie, die Gründe herauszufinden. Dies ist für die weitere Optimierung eine Goldgrube.

> Reaktivieren Sie Altkunden, aber beachten Sie hierbei die Gesetzeslage.

> Verbreiten Sie die positiven Erfahrungen Ihrer Kunden mit Ihren Produkten per Video und schriftliche Referenzen.

> Zeigen Sie Ihren Kunden die nächsten Schritte.

Zusammenfassung

Zusammenfassung Wir haben unser Produkt optimiert und gut geplant. Wir wissen, was wir wollen und warum wir es wollen. Wir haben auch Zeitreserven gefunden, in denen wir unsere Pläne in die Tat umzusetzen könnten. Alles wunderbar und sehr wichtig (aber hoffentlich noch nicht dringend). Jetzt sollten wir uns nur noch trauen, es auch zu tun.

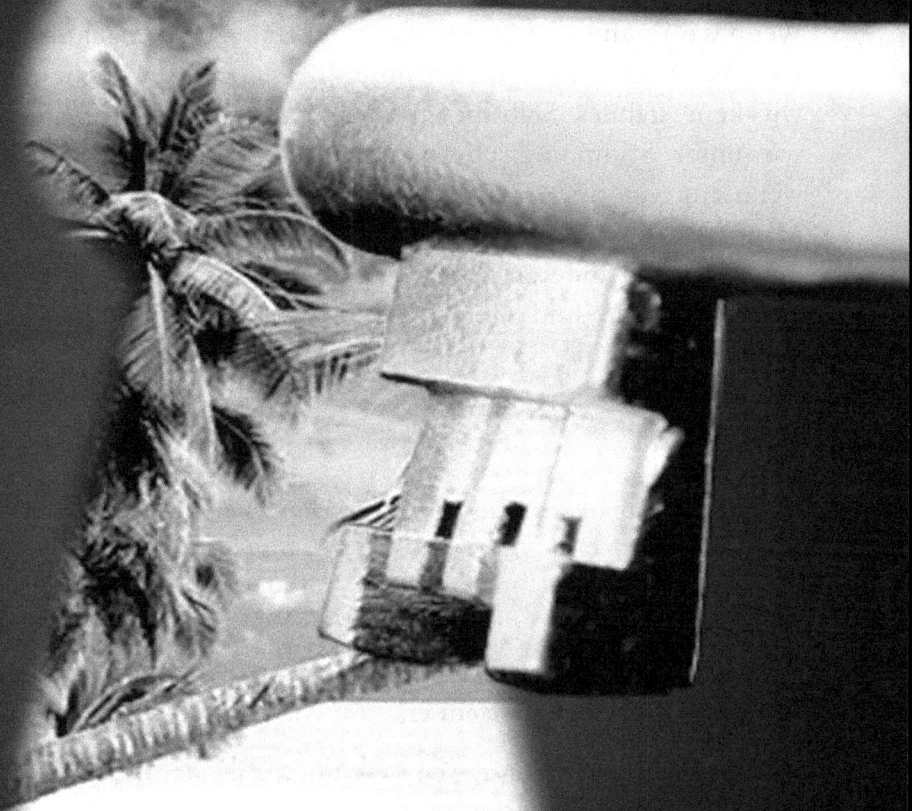

SCHLÜSSEL 11

DEN FOKUS RICHTIG SETZEN

Selbst – bewusst – sein

Wenn wir in unserem Leben öfter die Erfahrung gemacht haben, dass wir mit unseren Fähigkeiten unsere Ziele nicht erreichen, können wir kein stabiles Selbstbewusstsein entwickeln. Als Folge leiden wir unter Stimmungsschwankungen. Wir sind besonders nervös, wenn ein wichtiger Termin, eine Prüfung oder ein Auftritt ansteht. Manchmal bekommen wir sogar Angst und werden unausstehlich, uns selbst und anderen gegenüber. Überempfindlichkeit, Nervosität, innere Unruhe und Gereiztheit sind ein Zeichen für fehlendes Selbstbewusstsein.

> *Selbstbewusstsein bauen wir nur dann auf, wenn wir von uns und unseren Fähigkeiten überzeugt sind. Wir müssen überzeugt sein, mit unseren Fähigkeiten unsere Ziele erreichen zu können (Selbstwirksamkeitsüberzeugung). Je mehr positive Erfahrungen wir machen, desto stabiler wird unser Selbstbewusstsein.*

Ein gutes Selbstbewusstsein erkennt man an folgenden Merkmalen:

> Wir sind selbstbewusst, wenn wir unser Ziel genau kennen und absolut darauf fokussiert sind.

> Wenn wir genau wissen, was wir vorhaben, können wir auch beurteilen, wie viel körperliche und geistige Kraft und Ausdauer dafür notwendig ist. Entsprechend können wir uns vorbereiten und diesen Unsicherheitsfaktor weitgehend entschärfen. Somit sind wir auch hier sehr stabil und fühlen uns sicher.

> Wenn wir wissen, was wir wollen und uns unserer Kraft sicher sind, dann finden sich auch Menschen, die uns bestätigen. Sie geben uns ehrliche, konstruktive Unterstützung, aber auch qualifizierte Kritik.

Unser Selbstbewußtsein basiert also in erster Linie auf dem richtigen Fokus. Worauf fokussieren wir meistens? Auf das Schöne und Gute in unserem Leben, auf das, was fast von selbst gelingt? Oder lassen wir uns von dem in die Mangel nehmen, was eben jetzt gerade nicht funktioniert? Verrennen wir uns, um dieses „Detail" zu lösen, und geraten dabei immer mehr in Stress? Vergessen wir häufig all die anderen, schönen Dinge, die um uns sind oder in unserer Vergangenheit liegen?

Das, worauf wir fokussieren, das werden wir bekommen. Die Herausforderung liegt darin, tatsächlich den Punkt zu fokussieren, den man erreichen will. Häufig fokussieren wir aber den Punkt, den wir gerade nicht treffen wollen, nur um sicher zu sein, dass wir ihn umgehen.

Unsere ganze Erziehung ist auf Schadensvermeidung
ausgelegt und nicht auf Lösungsfindung.

Steig da nicht rauf, du fällst runter! Tu das nicht, sonst passiert etwas! Geh weg da, sonst tust du dir weh! – Diese Sätze sind auf Spielplätzen sehr beliebt. Leider bewirken Sie oft genau das Gegenteil. Die Kinder und später auch die Erwachsenen konzentrieren sich nicht auf das Festhalten, sondern auf das Nicht-Runterfallen. Wenn das Kind dann tatsächlich runterfällt, folgt sofort der Satz: „Ich habe es dir doch gesagt!". Dies bestätigt wieder die Richtigkeit der Warnung. Und so beginnen wir daran zu glauben und lernen von Kindesbeinen an, auf die Gefahr zu fokussieren.

Wir sind darauf getrimmt, auf das Problem zu fokussieren, das zu umgehen ist. Dabei fokussieren wir mit größter Exaktheit auf die „Gefahrenstelle". DAS ist unser aller Problem!

Ich kann mich gut daran erinnern, wie ich als Jugendlicher endlich einmal neue Ski bekam. Es war ein schöner, sonniger Tag, und ich hab's so richtig krachen lassen. Der Ski lief wie am Schnürchen. Da liegt doch tatsächlich mitten auf der Piste ein Stein herum. Ich schaue ihn an und denke mir: ‚Da fahre ich nicht drüber!' Ich achte auch noch auf die Schneebuckel auf der Piste, schaue wieder den Stein an, überlege, ob ich links oder rechts vorbeifahren soll, schaue und …. knirrsch! Volltreffer und ein schöner Kratzer im Belag. ‚So blöd musst du auch erst mal sein‘, war mein erster Gedanke.

Ähnlich erging es mir auch bei anderen Gelegenheiten. Es ärgerte mich sehr, aber ich hatte damals keine Ahnung, warum das immer wieder passiert. Bis mir ein Freund aus dem BMW-Rennsport-Team erzählte, dass die Rennfahrer trainiert werden, auf die Lücke zu schauen, sobald sie ins Schleudern kommen. Sie üben, den Kopf massiv in die Richtung der Lücke, des Auswegs, zu drehen. Angeblich greift dann unser Unterbewusstsein ein und tut das, was es immer tut: auf das „Ziel“ zuhalten. Im Guten wie im Schlechten (es kann ja nicht denken).

Wenn der Kapitän oben auf der Brücke über das Sprachrohr nach unten brüllt: „Volle Kraft voraus!“, dann heizen die Heizer im Untergeschoss tüchtig nach, voller Vertrauen und ohne einen Blick nach draußen. Pech ist es, wenn der Kapitän auf einen Felsen fokussiert hat, den er umfahren möchte…

Ich finde diese Beispiele sehr einprägsam und daher erzähle ich Ihnen davon, obwohl es in einem Buch schlecht selbst durchzuführen ist. Sie müssen erst lesen, was zu tun ist, und dann kennen Sie den „Trick“ schon. Probieren Sie es also mit Freunden oder Bekannten aus. Beschreiben Sie ihnen die Übung wie folgt:

Schauen Sie sich in dem Raum um, in dem Sie gerade sind. Versuchen Sie, sich möglichst alles zu merken, was die Farbe Grün oder Blau hat. Prägen Sie sich die Dinge ein. Vielleicht ein Bild an der Wand, der Teppichboden oder die Vase in der Vitrine. Egal, merken Sie sich alles, was grün oder blau ist. Dazu zählt auch ein Buchrücken oder die Zeitschrift, die überwiegend diese Farben hat. Jetzt schließen Sie Ihre Augen, gehen Sie die Dinge vor Ihrem geistigen Auge noch einmal durch und sagen mir jetzt – während Sie Ihre Augen weiter geschlossen halten: Welche Dinge in diesem Raum sind braun?

Sie werden feststellen, dass die meisten Menschen keinen einzigen braunen Gegenstand erinnern (es sei denn, der Raum ist den Testpersonen sehr vertraut). Dieses Beispiel macht deutlich, dass wir nur das wahrnehmen, was wir uns bewusst machen. Und das tun wir, indem wir darauf fokussieren.

Entspannung entsteht durch den richtigen Fokus

Ich behaupte, es gibt keine einzige Situation im Leben, in der wir nicht in der Lage wären, irgendetwas Schlechtes daran zu finden und uns darüber aufzuregen. Dann fällt es uns auch ganz leicht, schlecht gelaunt zu sein. Natürlich finden wir auch Unterstützung durch Nachrichten über Ungerechtigkeiten und Betrug. Dadurch wird es noch leichter, weiter auf die Krise zu fokussieren, somit selbst in die Krise zu kommen und auch dort zu bleiben.

Meist sind es nur kleine Dinge, über die wir uns aufregen, die wir aber ständig suchen und die uns von allen Seiten aufgezeigt werden. Diese kleinen „Störenfriede" nagen ständig an uns. Sie sind wie die kleinen Käfer, die eine große Eiche zu Fall bringen, nachdem sie zweihundert Jahre lang jeden Sturm, jeden Krieg und jedes Baumhaus überlebt hat.

Entspannung und Freude im Leben kommen dann auf, wenn wir auf das fokussieren, was uns wirklich etwas bedeutet. Gleichzeitig ist es notwendig, die „Störenfriede" weitestgehend auszublenden und ihren Stellenwert möglichst realistisch einzuschätzen.

Wer das nicht schafft, lebt ständig in der Reaktion auf andere und auf anderes. Er lebt in ständiger Ablenkung, was dazu führt, dass er seine Ziele (die er eh nicht richtig kennt) immer seltener erreicht. Dadurch wird er noch frustrierter, schafft noch weniger, gerät somit in größeren Stress, und der Ärger über Gott und die Welt eskaliert.

Um sich wiederum davon abzulenken, sucht und findet er Dinge, die kurzfristig vermeintliche Entspannung bringen. Sehr beliebt ist hier das Fernsehschauen in Kombination mit zwei oder drei Bierchen und ein paar „energiereichen" (salzigen, fetten) Kartoffelchips. Die Freude ist groß, denn hier findet er die Bestätigung, dass seine katastrophale Situation nicht von ihm, sondern eben von den Krisen und somit von den Mächtigen der Welt abhängig ist. Es gibt auf allen Sendern genügend Beweise dafür.

Da das noch nicht reicht, um vollkommen seinen eigenen Fokus zu vernachlässigen, folgt er zudem den Forderungen, Interessen und Wünschen anderer. Denn die – vom meist schlechten Film manchmal unterbrochene – Werbung ist sehr ansprechend. Die Macher dieser Werbespots haben ihre Hausaufgaben in Bezug auf Zielgruppendefinition gemacht. So wird er auf Angebote aufmerksam, die zufälligerweise genau seinen Geschmack und seine Bedürfnisse treffen. Sie versprechen Lösungen, ohne die er höchstwahrscheinlich die nächste Woche nicht überstehen kann. Er kauft die Produkte, die er gestern noch nicht kannte, und ist somit auch finanziell einen Schritt weiter von seinen eigentlichen Lebensplänen entfernt…

Fokus setzen und beibehalten

Wir haben gesehen, was passiert, wenn wir auf das falsche Ziel fokussieren. Wir schauen auf den Stein, um den Abstand zu bestimmen, damit wir es schaffen, an dem Stein vorbeizufahren. – Nicht nur der letzte Satz ist schwer verständlich, sondern auch der Vorgang. Was denkt sich da unser Unterbewusstsein, das ja nichts sieht? Es denkt: ‚fahre ich halt dahin, wo er hinschaut und woran er ständig denkt, zum Stein.‘

Wäre es nicht einfacher, auf die Lücke zu schauen, auf die ganze weite, weiße Piste, die so viel Platz bietet. Ein kurzer Blick zum Stein hätte genügt, um ihn zu erkennen und die Richtung zu ändern. Ich wäre, ohne es zu merken, weit an dem Stein vorbeigefahren. Denn das ist die Umkehrfunktion: eine kleine Warnung und Ortung durch das Gehirn, und das Unterbewusstsein hat die Position als Gefahr gespeichert und fährt tunlichst nicht dorthin. Wenn dann die Augen in Richtung Zielhang fokussieren, gibt es keine Gefahr mehr. Auf dieses Verhalten werden wir im Kapitel „Erfolgreich sein ist ein Prozess / Problemlösung“ treffen.

Welche Möglichkeiten gibt es jetzt, unser Gehirn so umzuprogrammieren, dass es auf die Lösung schaut und nicht auf das Problem? Ein gute Möglichkeit zur Unterstützung sind Zielcollagen.

Zielcollagen – Fokussierungshilfe in guten wie in schlechten Zeiten

Wir hatten im Kapitel Zielfindung bereits über die bildliche Fixierung Ihrer Ziele gesprochen. Da unser Unterbewusstsein für das Erreichen unserer Ziele sehr wichtig ist und dieses Unterbewusstsein sich an Bildern orientiert, kommen wir hier noch einmal auf die Bedeutung von Collagen zu sprechen.

Collagen oder Zielcollagen sind Bilder und Schlagworttexte unserer Ziele und Träume, die wir auf eine große Tonpappe kleben. Je emotionaler diese Bilder und Sätze in uns schwingen, desto besser ist ihre Wirkung auf uns.

Die Ziele sollen groß sein. Es soll uns viel Freude machen, sie zu betrachten. Und wir sollten uns ganz und gar in die Geschichten integriert fühlen, welche die Bilder in uns auslösen. Wir riechen den Duft, spüren die Wärme, hören die Stimmen und Geräusche. Wir fühlen die Zukunft, als wäre sie bereits Realität. Das ist der entscheidende Punkt: das Ziel ist immer ein Gefühl, das wir gerne hätten. Dieses Gefühl gilt es im Tagtraum hervorzurufen. „Ich spüre den warmen Sand und das türkisfarbene Wasser in der Lagune, ich höre die Wellen draußen am Riff brechen und fühle mich eins mit den Elementen. Ich liege am Strand, während die Kinder in der Lagune tauchen…"

Ich fühle mich wohl, bin angekommen und tiefenentspannt. Auf dieses Gefühl habe ich immer Lust, so schlecht kann es mir gar nicht gehen.

Um leichter in diesen Modus zu kommen, suche ich mir traumhafte Bilder, drucke sie mir aus und klebe sie auf ein großes Tonpapier. Ein Blick darauf genügt mir, um meine Ziele, die damit verbunden Gefühle und auch die Gründe immer wieder zu verinnerlichen.

Egal in welcher Stimmung wir sind, die Bilder helfen uns, auf unsere Ziele zu fokussieren. Je emotionaler, desto besser. Das gilt für alle Bereiche des Lebens. Nur sollten Sie immer wieder bewusst auf die Bilder schauen und in die jeweilige Szene eintauchen.

Sie helfen damit Ihrem Gehirn, auf Ihre Ziele zu fokussieren. Denn der Fokus, die Blickrichtung, ist das, wohin wir geleitet werden. Im Laufe der

Zeit können Sie spüren, wie es Ihnen immer mehr Freude macht, bestimmte Bereiche anzuschauen. Es fällt ganz leicht, in kurze Tagträume zu fallen. Das sind die Bereiche, in denen Sie sich wohl fühlen und bei denen Sie sich auch sicher sein können, dass dieses Ziel eine tief verwurzelte Sehnsucht darstellt. Sie haben den richtigen Weg eingeschlagen.

Eine Südseereise mit der ganzen Familie ist ein kostspieliges und zeitaufwendiges Vorhaben. Vielleicht brauchen Sie dazu einen anderen Job. Einen, in dem Sie voll aufgehen können, somit brillante Leistungen bringen und infolgedessen so viel Geld verdienen und so viel Freizeit haben, dass die Reise möglich wird. Das kann ein weiter und beschwerlicher Weg sein. Ein Weg, auf dem Sie häufig Zweifel haben und vielleicht sogar aufgeben möchten. Zeitweise glauben Sie nicht mehr daran, aber es ist nun einmal auf Ihrer Collage, und Sie sehen und fühlen das Ziel und kennen die Gründe, warum Sie dieses Ziel erreichen müssen.

Sie gehen immer weiter und stehen immer wieder auf, um eine Herausforderung nach der anderen zu meistern. Jede bestandene Herausforderung bedeutet eine Veränderung in Richtung Ihrer Ziele.

Wie diese Veränderungen aussehen, überrascht immer wieder. Oft bleibt viel Ballast auf der Strecke, den Sie nicht mehr schleppen können oder wollen. Es ist eine Berg- und Talfahrt zwischen Hochgefühl und Selbstzweifel, bei der Ihnen Ihre Collage immer wieder hilft, aus dem Gedankenkarussell herauszukommen. Dann ist sie das Navigationssystem zu Ihren Zielen.

Gehen Sie zusätzlich noch raus an die frische Luft, laufen Sie und powern Sie sich körperlich aus, mit den Bildern und Gefühlen Ihrer wunderbaren Zukunft im Kopf. Wenn sich jetzt Zuversicht einstellt und sich daraus das Gefühl von Kraft und Energie entwickelt, dann sind Sie auf dem richtigen Weg.

Mit der Collage haben Sie während Krisenzeiten einen Wegweiser, eine Landkarte, an der Sie sich immer wieder orientieren können. Voraussetzung aber ist: Sie gehen los, reduzieren die Ablenkungsversuche von außen (andere Menschen und vermeintlich wichtige, unaufschiebbare

Dinge) und von innen (eigene Muster und Ängste) und korrigieren bei Abweichungen Ihren Kurs. Wie das geht, erfahren Sie im Kapitel „Ablenkungen".

Das Ziel ist immer ein Gefühl, das wir gerne hätten.
Dieses Gefühl gilt es, im Tagtraum so zu fühlen, als
ob es schon aktuell wäre.

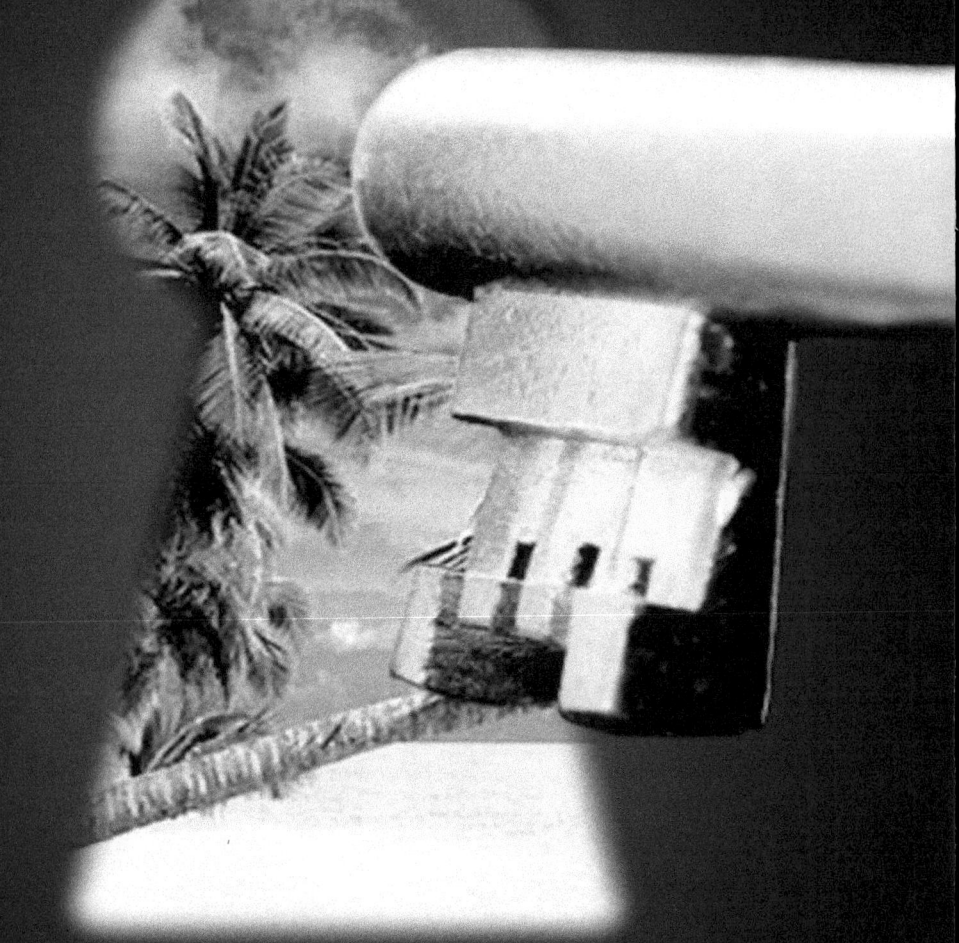

SCHLÜSSEL 12

KONTROLLE DER SPRACHE – DER GEDANKEN UND WORTE

Was sind Worte und wie wirken sie?

Um den richtigen Fokus beibehalten zu können, ist die Kontrolle der Sprache, d.h. unserer Gedanken und Worte, entscheidend. Worte haben eine große Wirkung auf uns. Obwohl sie nur Druckwellen sind, die über die Luft übertragen werden, vom Trommelfell als Schwingung aufgenommen, in bioelektrische Signale umgewandelt und vom Gehirn verarbeitet werden. An dieser Stelle treffen die Impulse auf Interpretation, Auslegung, Konditionierungen und Erfahrung aus der Vergangenheit. Daraus entsteht ein Gefühl – gut oder schlecht. Es ist egal, ob die Information richtig oder falsch ist, ob sie auf uns zutrifft oder nicht. Es entsteht ein bestimmtes Gefühl in uns, ganz automatisch, wir können fast nichts dagegen tun.

Sagen Sie einer Dame, wie hübsch sie heute aussieht. – Wenn Ihnen das wie eine glatte Lüge vorkommt und nicht über Lippen will, loben Sie eben ihre freundliche, sympathische Art. Was denken Sie, was diese Schallwellen für eine Wirkung haben? Wenn es ehrlich klingt, werden Sie ein Strahlen auf das Gesicht der Dame zaubern. Wenn Sie eine Dame sind, machen Sie einem Herrn ein Kompliment und sagen Sie ihm, was er doch für ein Gentleman ist. Sollten Sie das auch als Lüge empfinden, probieren Sie es mit einer positiven Bemerkung über sein Auto, bei uns Männern reicht das meist schon.

Jeder freut sich über Komplimente und reagiert darauf – wenn auch vielleicht nicht sofort. Bei mir würde es wahrscheinlich zu einer kleinen Verzögerung kommen, bis die Freude äußerlich sichtbar wird, da ich ja erst mein Muster, ernst zu schauen, innerlich überwinden muss, bevor ich mich über ein Kompliment herzhaft freuen und dadurch meinen Blick entspannen kann.

Wenn Sie hingegen Schallwellen aussenden, die das Gegenüber als unsympathisch, egoistisch, als dumme Ziege oder blöden Hund darstellen könnten, werden sich die Gesichtszüge verfestigen und das folgende Gespräch wird höchstwahrscheinlich nicht sonderlich erfolgreich verlaufen.

Probieren sie es aus, testen Sie ein paar Worte, die ehrlich und nicht aufgesetzt wirken.

Übertreiben Sie es aber nicht, wie die Leute, die dauernd strahlen und super freundlich tun. Die sich vor Begeisterung kaum noch einkriegen, wenn sie Sie nur sehen. Sollten sich Ihnen beim Anblick des grinsenden Gesichtes alle Nackenhaare aufstellen und Sie denken: „Schleich dich!", dann stimmt an der Freude etwas nicht, und Ihr Gefühl lässt Sie das spüren. Sollte es aber die gleiche herzliche Freude sein wie die Ihrer Kinder, wenn sie Ihnen freudestrahlend entgegenlaufen, dann ist es wunderbar.

Ein paar Worte von Herzen (auch wenn sie nicht ganz stimmen sollten) tun auf alle Fälle gut und jeder fühlt sich besser. Sie machen die Menschen offener. So ergeben sich gute Gespräche und daraus wiederum neue Möglichkeiten, seien sie privat oder geschäftlich.

Ich war einmal mit einer Architektin im Landratsamt. Der für Genehmigungen im Grenzbereich zuständige Herr galt als altmodisch und sehr eingefahren. Wir überlegten hin und her, wie wir den kurz vor dem Ruhestand stehenden Beamten überzeugen könnten, unsere Planung zu genehmigen. Zu einer sicheren Strategie brachten wir es nicht, also gingen wir mit gemischten Gefühlen in die Besprechung. Ein strenger Blick auf zwei junge Leute, man sah dem Herrn an, dass er dachte: ‚Was wollt Ihr hier?'. Doch nach dem „Grüß Gott" fragte die Architektin: „Wie geht es Ihnen?" Sie glauben nicht, wie sich die Gesichtszüge veränderten. Die Anspannung, die Vorurteile uns gegenüber waren weg. Ein kurzer Satz, der Interesse am Gegenüber zeigt, hat oft große Wirkung. Mit Freude genehmigte er uns alles, was wir wollten, und gab uns sogar noch ein paar gute Hinweise, wie wir es noch besser machen könnten. Das ist die Wirkung von Worten auf andere – wie, denken Sie, wirken dann erst Ihre eigenen Worte auf Sie selbst?

Die Macht unserer Gedanken und Worte über uns selbst

Ich habe mir jahrelang eingeredet, nicht gut genug zu sein, und war frustriert, auf so vielen Gebieten nicht alles zu wissen, was es zu wissen gab. Vor einigen Jahren hat mir dann eine gute Freundin etwas bewusst gemacht, das natürlich logisch ist, aber eben nicht verinnerlicht war: „Du wirst nie alles wissen, da kannst du noch 3.000 Jahre alt werden".

Die Herausforderung liegt darin, uns nicht ständig einzureden, wir seien nicht gut genug, und uns deshalb in schlechte Stimmung zu bringen.

Die Herangehensweise ist wie im Kapitel „Wichtig ist relativ" beschrieben: wir müssen genauer hinterfragen, was unsere Gedanken und Worte tatsächlich meinen. Die Aussage: „Ich bin nicht gut genug" ist relativ. Nicht gut genug wofür? Für wen? In welcher Situation? Als ich mir Antworten auf diese Fragen überlegte, erkannte ich, dass es meist nur kleine Bereiche waren, in denen ich so empfunden, gedacht und folglich geredet hatte. Außerdem waren es häufig Bereiche, die mich nur am Rande interessierten und über die ich somit auch nicht viel wissen konnte.

Meine Erkenntnis war also, mich nur dort gefordert zu sehen, wo ich wirklich etwas zu sagen hatte und etwas sagen wollte. Mein Anspruch an mich änderte sich insofern, als ich nicht mehr glaubte, alles wissen zu müssen, sondern neugierig sein wollte, um mein Allgemeinwissen zu ergänzen und zu festigen. Es kommt mir nicht darauf an, überall Experte zu sein.

Durch diese Änderung meines Blickwinkels änderte ich mein Denken und folglich auch meine Worte und meine Gefühle mir gegenüber. Das wiederum erhöhte meine Zufriedenheit mit mir selbst und übertrug sich auf meinen Erfolg.

Meine Selbstzweifel reduzierten sich durch mein Fokussieren auf ein paar zu mir passende Wissensgebiete. Dadurch verbesserten sich wiederum meine Gedanken, meine Ausdrucksweise und meine Ausstrahlung immer mehr.

Schuldzuweisungen an andere oder an sich selbst führen zu schlechten Gefühlen, und das sollten wir uns nicht antun. Stellen wir uns wieder die Frage, was wir wollen, und in welchen Bereichen wir das wollen.

Wollen wir uns selbst leidtun und uns ständig selbst schlecht denken und reden? Oder wollen wir erfolgreich sein?

Sollten Sie sich für Letzteres entscheiden, sind Wort- und Gedankenkontrolle wertvolle Hilfsmittel im Alltag.

Stellt sich nur noch die Frage, wie wir das machen. Wir merken es ja teilweise nicht einmal, was wir uns den ganzen Tag so erzählen und was wir denken. Wenn man diversen Untersuchungen Glauben schenken darf, dann denkt der Mensch jeden Tag ca. 60.000 – 80.000 Gedanken. Davon sind lediglich ca. 3 – 5% positive, aufbauende Gedanken. Die restlichen sind negative Gedanken der Sorge, des Zweifels sowie neutrale Gedanken. Gefüttert durch vermeintliche Misserfolge und Selbstzweifel, unterstützt durch schlechte Nachrichten im Fernsehen und Radio, gefördert durch Stress in der Arbeit. Was denken Sie, passiert ständig in uns selbst, wenn wir permanent so mit uns selbst sprechen und so über uns denken? Ich habe mir damit über Jahre meine Stimmung kontinuierlich kaputt gemacht.

Wollen wir uns selbst leidtun, oder wollen wir erfolgreich sein?

Sich der eigenen Worte bewusst sein

Zwei ganz entscheidende Worte, auf die wir hellhörig werden sollten, sind: „Ich bin".

Wie oft sagen wir über uns: „Ich bin müde, ich bin ausgebrannt, ich bin verärgert usw.".

Bei einem Auto wäre es klar, könnte ein Auto sprechen, würde es nicht von sich selbst sagen, ich bin blau, ich bin rostig, ich bin schnell. Das Auto sagt, ich bin ein Auto, ich habe eine blaue Lackierung, am rechten Kotflügel blättert der Lack ab, und das Blech rostet an dieser Stelle. Was würden Sie empfinden, wenn jemand über Ihr Auto sagen würde: „Ihr

Auto ist rostig!" Sie würden ihn höchstwahrscheinlich korrigieren und darauf hinweisen, dass lediglich vorne, am rechten Kotflügel, eine kleine rostige Stelle ist, die Sie aber bald beseitigen werden.

Beim Auto achten wir genau darauf, dass unser Auto nicht als „Rostkiste" bezeichnet wird. Was unsere Ausdrucksweise uns selbst gegenüber betrifft, sind wir geradezu grob fahrlässig. Es wurde uns schließlich jahrelang antrainiert, schon als Baby hörten wir ständig diese Worte: „Jetzt bist du müde, jetzt bist du traurig, jetzt bist du brav…".

Ich bin Christian, und das beschreibt den Zustand des **Seins**, es sagt, wer ich bin. Wenn ich sage, „ich bin verärgert", glaube ich, aufgrund meiner Konditionierung, verärgert zu sein. Das ist das Fatale: wir glauben auch noch daran und wir sagen es zur Untermauerung zusätzlich in voller Emotion. Das sind die besten Voraussetzungen, um es unserem Unterbewusstsein richtig einzuprägen. Es will den von uns ausgesprochenen und gedachten Zustand möglichst gut realisieren und tut alles, um uns in diesen Zustand zu bringen und darin zu halten.

Korrekt müsste es beispielsweise heißen: „Das Ergebnis dieser Besprechung entspricht nicht meinen Vorstellungen und verärgert mich aus diesem und jenem Grund".

Es klingt zwar zugegebenermaßen sehr geschwollen, aber wir gewinnen damit sofort Distanz zum Problem und können es „neutral" betrachten, es beurteilen und nach Lösungen suchen. Wir projizieren unsere Verärgerung nicht auf uns, sondern wir drücken klar aus, was tatsächlich der Grund unserer Verärgerung ist.

Das Ergebnis dieser Besprechung ist der Grund für unsere Verärgerung. Das Besprechungsergebnis können wir isolieren und bearbeiten. Wir können die Ursache für das unerwünschte Ergebnis suchen und uns gezielt um dieses Detail kümmern. Wir müssen uns nicht selbst mürbe machen, indem wir uns mit einer pauschalisierenden Wortwahl schlechtreden.

Mit „Ich bin" beziehen wir alles auf unser ganzes Sein. Das ist die Sache oft nicht wert, und vor allem: es stimmt nur in den seltensten Fällen. Anstelle von „Ich bin verärgert" ist es besser, zu sagen und zu denken:

„Der Hund meines Nachbarn hat mich gestern schon wieder verärgert, weil er ständig an unseren Gartenzaun pinkelt". Jetzt haben Sie den Schuldigen gefunden. Sie haben dadurch die Möglichkeit, Einfluss auf den Hund zu nehmen. Sie könnten zum Beispiel mit dem Hundebesitzer über eine Lösung sprechen.

Wenn Sie ein paar Tage bewusst auf die Worte „ich bin" achten, werden Sie so sensibel dafür, dass Sie es immer merken, wenn Sie sie verwenden. So können Sie das daran anschließende Wort mit Bedacht wählen. Des Weiteren prüfen Sie bitte so häufig wie möglich, was die Ursache für eine Verärgerung oder einen anderen unerwünschten Zustand ist und wie häufig das tatsächlich vorkommt. Hier sind Wörter wie „immer", „die ganze Zeit", „andauernd" etc. die Signalgeber. Selbst wenn Sie anfänglich noch sagen: „Ich bin stocksauer", können Sie noch anhängen: „für die nächsten 30 Sekunden". Das ist eine zeitliche Begrenzung für Ihren Zustand, die überschaubar ist. Nach Ablauf dieser Zeitspanne brauchen Sie und Ihr Unterbewusstsein sich nicht mehr darum zu kümmern.

Als ich anfing, Wörter und Formulierungen wie „immer", „die ganze Zeit", „alles ist …", „alle sind…", „ich bin…" aufzuspüren und sofort zu hinterfragen, war das der Beginn einer ganz neuen Sprache. Und die hatte große Auswirkungen auf meinen Gemütszustand. Ich erkannte nämlich immer stärker, dass nicht ich als Gesamtes gemeint war, sondern alles seine Ursache hatte, die zu erkennen und zu beseitigen war. Das habe ich mir bewusst gemacht, und siehe da, es ging mir immer besser.

Wenn ich die Formulierung „alles ist schlecht" hinterfragte, stellte sich heraus, dass in Wahrheit nur sehr wenige Dinge schlecht waren. Das waren sie auch nicht „immer", sondern nur zu bestimmten Zeiten und meist nur für kurze Zeit.

In dem Moment, in dem ich eines dieser Worte oder einen dieser Gedanken „erwische", formuliere ich sie um und lasse den neuen Satz wieder „frei". Ich sage mir beispielsweise nicht mehr „ich bin müde", sondern ich reduziere diesen Zustand auf das tatsächliche Zeitfenster und suche den Grund für meine Müdigkeit, beschreibe ihn und versuche die Ursache zu beheben.

Anstatt zu sagen: „Heute bin ich müde", führt es zu einem angenehmeren Zustand, es wie folgt auszudrücken: „Die drei Bier und die kurze Nacht sind der Grund dafür, dass es heute schwer war, aus dem Bett zu kommen und fit zu sein." Sie erkennen sofort die Ursache und können eine einfache Lösung finden. Weniger Bier trinken und mehr schlafen. Ich weiß, es ist ungewohnt und klingt zunächst richtig albern, aber probieren Sie es zumindest in Ihren Selbstgesprächen aus. Da hört Sie niemand und Sie können richtig ehrlich zu sich sein. Spätestens, wenn Sie über Ihre Ursachen und deren Beschreibung schmunzeln können, wird Ihnen diese Sprache und die neue Art, Gedanken zu formulieren, richtig Spaß machen. Denn nicht mehr Sie sind an allem schuld, sondern die kleinen Unpässlichkeiten, die meist leicht zu beheben sind.

Meine Stimmung besserte sich langsam, und ich konnte aus Tiefphasen sehr schnell wieder herauskommen. Es gelang mit einfachen Mitteln, meinen Fokus zu ändern. Und zwar nicht, weil ich wollte und mich dazu zwang, sondern weil alles andere einfach nicht haltbar war. Es war absurd, sich wegen einer Minute den ganzen Tag schlechtzureden und sich dabei schlecht zu fühlen. Mein Selbstbewusstsein stieg und es half mir auch, „Angriffe" von außen zu entschärfen, da ich wusste, dass das, was angegriffen wurde, nicht ich war, sondern nur ein Verhalten von mir, das dem „Angreifer" jetzt im Moment unangenehm war. Ich konnte immer häufiger fast emotionslos reagieren, weil ich mich nicht betroffen fühlte.

> Ist es tatsächlich immer? – Wie viele Minuten am Tag sind es tatsächlich?

> Sind es wirklich alle? – Wer ist es genau?

> Die ganze Zeit? Also 24/7/365?

> Ist alles schlecht? – Was ist es tatsächlich? Auch das Lachen Ihrer Kinder, das frische Wasser aus der Leitung, das warme Bett und das gute Essen?

Von Buddha wurde gesagt, er sei nicht aus der Ruhe zu bringen, egal wie man ihn fordert oder beschimpft. Von weit her kam ein Mann, der

Buddha herausfordern wollte. Er versuchte alles, um ihn aus der Fassung zu bringen, und beschimpfte ihn schließlich auf das Übelste. Buddha sagte kein Wort und verharrte in Ruhe. Als der Mann alles probiert hatte, fragte ihn Buddha Folgendes: „Wenn dir jemand ein Geschenk bringt und du nimmst es nicht an, wem gehört dann das Geschenk?" Der Mann antwortete: „Dem, der es gebracht hat". Buddha sagte: „Das ist richtig". Der Mann erkannte die Botschaft der Antwort. Er entschuldigte sich bei Buddha und zog beschämt davon.

Wenn Sie Beschimpfungen und Vorwürfe nicht annehmen, können sie Ihnen auch nichts anhaben. Es sei denn, sie sind in bestimmten Punkten berechtigt. Dann ist es an Ihnen, diese aus der Welt zu schaffen und sich somit wieder einen Schritt weiterzuentwickeln.

Sie haben also eine breite Basis für ein gesundes Selbstbewusstsein entwickelt. Sie können durch das Bewusstmachen Ihrer Gedanken und Worte sich selbst stärken und somit auch gegenüber anderen selbstbewusst auftreten.

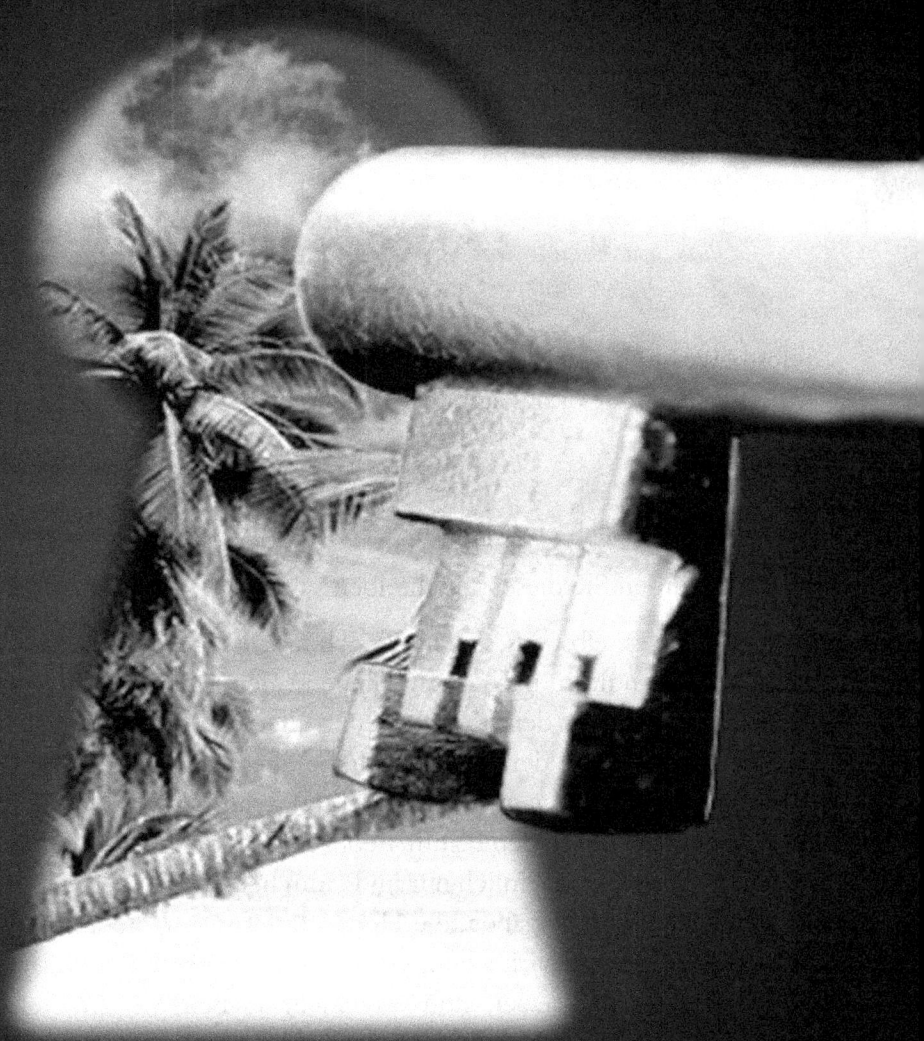

SCHLÜSSEL 13

EINE GUTE KÖRPERLICHE VERFASSUNG

Gesundheit ist nicht nur die Abwesenheit von
Krankheit, sondern auch ein positives Lebensgefühl,
das mit Freude und mit Hilfe des eigenen, belastbaren
Körpers ausgelebt werden kann.

Selbstbewusstsein wird von diesem Lebensgefühl genährt, welches seinerseits von der Fitness und der körperlichen Verfassung abhängig ist.

Körperhaltung

> Wie bewegt sich ein Mensch, der kein großes Selbstbewusstsein hat?

> Wie würden Sie diesen beschreiben?

Probieren Sie es selbst aus, stellen Sie sich hin, die Füße leicht nach innen gedreht, die Schultern nach unten hängend, den Oberkörper leicht nach vorne überhängend, den Kopf gesenkt, die Mundwinkel nach unten und einen Blick wie der sprichwörtliche „begossene Pudel". Dazu die Atmung ganz flach. Legen Sie das Buch kurz zur Seite und gehen Sie so ein paar Schritte durch den Raum. Beobachten Sie sich. In dieser Haltung schleichen Sie wahrscheinlich nur im Raum herum. Denken Sie jetzt mal an Ihre Ziele, Ihre Aufgaben, die Herausforderungen, die anstehen. Wie werden Sie diese verwirklichen, wie werden Sie diese bei auftretenden Widerständen durchsetzen und erreichen? Haben Sie Zweifel, es zu schaffen? Der Körper bleibt gleich, nicht lächeln, die Schultern hängen weiterhin und der Blick bleibt gesenkt. Kommt Begeisterung für Ihre farbenprächtige Zukunft in Ihnen auf? Können Sie es kaum erwarten, die Herausforderungen anzugehen? Wohl eher nicht.

Heben Sie nur mal den Kopf und ziehen Sie die Mundwinkel wie ein Smiley nach oben. Wie fühlt es sich jetzt an, wenn Sie an Ihre Ziele denken? Schon etwas besser, oder? Atmen Sie jetzt richtig tief durch. Versuchen Sie gar nicht erst, den Oberkörper gebeugt zu lassen, es wird Ihnen nicht gelingen. Atmen Sie zwei-, dreimal tief durch die Nase ein und durch den Mund wieder aus. Halten Sie Ihr Lächeln aufrecht. Wie stehen Sie jetzt da? Schauen Sie sich Ihre Fußstellung an: zeigen die Fußspitzen nach innen oder sind sie eher stabil, etwas nach außen gedreht? Wie ist Ihre Gangart nun, während Sie mit bewusster Atmung, erhobenen Hauptes und mit einem Lächeln auf den Lippen durch den Raum gehen? Wo sind Ihre Schultern jetzt? Denken Sie jetzt an Ihre Ziele, die Freude, die Sie haben werden, wenn all diese Ziele erreicht sind. Wie fühlt sich das jetzt, mit erhobenem Haupt, an? Gibt es irgendetwas auf der Welt, was Sie jetzt davon abhalten könnte, Ihre Ziele zu erreichen und Ihre Herausforderungen zu meistern? Schauen Sie in den Spiegel und trainieren Sie, Ihre Mundwinkel nach oben zu ziehen. Lächeln Sie und versuchen Sie, nochmal in schlechte Stimmung zu kommen. Es wird Ihnen mit nach oben gezogenen Mundwinkeln nicht gelingen. Wir können uns ein Lächeln im Gesicht genauso antrainieren wie einen ernsten Blick und dadurch unsere Stimmung verbessern. Es sind nur Muskeln, die wir trainieren müssen.

Was haben Sie gemacht? Fast nichts und doch so viel.

Das Angenehme daran ist, dass Sie ohne geistige Anstrengung, nur durch Veränderung Ihrer Körperhaltung, Ihre Stimmung beeinflussen können. Sie können so mit Hilfe Ihrer Körperhaltung Ihren trägen, beleidigten und griesgrämigen Geist zunächst außen vor lassen.

Sie kennen den Spruch „Kopf hoch!". Mein Großvater hat mich, wenn ich gerade wieder richtig grantig war, immer rausgeschickt: „Lauf fünfmal ums Haus, dann kommst wieder". Siehe da, tatsächlich war der meiste Grant verflogen. Was war passiert? Die Körperhaltung musste sich verbessert haben, denn gebückt zu laufen ist fast nicht möglich.

Zum anderen hatte ich besser geatmet (man sagt ja auch: „Atme erst mal tief durch!"). Laufen ist nämlich nicht möglich, ohne tiefer zu atmen.

Atem

Atem ist Leben. Ohne Essen können wir es ein paar Tage aushalten, ohne Flüssigkeit wird es schon unangenehmer. Aber wenn wir nicht atmen, wechseln wir sehr bald die Hautfarbe und Körpertemperatur. Trotzdem achten wir sehr selten auf unsere Atmung, obwohl sie wichtiger ist als alles andere.

Tiefes und ruhiges Atmen beruhigt und entspannt. Daher finden wir bei allen Meditations- und Entspannungsübungen die Atmung als zentrales Thema. Das Gehirn wird wieder besser mit Sauerstoff versorgt und die Gedanken werden klarer. Das ist auch einer der Gründe, warum viele Raucher das Rauchen so entspannend finden. Beim genussvollen Ein- und Ausatmen des Rauches wird der Atem ruhig und regelmäßig, und der Körper und der Geist entspannen sich.

Achten Sie auf Ihre Atmung und lassen Sie frische, energiereiche Luft durch Ihre Nase tief einströmen und atmen Sie beim Ausatmen alle Sorgen und Ängste mit der Luft wieder aus. Spüren Sie, wie groß Sie sind, wenn Sie die Schultern nach hinten nehmen und die Brust etwas vorstrecken. Übertreiben Sie ruhig ein bisschen und spüren Sie, wie mit jedem Einatmen Ihre Schultern zurückgehen, Ihr Brustkorb sich hebt und Ihr Bauch sich nach außen wölbt. Beim Ausatmen kehrt sich der ganze Vorgang um. Spüren Sie auch, wie angenehm es ist, die Mundwinkel nach oben zu ziehen, beobachten Sie sich im Spiegel und lächeln Sie sich an, während Sie ein paar Mal genüsslich atmen.

Ich habe das vorhin ernst gemeint: legen Sie das Buch jetzt kurz weg und probieren Sie das gerade Gelesene selbst aus. Es ist wichtig, ein Gefühl dafür zu bekommen, was tatsächlich mit Ihnen passiert und wie es auf Sie wirkt. Versuchen Sie, sich das ein paar Mal am Tag bewusst zu machen, und Sie werden sehen, Sie fühlen sich deutlich besser.

Versteckte Energie entfesseln

Es gibt aber Situationen, in denen wir am liebsten überhaupt nichts mehr machen möchten. Am allerwenigsten können wir dann entspannen, um in einen möglichst angenehmen Zustand zu kommen, in dem wir nichts mehr zu denken brauchen. Wir fallen in solchen Situationen häufig in den Bereich I aus dem Kapitel „Wichtig ist relativ" und verbringen unsere Zeit mit Ablenkungen auf niedrigem Niveau.

Um diesem Kreislauf zu entkommen, bräuchten wir „a gscheide Watschn", eine tüchtige Ohrfeige, um aufzuwachen. Wer könnte uns die heute noch geben, ohne eine Anklage zu riskieren? Nur wir selbst.

Im Buch ist es immer schlecht, zu schreiben „Schließen Sie die Augen, entspannen Sie sich und folgen Sie den Anweisungen". Versuchen wir es mit offenen Augen. Welche Gefühle kommen in Ihnen auf, wenn Sie ans Plätzchenbacken in Ihrer Kindheit zurückdenken? Ich meine auch hier nicht, dass Sie von Ihrer Mutter ausgeschimpft worden sind, weil Sie soviel Teig genascht haben. Denken Sie an die Gerüche, die warme Stube, vielleicht schneit es bereits, und die elektrischen Kerzen glänzen am Christbaum im Garten. Lassen Sie Ihrem Tagtraum freien Lauf. Wie fühlt sich das an, welche Bilder steigen in Ihnen auf? Sehen und fühlen Sie sich in der Szene von damals?

Oder denken Sie an das erste „erfolgreiche" Date, die Musik, die damals lief. Was passiert, wenn Sie irgendwo auf der Welt dieses Lied hören? Sie haben das in Ihrem Unterbewusstsein vor langer Zeit abgespeichert und können es jederzeit durch einen Auslöser wieder abrufen. In diesem Fall wäre der Auslöseimpuls die Musik, bei den Plätzchen vielleicht der Geruch von frischem Gebäck zur Weihnachtszeit. Ob Sie wollen oder nicht, Sie werden an die Szene erinnert, die mit dem Impuls verknüpft wurde. Sie haben alle Rahmenbedingungen wie Geräusche, Bilder, Gerüche, Gefühle plötzlich wieder präsent. Sie hören die Musik oder riechen den Duft der Plätzchen und sind für einen Moment tief in dieser Stimmung.

Sie können natürlich auch an andere Szenen Ihrer Vergangenheit zurückdenken.

Das geht ebenso im negativen Sinn. Mir wird zum Beispiel immer schlecht, wenn ich Baileys nur rieche. Vor Jahrzehnten habe ich auf einer Geburtstagsparty im Laufe des Abends fast eine ganze Flasche davon getrunken. Daraufhin wurde mir im Morgengrauen so schlecht, dass es ein wahrer Graus war. Ich brauchte einen ganzen Tag, um mich zu erholen. Seither mache ich einen großen Bogen um die Schokowaffeln, die mit besagtem Getränk gefüllt sind. Wenn ich den Geruch nur in die Nase bekomme, zieht sich mir schon der Magen zusammen. Selbst wenn ich im Vorbeigehen im Supermarkt eine Flasche sehe, denke ich sofort an die Party und fühle ihre Folgen.

Wir haben also in unserer Vergangenheit Erfahrungen gemacht, die uns durch bestimmte Auslöser von einer Sekunde auf die andere in den damaligen Gefühlszustand zurückbringen.

Die genannten Szenen sind zufällig entstanden – wäre es nicht schön, wenn wir Gefühlszustände, in denen wir vor Energie und Selbstbewusstsein nur so strotzen, auf Befehl abrufen könnten. Nicht zufällig durch einen Auslöser von außen, sondern genau in dem Moment, in dem wir sie brauchen?

Voraussetzung ist, dass das Erlebnis tief genug in uns abgespeichert ist und der Auslöseimpuls dafür eindeutig und stark genug auftritt.

Wie speichern wir gewünschte Gefühlszustände bewusst ab?

Alles, was während einer hochemotionalen Phase um uns herum passiert, wird mit diesen Emotionen unterbewusst verbunden und abgespeichert.

Das heißt, wenn Sie im Moment des Siegesjubels bewusst drei-, vier-, fünfmal in schneller Abfolge mit Ihrer Faust in die offene Handfläche der anderen Hand schlagen und dabei jedes Mal „JAAA, JAAA, JAAA …" schreien, werden sich diese Bewegung und das „JAAA, JAAA, JAAA …" mit dem intensiven „Siegergefühl" verbinden. Läuft im Hintergrund irgendeine Musik, wird auch diese Musik mit abgespeichert. Testen Sie mal, was bei Ihnen mit dem Lied „We are the Champions" abgespeichert ist, indem Sie kurz in das Lied reinhören.

Der Schlüssel zum Erfolg der Abspeicherung liegt in der emotionalen Intensität, mit der sie vollbracht wird, und in der Wiederholungsrate. Sie müssen das „Schlag- und Schrei-Ritual" in kurzer, intensiver Folge 10 oder 15 Mal hintereinander machen, während Sie gleichzeitig die Freude über den Sieg spüren und fühlen. Das gewünschte Gefühl in diesem Moment zu fühlen, darauf kommt es an.

Weiter müssen die Bewegung und der Sound eindeutig anders sein als die Geräusche und Bewegungen, die Sie sonst machen. Beides muss emotional sein und die Bewegung intensiv und deutlich. Natürlich ist es wichtig, sich zu merken, welcher Auslöser – also welche Bewegung und welcher Sound – mit welchem Zustand verbunden ist. Bei aller Emotion sollten Sie aber darauf achten, sich nicht die Hand zu zertrümmern, sonst könnte dieser Trigger mit Schmerz verbunden werden, und das ist nicht der Sinn der Übung. Also sachte, aber intensiv, einzigartig und oft wiederholen.

Bewusstes Abrufen von Gefühlszuständen

Das Interessante daran ist, wenn wir den Prozess umkehren. Stellen Sie sich vor, Sie sind gerade nicht in Siegerstimmung und Ihr Selbstbewusstsein ist am Boden. Sie könnten jetzt aber ein gutes Selbstbewusstsein gebrauchen, weil Sie bald einen wichtigen Termin haben. Es gelingt Ihnen nicht, durch Konzentration in diese Stimmung zu kommen, Ihre Gedanken schwirren wild durch Ihren Kopf und Sie sind sehr gestresst.

Dann können Sie durch einen programmierten Impuls den damit verbundenen Gefühlszustand auslösen. Sie machen das, indem Sie mit der gleichen Intensität wie beim Speichervorgang Ihre Faust in die Handfläche schlagen und dazu „JAAA, JAAA, JAAA…" brüllen. Machen Sie das, und Sie werden sehen, wenn die Programmierung intensiv genug war, werden Sie sich automatisch in die programmierte Stimmung versetzt fühlen. Hätten Sie während des Siegerjubels und der Bewegung noch einen fetzigen Song im Hintergrund gehört, wäre auch dieser mit dem Siegergefühl verbunden worden. Das heißt, wenn Sie irgendwo nur dieses Lied hören, wird Sie das schon ansatzweise wieder in die Siegerstimmung zurückholen. Wenn Sie zum Termin mit dem Auto fahren, machen Sie einen kurzen Stopp, legen Sie den Song ein und hauen Sie rein, während Sie brüllen.

Trainieren Sie ein paar Bewegungsmuster ein, so wie es Sportler häufig machen. Sie bringen sich dadurch in die gewünschte Verfassung, in den Zustand, der es ihnen schon viele Male ermöglicht hat, in einem bestimmten Moment Topleistungen zu bringen. Die Bewegungen sollten ein wenig der gewünschten Stimmung angepasst sein. Sie müssen ja nicht vor der Besprechung oder vor dem Sex im Raum herumspringen, mit der Faust in die Hand schlagen und „JAAA, JAAA, JAAA …" brüllen.

Es genügen auch subtile Programmierungen, wie zum Beispiel das Reiben der Fingerknöchel mit der anderen Hand oder das unauffällige Drücken auf einen bestimmten Punkt am Arm. Wenn Sie allerdings vor tausenden Zuschauern zum Elfmeterschuss antreten, könnte ein lauter, explosionsartiger Schrei und die geballte Faust besser sein. Lassen Sie Ihrer Kreativität freien Lauf und programmieren Sie für verschiedene Gefühlszustände entsprechende Auslöser. Einen für Kreativität – denken Sie hier an „Wickie und die Starken Männer". Immer wenn eine Idee gefragt ist, reibt Wickie unter seiner Nase und er wird kreativ.

Speichern Sie einen Auslöser für pure Freude, einen für Dankbarkeit, einen subtilen für Selbstbewusstsein bei Besprechungen und einen zärtlichen für erotische Stunden. Der Phantasie sind keine Grenzen gesetzt. Es reicht auch eine Bewegung ohne Ton, wichtig ist nur, dass es eine Bewegung ist, die im Alltag normalerweise nicht vorkommt. Naseputzen, Händeschütteln usw. wären nicht besonders einprägsam.

Ohne Übung und Training gehen viele Anker wieder verloren oder werden schlicht vergessen. Verfestigen Sie diese immer dann, wenn Sie gerade im entsprechenden Gefühl sind. Beispielsweise wenn Sie soeben sehr selbstbewusst aufgetreten sind, wenn Sie etwas gewonnen haben, oder wenn Sie eine große kreative Leistung vollbracht haben.

Achten Sie auf häufige Wiederholungen und die Emotionen während der Wiederholung.

Energie-Level

Stellen Sie sich die Frage: „Wie gut oder schlecht bin ich gerade gelaunt?" Wenn die Antwort lautet: „Ich bin gestresst, genervt und gelangweilt", dann blättern Sie bitte noch einmal zurück zum Abschnitt „Was sind Worte und wie wirken sie?" im Kapitel „Die eigene Sprache". Machen Sie sich das dort Besprochene noch einmal bewusst, jetzt gleich, es ist wichtig. Nicht Sie als kompletter Mensch „sind", sondern irgendetwas wird generalisiert und über alles andere gestellt.

Durch eine generalisierte Fragestellung können wir uns in schlechte Stimmung bringen.

Fragen wir nach dem Energieniveau, auf dem wir uns befinden, haben wir wieder etwas, was wir ändern können. Es sind nicht wir, sondern es ist das Energieniveau, welches im Moment nicht ausreicht. Beurteilen Sie nicht sich selbst, sondern das Energieniveau auf einer Skala von 0-10. Null bedeutet im übertragenen Sinn: bin miserabel gelaunt, von mir aus kann die Welt jetzt untergehen! Zehn bedeutet: überragende Stimmung, alles perfekt, ich liebe das Leben.

Wenn Sie jetzt sagen: „Mein Level ist bei minus drei", dann formulieren wir die Frage nochmal etwas um.

„Welches Energieniveau bräuchte ich jetzt, um die Aufgabe zu lösen, den Stress zu bewältigen und mich gut zu fühlen?"

Wenn Sie antworten „plus 15", dann wird Ihnen klar, dass einige Maßnahmen notwendig sind, dieses Niveau zu erreichen. Es geht wieder darum, sich den eigenen Zustand bewusst zu machen. Dann merken Sie ganz schnell, dass mit einem Energieniveau von 3 keine Spitzenleistungen möglich sind. Sie brauchen sich dann auch nicht mehr über die aktuelle Situation zu ärgern, sondern suchen die Ursache für das niedrige Energielevel. Diese Ursache isolieren Sie und lösen sie mit den geeigneten Mitteln auf. Direkt und sofort können Sie nur Ihr eigenes Energieniveau beeinflussen. Nur Sie können entscheiden, wie sehr Sie sich von anderen Dingen nach unten ziehen lassen. Sie betreiben dadurch auch ein sehr gutes Energiemanagement, indem Sie die Energie – anstatt sie für Ärger zu verbrauchen – auf weitere Ziele lenken.

Wie viel Ihnen zugetragen wird, können Sie nur schrittweise dadurch reduzieren, dass Sie differenzierter mit den Themen umgehen.

Bringen Sie sich selbst durch Ihre Körperhaltung, Ihren Atem und Ihre programmierten Bewegungen auf ein maximales Niveau. Und dann machen Sie es wie Buddha und fragen:

„Wem gehört das Geschenk, wenn ich es nicht annehme?" Schlagen Sie ruhig manchmal ein „Geschenk" aus. Betrachten Sie alles, ob gut oder schlecht, ob interessant oder idiotisch, als ein Geschenk. Geschenke verbinden wir unterbewusst mit etwas Angenehmem. Probieren Sie es aus, ändern Sie die Wortwahl. Anstelle von „stressiger Mehrarbeit" verwenden Sie das Wort „Geschenk" (auch wenn sich Ihnen in diesem Moment der Magen umdreht). Bemerken Sie einen Unterschied? Geschenke nimmt man lieber an, man kann sie aber auch ausschlagen, jedoch ist der Ton beim Abweisen eines Geschenkes viel freundlicher als wenn Sie eine ungeliebte Arbeit zurückweisen. Wenn Sie ein Geschenk in einer freundlichen Art und Weise ausschlagen, stoßen Sie möglicherweise auf Verständnis und gewinnen eine bessere Stimmung, obwohl Ihnen die Arbeit wahrscheinlich trotzdem bleibt. In genervtem Zustand eine noch nervenaufreibendere Arbeit anzunehmen oder auszuschlagen, führt in jedem Fall zu schlechter Stimmung. Und die Arbeit haben Sie trotzdem.

Selbstbewusstsein ist nicht angeboren. Wir können es durch einfache Maßnahmen steuern und trainieren. Schon kleine Veränderungen in unserem Verhalten haben große Auswirkungen auf unser Leben. Fragen Sie sich mehrmals am Tag: Worauf fokussiere ich gerade, wie denke und wie spreche ich über das aktuelle Thema, wie ist meine Körperhaltung, meine Atmung? Stellen Sie sich einen Drehzahlmesser vor und machen Sie sich Ihre momentane Umdrehungszahl bewusst. Welche Drehzahl bräuchten Sie jetzt im Moment, um eine optimale Leistung erbringen zu können, und welche Maßnahmen unternehmen Sie jetzt, um diesen Zustand zu erreichen?

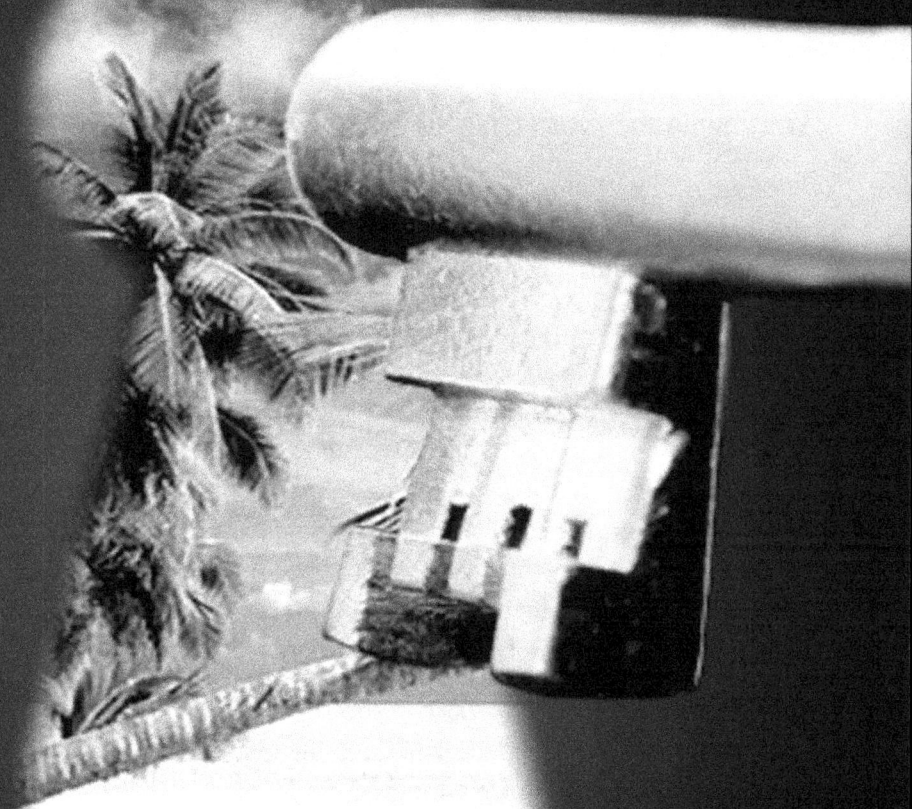

SCHLÜSSEL 14

SICH VON FALSCHEN GLAUBENSSÄTZEN UND KONDITIONIERUNGEN LÖSEN

Warum glauben wir etwas, das nicht stimmt?

Wer wie ich katholisch ist, kennt die Sätze, die im Gottesdienst immer und immer wiederholt werden. „Ich bin schuldig, großer Gott, durch meine Schuld, durch meine große Schuld…" „Ich bin nicht würdig, dass du eingehst unter mein Dach…"

Für mich als kleinen Buben war das immer unverständlich, denn ich dachte, der Liebe Gott hat mich lieb, ist mein Freund, will mir nur Gutes im Leben schenken. Dann höre ich in dieser wichtigen Veranstaltung, dass ich schuldig bin, ein Sünder und nicht würdig. Alle Erwachsenen sagen das jeden Sonntag und sind sich sehr einig. Einerseits sagen sie, wir sind Gottes Kinder, andererseits bin ich nicht würdig. Für mich war das nicht nachvollziehbar, denn meine Eltern hätten das nicht zu mir gesagt, ich glaube, selbst dann nicht, wenn ich vor lauter Flausen im Kopf das Haus angezündet hätte.

Aber irgendwie verinnerlicht man die Texte, vielleicht auch deshalb, weil man sie nicht hinterfragt. Seit meinen Kindertagen lasse ich die Worte einfach weg, der Herr möge mir verzeihen, ob es der Papst auch tut, ist mir gleichgültig.

Gleiches gilt für Sprüche wie: „Lieber arm und gesund als reich und krank". Ich sage mir, besser ist doch: „Lieber reich und gesund als arm und krank". Doch jeder von uns hat Sätze in seinem Sprachschatz, die er immer so gehört und wahrscheinlich nie hinterfragt hat. Einfach übernommen von Menschen oder Institutionen, die entweder eigene Absichten damit verfolgen, oder von Menschen, die es zwar sehr gut mit einem meinen, diese Sätze aber selbst unreflektiert als gegeben und als „richtig" weitergeben.

Der Spruch „Lieber arm und gesund…" stammt vermutlich aus dem Mittelalter. Es war unter Adligen unschick, gebräunte Haut zu haben und mit dem normalen Volk in Kontakt – und erst recht in sexuellen Kontakt – zu kommen. Die Folge war ein Mangel an Sonne in Kombination mit Inzucht. Dass unter diesen Voraussetzungen Krankheit nicht überraschend ist, leuchtet sicher jedem ein.

Die Landbevölkerung hingegen war durch die körperliche Arbeit kräftig und ständig an der Luft. Aus Gründen des Mangels aßen diese Menschen fast ausschließlich vegetarisch und blieben so natürlich zumindest von Gicht und ähnlichen Erkrankungen verschont.

Heute ist das in unserer modernen, westlichen Welt etwas anders. Daher gilt der Satz nicht mehr in der überlieferten Form. Trotzdem beeinflusst er viele von uns das ganze Leben lang, indem er unterbewusst eine Distanz zu Reichtum schafft, weil dieser ja mit Krankheit verbunden ist.

Ein anderer, sehr weit verbreiteter Glaubenssatz ist: „Geld macht nicht glücklich". Was ja im Prinzip stimmt, denn erst die Wirkung von Geld macht glücklich. Zumindest in bestimmten Momenten. Dazu zählt der Moment, in dem wir Geld bekommen. Dann haben wir ein gutes Gefühl. Der andere Moment ist, wenn wir es ausgeben und uns davon schöne Dinge leisten oder damit anderen Gutes tun. Es sind nicht die kleinen Scheine mit Zahlen und irgendwelchen Brücken darauf, für die wir häufig unsere ganze Zeit und Energie aufbringen – nein, wir sind auf der Jagd nach den Momenten, in denen wir durch das Geld ein gutes Gefühl haben.

Wir interpretieren den Satz „Geld macht nicht glücklich" unterbewusst so, als wenn es schlecht und nutzlos wäre, viel Geld zu haben. Wir interpretieren: glücklich sein geht nicht mit Geld. Daraus folgern wir: Geld macht unglücklich. Wir finden auch jede Menge Beispiele dafür. Wie ausführlich wird uns über Krisen von sehr reichen Leuten und Stars berichtet, von Menschen, die wir oft als Vorbilder sehen. Wenn es bei denen schon nicht klappt, obwohl die so viel Geld haben, dann bestätigt sich für uns die Richtigkeit des Satzes. Wir glauben immer fester daran und verankern ihn tief in uns selbst, als gegebene Wahrheit.

Dass aber nicht das Geld (sondern der unkluge Umgang damit) für die Probleme verantwortlich ist, machen wir uns nicht bewusst. Und so hat unser „Kellermeister", das Unterbewusstsein, keine Ahnung von der Fehlinterpretation und glaubt: Geld bedeutet Unglück. Da es weiß, dass wir Unglück nicht mögen, sorgt es dafür, dass dieses zumindest durch Geld nicht ausgelöst werden kann. Es hält Geld von uns fern.

Überlegen Sie, welche Bereiche Ihres Lebens noch von unreflektierten Glaubenssätzen beeinflusst werden. Welche Sätze zu den Themen Geld, Gesundheit, Glück und Reichtum kennen Sie? Schreiben Sie die Sätze Ihrer Kindheit auf und denken Sie darüber nach, welche Auswirkungen diese Sätze auf Ihr Unterbewusstsein und somit auf Ihr Leben haben könnten.

Sie können die im Folgenden für das Thema Geld dargestellte Herangehensweise auf sämtliche Bereiche anwenden.

Was denken Sie über Geld?

Schreiben Sie ein paar Stichworte und Gedanken auf, die Ihnen spontan einfallen, wenn Sie an Geld denken. Bei mir waren es folgende:

> Freiheit, Unabhängigkeit

> Entspannung

> Luxus

> Geld verdienen heißt: keine Zeit für die Kinder

> Stress, Ärger in der Arbeit

> Harte Arbeit

> Frustration

> Gibt mir Freiheit, es kostet aber viel Energie, welches zu bekommen

> Papa ist jeden Tag von morgens bis abends im Büro

> Mit sinnloser Arbeit verschwende ich mein Leben

Zunächst kamen positive Gedanken, dann aber verband ich Geld recht schnell mit Arbeit, und das wurde zäh. Geld an sich ist zwar angenehm, wenn man es hat, aber es zu verdienen ist für mich offensichtlich keine schöne Angelegenheit. Sie ist mit Verzicht, Stress und Ärger verbunden. Unterbewusst stelle ich mir anscheinend die Frage: ist es überhaupt die Sache wert, viel Geld zu verdienen – oder reicht es, mit möglichst wenig Aufwand gerade so durchzukommen?

Da kommt ein wesentlicher Aspekt ins Spiel. Offensichtlich habe ich Mehrverdienst mit mehr Zeitaufwand und mehr Stress, weniger Zeit mit den Kindern usw. verbunden. Das ist natürlich fatal. Denn damit ist völlig klar, warum ich lange Zeit über ein bestimmtes Grundniveau nicht hinausgekommen bin. Mein Unterbewusstsein arbeitet ständig gegen mich. Gegen meine Traumvorstellung von Freiheit und Entspannung, solange der Weg über stressige Arbeit führt. Denn Freiheit bedeutet demzufolge viel Arbeit, viel Ärger, viel Stress, und das will ich natürlich auf keinen Fall.

Das waren meine eigenen Erfahrungen – Verknüpfungen, die höchstwahrscheinlich in der Kindheit, Jugend und Lehrzeit entstanden sind.

Es wird aber noch schlimmer, denn nicht nur unsere eigenen Eindrücke prägen uns, sondern (wie oben beschrieben) auch allgemeine Glaubenssätze, die meist vor langer Zeit und unter völlig anderen Umständen entstanden sind.

Was haben Sie über Geld gehört?

Welche Glaubenssätze zum Thema Geld kennen Sie? Was haben Ihre Eltern oder Großeltern über Geld gesagt und gedacht? Wie wurde aus Ihrer Sicht in Ihrer Kindheit mit Geld umgegangen: großzügig oder geizig? Hat es Freude gebracht oder Stress?

Hierzu ein paar meiner Gedanken:

> Geld ist nicht alles

> Geld macht nicht glücklich

> Die Reichen können auch nicht mehr essen

> Für Geld muss ich hart arbeiten

> Nur wer jeden Tag hart arbeitet, verdient richtig Geld

> Wer den Pfennig nicht ehrt, ist des Talers nicht wert

Bei den meisten Menschen sind es viele negative Assoziationen, die sie irgendwann aufgeschnappt und unterbewusst als wahr abgespeichert haben. Davon lassen wir uns laufend in unserem Handeln beeinflussen. Lassen wir das für den Moment hier so stehen.

Jetzt drehen wir das Spiel um. Überlegen Sie, inwiefern Ihr Leben besser wäre, wenn Sie finanziell völlig frei wären. Stehen Sie auf, recken und strecken Sie sich, atmen Sie tief durch. Bringen Sie sich auf ein Top-Energielevel, denken Sie an Ihre Triggerimpulse und an Ihre Atmung. Und dann legen Sie coole Musik auf und schreiben Sie schnell, drei Minuten lang, alles auf, was Ihnen dazu einfällt, welche Spielräume und Freuden Sie durch absolute finanzielle Freiheit hätten.

Bei mir waren es diese Punkte:

> Viel entspannte Zeit mit den Kindern verbringen

> Viel mehr Zeit mit meiner Frau

> Reisen in die ganze Welt

> Zeit und Geld, um die besten Seminare besuchen zu können

> Wochenendtrips und Kulturreisen in die schönsten Städte der Welt unternehmen

> Ich könnte vielen anderen helfen

> Zeit und Ruhe finden, um Spanisch und andere Sprachen zu lernen

> Einen eigenen Koch einstellen und somit viel Zeit gewinnen

> Die besten Trainer und Lehrer für meine Familie und mich engagieren

> An den schönsten Plätzen der Welt arbeiten

> Nie mehr für Geld arbeiten müssen

> Neue Hobbys beginnen, die ich mir bisher nicht leisten kann

Neue Glaubenssätze

In dieser Stimmung formulieren Sie die oben aufgeschriebenen, negativ behafteten Glaubenssätze aus Ihrer Vergangenheit so um, dass Ihnen diese Sätze künftig Kraft und Energie geben und Sie dabei unterstützen, Ihre Ziele zu erreichen.

> Ja, für Geld muss ich hart arbeiten und viel Zeit investieren. Das fällt mir aber leicht, denn es macht mir Freude, meine Fähigkeiten und meine Kreativität intelligent zu kombinieren und dadurch Produkte zu schaffen, aus denen sprudelnde Geldquellen entstehen, welche uns ein reiches, freies, entspanntes und sinnvolles Leben ermöglichen.

> Geld ist nicht alles, aber mit meinem Wissen und meinem Gefühl setze ich es so ein, dass es mir, meiner Familie und vielen anderen viele schöne Erlebnisse ins Leben bringt.

Schreiben Sie Ihre Sätze in großer Schrift auf und hängen Sie diese in Ihrem täglichen Blickfeld auf. Entwickeln Sie für jeden negativen Satz einen neuen, oder ergänzen Sie ihn entsprechend. Je emotionaler, desto besser. Der neue Satz ist gelungen, wenn Sie beim Lesen ein gutes Gefühl bekommen, Freude und Motivation verspüren. Wenn Sie der neue Satz kalt lässt oder Ihnen eher peinlich ist, gehen Sie einen Schritt zurück und suchen Sie die Ursache, warum Ihr Wunschdenken noch nicht mit Ihren Gefühlen harmoniert. Prüfen Sie Ihre Ziele vom Anfang des Buches noch einmal in Bezug auf die Stimmigkeit mit Ihren neuen Glaubenssätzen. Gibt es hier Widersprüche, oder liegen die neuen Glaubenssätze genau auf Zielkurs?

SCHLÜSSEL 15

DAS RICHTIGE UMFELD

Menschen, Stimmungen, Möglichkeiten

*Öffnen wir uns für eine neue Art der Begegnung und
die Möglichkeiten werden kommen!*

Unser Umfeld, die Menschen, deren Stimmung und die Möglichkeiten um uns herum, sind ein wesentlicher Faktor für Erfolg oder Misserfolg - für das Durchhalten oder Aufgeben.

Es fällt uns aber häufig sehr schwer unser Umfeld zu verlassen, auch wenn wir bereits festgestellt haben, dass es uns selbst nicht gut tut. Egal ob Arbeitskollegen, Freunde oder die eigene Familie: Wir fühlen uns in bestimmten Bereichen mit Menschen, Räumen und Ländern verbunden und möchten diese Ver**bindungen** und **Gegeben**heiten ungern lösen oder verändern. „Was könnte denn der oder die andere denken, wenn wir plötzlich den Kontakt abbrechen oder sehr stark einschränken?".

Wir befinden uns damit in einem Netz an Verbindungen, von denen uns nur wenige tatsächlich förderlich sind. Viele Verbindungen sind veraltet und nur noch Ballast, andere ziehen uns sogar Energie ab. Wir fühlen uns verpflichtet, wollen niemanden verletzen. Daher halten wir lieber still als uns aus den „Verstrickungen" der letzten Jahrzehnte zu befreien. In diesem Zustand bleibt uns nur wenig Energie, neue, belebende und zielführende Verbindungen aufzubauen.

Sollten Sie jemals versucht haben, an einem Stammtisch unter lauter Rauchern das Rauchen aufzugeben, dann wissen Sie, wie schwer das ist. Sie werden ständig ans Rauchen erinnert und wieder dazu animiert: „Eine geht schon…". In einer Gruppe von Nichtrauchern ist es deutlich leichter. Schon allein deshalb, weil niemand es Ihnen ständig vormacht.

In einer Gruppe von erfolgreichen, offenen Menschen ist es auch leichter, Unterstützung, Bestätigung oder Anregungen für neue Geschäftsideen zu finden als unter ewigen Bedenkenträgern und Schwarzmalern. Schon die

Energie ist eine andere. Eine Energie, die alles machbar erscheinen lässt, ist eine unglaublich treibende und inspirierende Kraft.

Bei Pflanzen können wir die Relevanz des richtigen Umfeldes täglich sehen. Die gleiche Pflanze in einem kleinen Topf bleibt kleiner als die andere im größeren Topf. Bei gleicher Topfgröße entscheiden die Sonnenstunden und die Wasserversorgung der Pflanze über Wachstum oder gerade überleben.

Wie finden wir das passende Umfeld?

Wenn man bereit ist, sich auf gewisse Veränderungen einzulassen, ist es einfach das passende Umfeld zu finden. Das Umfeld, welches unsere Visionen und Ziele unterstützt. Im Sport ist es offensichtlich. Wenn ich gerne Tennis spiele, sollte ich mich bei einem Tennisverein anmelden. Hier stellt sich dann die Frage, ob ich den eigenen Ortsverein oder den Superclub in der übernächsten Stadt wähle. Entscheidend ist, was ich zu investieren bereit bin, um mich in einem besseren Umfeld zu befinden. Welchen Aufwand möchte ich betreiben, um von Spielern zu lernen, die derzeit noch besser sind als ich?

Im Geschäftsleben ist das genauso! Nähe bedeutet Chancen! Die Nähe zu den Menschen, die uns Aufträge erteilen könnten, erhöht die Chance einen neuen Auftrag zu erhalten erheblich! Nutzen wir das Sprichwort „Aus den Augen, aus dem Sinn" in umgekehrter Form:

„Im Blickfeld, im Sinn"

Nehmen wir als Beispiel Silicon Valley, die Technologiehochburg der Welt. Hier haben sich Rahmenbedingungen entwickelt, die neue Erfindungen und Entwicklungen leicht machen. Hier ist es normal etwas „nicht normales" zu machen. Aus diesem Umfeld erwachsen unglaubliche Produkte, die sonst kaum auf fruchtbaren Boden gefallen und zur Reife gelangt wären.

Gehen Sie einfach los und finden Sie die Menschen, die Sie brauchen. Bewegen Sie sich, auch wenn Sie die Richtung noch nicht genau kennen.

Mit einem Kopf voller Ideen über eine Messe in Deutschland zu laufen und Partner für die Entwicklung zu finden, ist ein mühsames und frustrierendes Geschäft. Haben wir schon, brauchen wir nicht, interessiert uns nicht – das sind die Antworten, die Sie mit nach Hause nehmen. Nachdem ich in Deutschland vieles versucht hatte und kaum weitergekommen war, wagte ich es in Dubai.

Gehen Sie in Dubai oder sonst wo in der Welt über eine Messe und diskutieren Sie Ideen mit anderen, dann werden Sie im positiven Sinn von einem zum anderen weitergeleitet, bis sich tatsächlich jemand findet, der Interesse an Ihrer Idee hat. Ich spreche aus eigener Erfahrung im Bereich Bauprojektsteuerung. Plötzlich saß ich mit ein paar Scheichs am Tisch, um konkrete Projekte zu diskutieren. Ideen werden für voll genommen und nicht von vornherein hochnäsig abgeblockt. Es wird versucht, Wege der Zusammenarbeit zu finden. Wenn diese auch oft nicht realisierbar sind, so regen die Gespräche doch zu neuen Ideen an und bringen neue Kontakte, die dann im nächsten Schritt – wie in meinem Fall – zu guten Geschäften führen können.

SCHLÜSSEL 16

ABLENKUNGEN REDUZIEREN

Wir können uns noch so gut vorbereiten, körperlich und geistig absolut stabil sein, unsere Ziele kennen und perfekt ausgearbeitete Pläne vorliegen haben. Trotzdem kommt häufig nicht der erwünschte Erfolg zustande. Ein wesentlicher Grund dafür sind Einflüsse von außen, die uns auf unterschiedliche Weise von unseren Zielen ablenken.

Warum lenken wir uns selbst ab?

Ablenkung bedeutet immer Zeitverlust. Dieser kann direkt passieren, indem wir unsere Zeit einfach mit Dingen totschlagen, die für uns und unsere Ziele nicht förderlich sind.

Zum anderen passiert Ablenkung, wenn wir uns nicht sicher sind und andere um Rat fragen. Dieser Rat ist häufig aus verschiedenen Gründen nicht zielführend. Vor allem dann nicht, wenn wir grundsätzlichen Rat brauchen. Niemand kennt meine Ziele so genau wie ich selbst. Woher soll dann irgendjemand wissen, wie er mir dabei helfen kann, sie zu erreichen?

Ich war immer dann besonders dafür anfällig, wenn ich mir meiner Sache nicht sicher war, oder es mir fast egal war, wohin die „Reise" geht. Dann fragte ich alle möglichen Freunde und Bekannten nach ihrer Meinung und rätselte über den tieferen Sinn der Antworten. Es dauerte lange, bis ich begriff, dass mir das wenig bringt. Jeder hatte seine eigenen Herausforderungen zu meistern und konnte und wollte sich um meine nur am Rande kümmern. Ich erwartete insgeheim Antworten auf Fragen für mein Leben, für meinen Lebensweg, ja Bestätigung, dass meine Ziele richtig waren. Die Leute hatten ihren Job, die meisten seit der Lehrzeit im selben Unternehmen. Was sollte bei dieser Suche nach Rat und Bestätigung rauskommen? Bei Diskussionen mit netten, freundlichen und hilfsbereiten Menschen, die ganz andere Ziele, andere Lebensumstände und andere Erfahrungen hatten...? Sie ahnen es: Ablenkung und Verunsicherung. Denn ich schätze diese Freunde sehr und legte Wert auf ihre Meinung. In diesem Bereich jedoch konnten sie mir nicht helfen.

Die Augen hat mir dann nach Jahren George S. Clason geöffnet, mit seinem Klassiker „Der reichste Mann von Babylon".

Er beschreibt in diesem Buch einen fleißigen Arbeiter, der vom reichsten Mann Ratschläge erhält. Zuvor hatte er sein ganzes Erspartes einem Ziegelbrenner mitgegeben, damit der ins Nachbarland reisen konnte, um dort Schmuck günstig einzukaufen. Dieser Schmuck sollte nach der Rückkehr mit Gewinn weiterverkauft werden. Der Arbeiter hatte alles verloren. Der Ziegelbrenner war ein vertrauenswürdiger Mann, ein Freund, aber eben kein Schmuckexperte. Der Fehler war: er hat jemanden um Hilfe gebeten, der auf diesem Gebiet keine Ahnung hatte. Er hatte sich an ihn gewandt, weil er ihm in anderen Bereichen berechtigterweise vertraute. Ich würde niemals auf die Idee kommen, meinen besten Freund zu fragen, wie ich mein Motorrad reparieren soll, wenn dieser Bäcker ist und keinerlei Bezug zu Motorrädern hat. Logisch, oder? Niemand würde das tun. Wir übersehen nur häufig (und ich darf mich hier sicher nicht zuletzt nennen), dass wir anderen Fähigkeiten unterstellen, die diese einfach nicht haben.

Mit dem Leben, den Zielen, den Problemen ist das nicht so leicht, guter Rat ist kaum zu finden. Mit wem spricht man darüber, wer kann uns weiterhelfen? Die meisten Menschen kämpfen selbst mit ihren eigenen Herausforderungen und haben keine Zeit und keine Nerven, auch noch die Sorgen anderer zu hören, sie zu diskutieren und Lösungsvorschläge auszuarbeiten.

Dann gibt es natürlich für jeden Bereich Spezialisten. Aber diese sind, wie der Name schon sagt, nur für einzelne Bereiche zuständig. Eine vollumfängliche „Projektbetreuung Leben" ist den meisten zeitlich und inhaltlich nicht möglich.

Die einzige mir als sinnvoll erscheinende Möglichkeit, diese Art der Ablenkung zu reduzieren und trotzdem den Rat anderer zu integrieren, ist die exakte Formulierung der Fragen.

Nur auf präzise Fragen können Sie verwertbare Antworten erwarten. Um diese Fragen aber formulieren zu können, müssen Sie wiederum –

Sie ahnen es – wissen, was Sie wollen. Daran kommen wir einfach nicht vorbei. Nur wenn Sie qualifiziert fragen, können Sie die Antworten richtig einordnen und als förderlich oder hinderlich beurteilen. Für qualifizierte Fragen zu bestimmten Themen finden Sie neben Freunden auch Experten, die Ihnen Antworten geben können. Entscheiden Sie, wie Sie mit den Ratschlägen umgehen, aber ändern Sie dadurch Ihre Zielausrichtung nicht komplett, sondern betreiben Sie stets nur Feinjustierung.

Je klarer Sie Ihre Ziele kennen, desto exakter können Sie die Fragen formulieren und desto spezifischer werden die Antworten. Diese helfen Ihnen, Ihren Weg wie gehabt weiterzugehen, oder veranlassen Sie zu leichten Kurskorrekturen. Beides ist sehr zeiteffizient und zielorientiert. Wenn Sie Ihre Ziele nicht exakt kennen, werden Sie durch zu viele Ratschläge ständig aus der Bahn geworfen, was Zeit, Geld und Nerven kostet und nicht zielführend ist.

Eigeninteresse anderer

Manchmal wollen die um Rat Gefragten aufgrund von Neid oder Eigeninteresse keine qualifizierte und ehrliche Meinung abgeben.

Nach acht Stunden Flug über den südlichen Pazifik kamen wir mitten in der Nacht auf Tahiti an. Ich wollte es mir gerade in einem dunklen Eck im Flughafen bequem machen, als mich zwei junge Damen, etwa in meinem Alter, ansprachen, ob sie hier auch bleiben könnten. Natürlich hatte ich nichts dagegen. Wir schliefen bald ein.

Nach kurzer Zeit weckte uns ein Mann, den ich später den „Ganoven" taufen sollte. Er lud uns in seine Backpacker-Villa ein und versprach, der Transport dorthin und die paar übrigen Nachtstunden seien kostenfrei. Warum nicht, dachte ich, und wir fuhren hin. Alles war perfekt, aber als er am Morgen meinen Pass haben wollte, verfinsterte sich die Stimmung. Vor allem, weil er nun bekanntgab, dass die erste Nacht nur dann frei sei, wenn die zweite ebenfalls bei ihm verbracht wird.

Das hatte ich auf keinen Fall vor, denn mein Ziel waren die Tuamotu Islands. Diese wollte ich per Frachtschiff erreichen. Da ich nicht der

Einzige war, der sich sicher war, dass die erste Nacht ohne Bedingungen kostenfrei sei, hatte ich auch kein schlechtes Gewissen, weiterzuziehen, ohne die Nacht zu bezahlen.

Ich war so verärgert, dass ich in der Backpacker-Villa auch keine Informationen einholte, sondern schnurstracks mit dem Bus zum Hafen fuhr. Ich fand die „Aurora Nui", zwei Wochen war sie als Versorgungsschiff unterwegs, für 60 Dollar konnte ich mitfahren.

Zwei Wochen Südsee pur, inklusive schwarzer Perlen und unglaublich freundlicher Menschen. Kein Tourist außer mir. Es war wie in einer anderen Zeit. Meist blieben wir über Nacht vor Anker, in der Nähe eines Dorfes. Es war genug Zeit zum Baden, zum Herumspazieren und zum Leben mit den Einheimischen. Dieser Ausflug war eines meiner intensivsten und schönsten Reiseerlebnisse überhaupt.

Zurück auf Tahiti nutzte ich sofort die Gelegenheit, eine weitere Schiffspassage zu buchen. Allerdings legte das Schiff erst zwei Tage später ab. So checkte ich noch einmal beim „Ganoven" ein. Der Platz war perfekt, direkt am schwarzen Sandstrand, und der „Ganove" hatte mich schon vergessen. Mit großen Augen sahen mich meine „alten Bekannten" vom Flughafen an. Gebannt lauschten sie meinen Berichten. „Aber die Tuamotus sind doch für Touristen gesperrt, wegen Trinkwassermangels und Mückenplage", sagten sie. Davon hörte ich hier zum ersten Mal. Wasserknappheit herrschte keineswegs, denn es regnete nachts oft und die Wasserfässer waren voll. Ebenso wenig konnte von einer Mückenplage die Rede sein.

Der „Ganove" hatte seinen Gästen versichert, dass es keine Möglichkeit gäbe, dorthin zu reisen. Die Trägheit und auch die Unerfahrenheit der Damen (und einiger anderer Gäste), ließen sie die Ausführungen glauben. Die Folge war: sie reisten um die ganze Welt und schafften es dann nicht mehr aus dem Backpacker zu den traumhaften Inseln der Südsee.

Das Eigeninteresse des Clubbesitzers bestand darin, möglichst viele Gäste möglichst lange zu halten. Das ist ihm gelungen.

Dieses Beispiel lässt sich auf viele Bereiche des Lebens übertragen. Wir unternehmen große Anstrengungen... und lassen uns dann, kurz bevor es wirklich interessant wird, von unserem Ziel ablenken.

Vielleicht hätte auch ich mich von den vermeintlichen Gefahren bremsen lassen, wenn ich für eine weitere Person hätte Verantwortung übernehmen müssen. Beispielsweise für meine Kinder oder für meine Freundin. Darum gilt es auch hier, genau zu hinterfragen: was möchte jemand erreichen, der mir eine Auskunft gibt? Das sollte ich tun, **bevor** ich meine Ziele daran anpasse.

Im täglichen Leben findet diese Art der Ablenkung häufig durch Werbung statt. Zukunftsangst wird geschürt und dann der Schutz der Kinder und der Familie propagiert. Unfall-, Sturm-, Hagel-, Sach- und Lebensversicherungen überschlagen sich vor Hilfs- und Schutzbereitschaft. Natürlich ist nicht alles unberechtigt. Kritisch wird es dann, wenn wir uns von der Angstmacherei zu stark einschüchtern lassen und deshalb unseren Weg ändern.

Im Beruf wird Angst auch als Machtmittel verwendet, damit möglichst lange, hart und gegen geringen Lohn gearbeitet wird. Angst, ein anderer könnte es besser und billiger machen und ich könnte meinen Job verlieren. Mit dieser Angst lässt man sich leicht steuern und merkt nicht so recht, wie das eigene Leben vorüberzieht. Es fällt einem auch nicht auf, wenn man nichts anderes kennt. Das Animationsprogramm beim „Ganoven" war sicher interessant. Es verblasste erst im Vergleich zu zwei Wochen Südseerundfahrt.

Meinen Leitsatz für solche Fälle habe ich von Bruce Springsteen übernommen:

„When they said 'sit down' I stood up!!"

Neid

Die Ablenkung durch Neid habe ich erlebt, als ich mit Coaching und Vorträgen begann. Ich war neu auf diesem Gebiet und versuchte, ein

Netzwerk aufzubauen – engagierte Menschen, die sich gegenseitig unterstützen, zusammenarbeiten und gemeinsam auftreten. Es waren zahlreiche Gespräche und Termine, ich arbeitete Konzepte aus und diskutierte lange. Gebracht hat es nichts (jedenfalls nicht mir). Denn in letzter Konsequenz ist jeder sich selbst der Nächste und hat mit seinen eigenen Themen genug zu tun. Insbesondere die Anfangsphase von neuen Projekten mit vermeintlichen Partnern oder Netzwerkpartnern zu beginnen, ist aus meiner Erfahrung erst dann sinnvoll, wenn ich mein Produkt kenne, davon absolut überzeugt bin und mich der Nutzen für den Kunden vor Begeisterung strahlen lässt. Wenn das der Fall ist, kann ich Partner für bestimmte Bereiche hinzunehmen. Aber nicht vorher, denn sonst kommen uns viele Ablenkungen und Verunsicherungen in die Quere. Und wenn auf einer Seite Erfolg eintritt, lässt der Neid nicht lange auf sich warten. Er führt oft zum Ende der Beziehung.

In meinem Unternehmen für Bauprojektmanagement hatten wir unser Kerngebiet, und dann konnten wir andere Unternehmen mit ins Boot holen, um das Produkt für den Auftraggeber optimal abzuwickeln. Die Fäden behielten jedoch wir in der Hand.

So kam es, dass wir viele Unternehmen mit Aufträgen versorgten, dass aber durch einige Kontakte auch gute Aufträge für uns entstanden sind.

Ablenkungen – ob von außen verursacht oder von uns selbst herbeigerufen – gilt es zu erkennen, in ihrer Wertigkeit zu beurteilen und im richtigen Maß abzuwehren oder sogar zum Anlass für leichte Kurskorrekturen zu nehmen.

SCHLÜSSEL 17

INFORMATIONSÜBERFLUSS FILTERN

Der Weg zu mehr Zeit ist, das Überflüssige zu erkennen und zu streichen.

Zum Beurteilen von Nahrungsmitteln haben wir im Laufe von Jahrtausenden Filtersysteme entwickelt. Niemand isst Lebensmittel, die schon faul riechen. Wir riechen „den Braten" und handeln danach. Saure Milch spucken wir aus, verschimmeltes Gemüse erkennen wir und werfen es weg. Mindestens drei Filtersysteme schützen uns vor verdorbener Nahrung. Andere Systeme auf unserer Zunge sagen uns bei naturbelassenen Lebensmitteln, wenn wir satt sind, und bereiten gleich die Verdauungsprozesse vor. Der Mensch hat durch Zusatzstoffe in vielen Lebensmitteln dieses Messsystem für den Sättigungsgrad ausgeschaltet, und so kann ungebremst weitergegessen werden und die überschüssigen Kalorien können sich schön in Fett umbauen lassen. Wenn schon bei der Nahrung die natürlich vorhandenen Filter bewusst umgangen werden – was glauben Sie, wie oft wird dann erst Rücksicht auf ungeschützte Systeme genommen werden?

Obwohl einem schon heute beim Radiohören aufgrund des witzlosen Geplappers oft alle Haare zu Berge stehen, ist die Vorstellung, zehn Sender gleichzeitig hören zu müssen, noch schlimmer.

In der Technik gibt es hier ganz simple Filtersysteme, mit deren Hilfe exakt die Frequenz ausgewählt werden kann, auf der der Lieblingssender übertragen wird. Alle anderen Frequenzen bleiben außen vor und stören nicht weiter.

Leider fällt uns Menschen die Filterung im täglichen Leben etwas schwerer. Ohne Unterbrechung prasseln immer mehr Dinge auf uns ein. Die Kommunikationsmöglichkeiten erlauben, ja sie fordern, die ständige Erreichbarkeit und die aktive Teilnahme an diesem „Spiel", das wir auch als Wahnsinn bezeichnen könnten.

Heute Vormittag erzählte mir ein Bekannter, sein 16jähriger Neffe sei so im Handlungszwang, sämtliche Nachrichten auf seinem Smartphone zu beantworten, dass er kaum Zeit zum Duschen habe. Nach 20 Minuten im Bad sei er mit der Beantwortung so sehr im Hintertreffen, dass er es fast nicht mehr aufholen könne… Zeit für produktive und somit befriedigende Arbeiten bleibt da fast nicht mehr.

> Wie gelingt es, uns selbst und unsere Familie vor derlei negativen Einflüssen zu schützen?

Aktive und passive Filtersysteme

Aktive Filtersysteme müssen erkennen, was sie zu filtern haben, ihnen muss bewusst sein, was stört, und danach müssen sie aktiv suchen und dann handeln.

Für passive Systeme ist das Sieb ein gutes Beispiel: es lässt einfach nur alles durch, was kleiner als seine Maschenweite ist.

Sinnvoll ist es, wie so häufig im Leben, eine Kombination aus beiden Systemen zu installieren: eine passive Grundfilterung und eine gezielte Aktivfilterung.

Wir haben darüber gesprochen, welch große Wirkung Worte auf uns haben. Die eigenen, die Worte von Bekannten, Freunden und Fremden. Worte und Texte aus dem Fernsehen, dem Radio, der Presse, dem Internet. Von allen Seiten strömen sie auf uns ein. Der größte Teil aller Nachrichten und Informationen ist negativ, traurig, beängstigend. Es ist kein Wunder, dass wir mit dem ständigen Konsum dieser Informationen ebenfalls in eine negative, aggressive Stimmung geraten. Selbst wenn wir aktiv nach entspannender Unterhaltung suchen, finden wir kaum einen Film – ob für Erwachsene oder für Kinder – bei dem auf Aggression, Intrigen, Mord und sonstige Gewalt verzichtet wird.

Wir können Passivfilter ansetzen und einfach keinen Fernseher, kein Radio und kein Internet zur Verfügung stellen. Das Problem dabei ist: etwas überhaupt nicht zu erlauben, bewirkt meist genau das Gegenteil. Der Hunger nach Verbotenem ist bekanntlich der stärkste, und jeder von uns entwickelt genau in diesem Bereich seine größten Fähigkeiten, um doch noch an das Gewünschte zu kommen. Man kommt auch nicht mehr daran vorbei, mit dem Trend ein wenig mitzuschwimmen. Der Druck, dabei zu sein, nimmt im Kindergarten, in der Schule, im Studium, im Beruf und in der Freizeit immer mehr zu.

„WAS, du weißt das nicht, du hast das nicht angeschaut?" Wir sind nicht mehr dabei, wenn wir nicht sofort antworten, wir sind nicht informiert, denn gesprochen wird schon lange nicht mehr miteinander, es wird nur noch online getippt. Unwillkürlich wird jeder Mensch in eine Situation gebracht, die ihm vielleicht gar nicht zusagt, aber er kommt nicht aus. Er hat häufig nur die Wahl, mitzumachen oder ausgegrenzt zu werden.

Trotzdem ist es sinnvoll, sich selbst und auch seinen Kindern gewisse Regeln aufzustellen. Regeln, die festlegen, was, wie lange und warum konsumiert werden darf. Wann das Smartphone Pause hat und die Internetleitung außer Betrieb ist. Überraschenderweise überleben viele diesen „Drogenentzug" ganz gut, wenn die Gründe dafür solide sind.

Die einzige Möglichkeit, sich zu schützen, sind triftige Gründe, die wichtiger sind als die Teilnahme an diesem Medientheater. Hier spreche ich von Aktivfiltern. Es ist zwar nicht sonderlich leicht, diese Gründe zu finden und an sie zu glauben, aber wir haben zum Glück auch viele Themen, die uns hierbei unterstützen können. Wenn ich meinem Sohn die Frage stelle, ob er glaubt, dass Cristiano Ronaldo so gut Fußball spielen kann, weil er ständig fernsah, oder ob er es gelernt hat, weil er jeden Tag ehrgeizig trainierte. Das wirkt wie ein elektrischer Schlag und reißt ihn sofort vom Fernseher weg.

Ich weiß, es ist ein einfaches Beispiel, aber da steckt viel drin.

Warum wirkt das so? Weil der Bub ein Ziel sieht, das ihm wichtiger ist als alles andere. Er fokussiert und er träumt von der Weltmeisterschaft. Während er Fußball spielt, kann neben ihm die Welt untergehen. Aktive Filtersysteme sind Ziele und deren Wertigkeiten gegenüber den Ablenkungen.

Leider werden aber Ablenkungen viel stärker gefördert als klare Ziele und die Lehre, wie wir sie erreichen. Unsere Aufgabe als Eltern oder Vorgesetzte ist es, die Ziele der Menschen um uns herum zu erkennen.

Dann müssen wir ihnen helfen, den Raum zu schaffen, den sie zum Erreichen ihrer Ziele brauchen. Wir müssen ihnen Hilfsmittel und Rückendeckung geben, damit sie gegen Ablenkungen, Ausgrenzung und Widerstände bestehen und Schritt für Schritt weitergehen können. Darin sehe ich die Aufgabe für jeden von uns. Anfangen müssen wir bei uns selbst.

Warum geht es nicht mehr ohne Filter?

Die meisten von uns haben überhaupt keine Filtersysteme. Sie hatten noch nie welche und sind trotzdem immer irgendwie durchgekommen. Die Zeit war, was die Informationsflut und die Zugriffsmöglichkeiten betrifft, weniger aggressiv. Die Zeiten haben sich aber drastisch geändert. Als wir vor 30 Jahren die Wählscheibe des grauen oder grünen Telefons für ein Ferngespräch drehten und beobachteten, wie die Scheibe von 9 wieder zurück ratterte, konnten wir noch gemütlich nebenher Brotzeit machen. Heute sind in dieser Zeit drei Messages zu empfangen und zu schreiben. Da bleibt keine Zeit mehr, das ist Stress. Ohne Filtersystem wird das zu viel. Wir lassen rund um die Uhr alles auf uns einprasseln, ohne darüber nachzudenken, was uns das jeden Tag kostet.

> Bei wem von Ihnen oder Ihren Mitarbeitern läuft ständig das Radio im Hintergrund?

> Wer reagiert sofort auf jede Nachricht, in welcher Form und zu welcher Zeit auch immer sie in Ihrem Smartphone eintrifft?

> Wie oft wirft Sie eine Nachricht aus der Konzentration auf das, was Sie gerade machen?

> Wie oft nehmen Sie einen Anruf entgegen, obwohl Sie gerade mit jemandem im persönlichen Gespräch sind?

> Wie viel Zeit verlieren Sie dadurch täglich? Wie viel Energie geht Ihnen dadurch verloren? Wie viel Arbeit bleibt dadurch jeden Tag liegen?

Zusätzlich laufen Sie mit diesem Verhalten auch Gefahr, überrascht und unvorbereitet getroffen zu werden. Sie wissen ja nicht, welche Nachricht Sie im nächsten Moment erwartet. Sie können zwar nicht die Inhalte der eingehenden Nachrichten filtern, aber Sie können aktiv den Zeitpunkt festlegen, zu dem Sie sie entgegennehmen. Somit können Sie Ihren körperlichen und geistigen Zustand so vorbereiten, dass Sie – was auch immer kommen mag – eine gute Lösung finden werden, und zwar in Ruhe.

Priorität der Störung

In zwölf Jahren Projektsteuerung und Bauleitung habe ich anfänglich ständig Anrufe, E-Mails und SMS bekommen, die wie folgt zu bewerten waren:

Kategorie 1:

Herr Schwarz, mir ist der Hammer runtergefallen, soll ich ihn wieder aufheben? Oder ähnlich schwerwiegende Fälle.

Häufigkeit ca. 70 %, Zeitaufwand durch Unterbrechung, Ablenkung des Angerufenen.

Kategorie 2:

Die so wichtig waren, dass, wenn ich nicht sofort reagiere, die Welt aufhört sich zu drehen. Ich komme zur Baustelle und das Problem hat sich in 90% der Fälle bereits erledigt, oder es bedarf einer kleinen Gedankenanstrengung, um es final zu lösen.

Häufigkeit ca. 29 %, großer Zeitaufwand durch Unterbrechung, Ablenkung, Verunsicherung aller Beteiligten.

Kategorie 3:

Es ist wirklich was passiert, die Gasleitung wurde beschädigt, die Feuerwehr evakuiert die Nachbargebäude, es wäre gut, wenn Sie schnell kommen könnten.

Häufigkeit ca. 1 %, Zeitaufwand im Einzelfall zwar hoch, aber extrem selten.

Die Kategorien können fast auf jedes Umfeld übertragen werden. Warum nehmen die meisten Menschen in Kauf, von jeder Kleinigkeit gestört zu werden?

Durch die vielen Mitteilungen und die damit verbundene ständige Beschäftigung erweckt man bei anderen den Eindruck von Wichtigkeit. In unserer Businessgesellschaft gilt immer noch: wer viel tut, ist wichtig, wer nicht viel zu tun hat, muss wenigstens so tun als ob. Das meinen zumindest die, die noch gerne weiter Karriere machen möchten, und diejenigen, mit denen sie meistens zu tun haben. Wer beschäftigt ist, ist wichtig und wer wichtig ist, ist unverzichtbar und verdient mehr. Häufig verdienen diese Personen auch mehr, aber die Frage ist: zu welchem Preis? Was tatsächlich hinter diesem Verhalten und dem unglaublichen Drang nach Geltung steckt, dazu später mehr im Kapitel „Verhaltensmuster aus der Kindheit".

Wir sollten schnell lernen, diese Unterbrechungen und diese ständige Erreichbarkeit so zu kanalisieren, dass genügend Platz und Energie für uns und unsere Ziele bleibt. Verweisen Sie – nicht unhöflich, aber bestimmt – auf festgelegte Zeiten, in denen Sie für Fragen zur Verfügung stehen. Auch das sind aktive Filter, die Ihnen Zeit für konzentrierte Arbeit verschaffen.

Negative Nachrichten

Negative Informationen nehmen uns Energie. Energie, die wir für Neuerungen, für Ideen und ihre Umsetzung dringend brauchen.

Unsere Ohren beispielsweise sind immer aktiv, sie nehmen alles auf, rund um die Uhr. Zum Glück haben wir aber Systeme wie das „selektive Hören". Unser Gehirn prüft alle eintreffenden Informationen und Geräusche und entscheidet, ob diese wichtig oder unwichtig für uns sind. Auf das Wichtige folgt eine entsprechende Reaktion, das Unwichtige bleibt unbeachtet. Beim Schlafen lässt es uns das leiseste, unbekannte Geräusch sofort als Gefahr erkennen und lässt uns wachsam werden. Vertraute und teilweise viel lautere Geräusche holen uns jedoch nicht aus dem Schlaf.

Das selektive Hören funktioniert natürlich auch, wenn wir wach sind. Ob wir jetzt bewusst oder unbewusst Geräusche wahrnehmen, unser Gehirn wird aktiviert und wir verbrauchen Energie. Das passiert bei guten und schlechten Geräuschen ebenso wie bei guten oder schlechten Nachrichten. Der Unterschied ist nur: schlechte Nachrichten schlagen uns zusätzlich noch auf die Stimmung, auch unterbewusst. Bestimmte Wörter wie „Krieg", „Mord", „Betrug", „Hungersnot", „Steuererhöhung" etc., die im Hintergrund im Radio laufen, belasten unsere Stimmung, obwohl wir sie uns nicht bewusst machen. Sie nehmen uns Euphorie und Begeisterung, sie zeigen uns überall Grenzen, Gefahren und Nachteile auf.

Die Augen sehen täglich Bilder von Leid und Schrecken, Europa ist inzwischen zur Festung ausgebaut, und wir fühlen uns von Süden und Osten durch Flüchtlingsströme bedroht. Angst vor Kriegen, vor Flüchtlingen, Angst um den Arbeitsplatz, um die Kinder. Mord und Totschlag, Betrug und Bestechung. Immer niedrigere Zinsen auf Erspartes, Unsicherheit bezüglich der Rente und steigende Steuern und Lebenshaltungskosten schüren zusätzlich die Angst vor der Zukunft. Die Zweiklassengesellschaft wird mit Nachdruck und aller Macht zementiert. Diese Situation beunruhigt uns alle, egal wie viel Geld wir auf dem Konto haben. Diese negativen Szenarien werden uns täglich mehrmals in verschiedenen Formen präsentiert. Kein Wunder also, dass einem da oft Hören und Sehen vergeht. Der Anstieg von Tinnitus und Sehstörungen könnte ein Hinweis sein, dass hier viele Dinge nicht gut laufen.

Wollen Sie sich das antun, ständig negative Nachrichten und Informationen zu konsumieren, nur um „informiert zu sein" und „mitreden zu können"? Mitreden auf Grundlage von Informationen, die häufig sehr subjektiv dargestellt sind und auf die Sie kaum reagieren können, außer indem Sie sich noch mehr Sorgen machen?

Positive Nachrichten

Angst ist wichtig, solange sie uns nicht lähmt und wir nicht wie das Kaninchen vor der Schlange sitzen. Gehen wir der Schlange doch besser soweit wie möglich aus dem Weg. Es gibt nämlich auch gute Nachrichten, nur lassen sich diese nicht so gut verkaufen, darum sind sie in der Unterzahl.

Sehen wir die guten Nachrichten, wie beispielsweise: wir haben in Deutschland keinen Krieg, wir haben mit dem Internet ein

Informationssystem, das es uns ermöglicht, in Sekundenbruchteilen die ganze Welt zu erreichen. Manipulation und Betrug können viel schlechter geheim gehalten werden als früher. Kinder haben zumindest in Europa mehr Rechte und Chancen als dies jemals in der Geschichte der Fall war. Tierschutz und Umweltschutz sind öffentliche Themen, zwar noch schwach, aber immerhin. Wir haben die Möglichkeit, Ärzte aufzusuchen, und müssen keinen Hunger leiden.

Ich habe mich entschieden, fast keine Nachrichten mehr zu sehen, fast überhaupt nicht fernzusehen und nur einmal pro Woche Zeitung zu lesen. Ein paar Informationskanäle im Internet, von denen ich mich gut informiert fühle, und das war's.

Es war mir zu energie- und zeitaufwendig, mich täglich, ja stündlich mit Informationen füttern zu lassen, die mir nichts bringen, für die ich nichts kann und an denen ich im Moment auch nichts ändern kann.

Das ist ein Schritt hin zu dem Satz:

> *„Herr, lass mich das ändern, was ich ändern kann,*
> *lass mich das hinnehmen, was ich nicht ändern kann,*
> *und lass mich immer besser darin werden, das eine*
> *vom anderen zu unterscheiden.“* Reinhold Niebuhr

Das, was ich höre und sehe, kann ich zum großen Teil ändern. Es ist jedoch eine große Herausforderung, gegen den Strom zu schwimmen. Es ist auch nicht immer von Erfolg gekrönt, und viele geben auf und drehen um. Jedoch kann ich aus eigener Erfahrung sagen: in dem Moment, in dem Sie die Gründe für Ihr reduziertes Konsumverhalten in Bezug auf Informationen so stark verinnerlicht haben und Sie selbst an sich, Ihre Ziele und Ihren Weg glauben, werden Sie das durchziehen. Kümmern Sie sich nicht darum, wie andere mit ihrer Zeit umgehen, achten Sie auf **Ihre** Zeit, schützen Sie diese, und entscheiden Sie, wie wertvoll sie für Sie ist.

Ihre Zeit ist mehr wert als Gold, und je älter Sie werden, desto stärker steigt der Wert. Investieren Sie also jetzt in Ihre Zeit und nutzen Sie sie für **Ihre** Ziele. Es ist die beste Anlage, die Sie wählen können, und es ist ein wunderbares Gefühl, es getan zu haben.

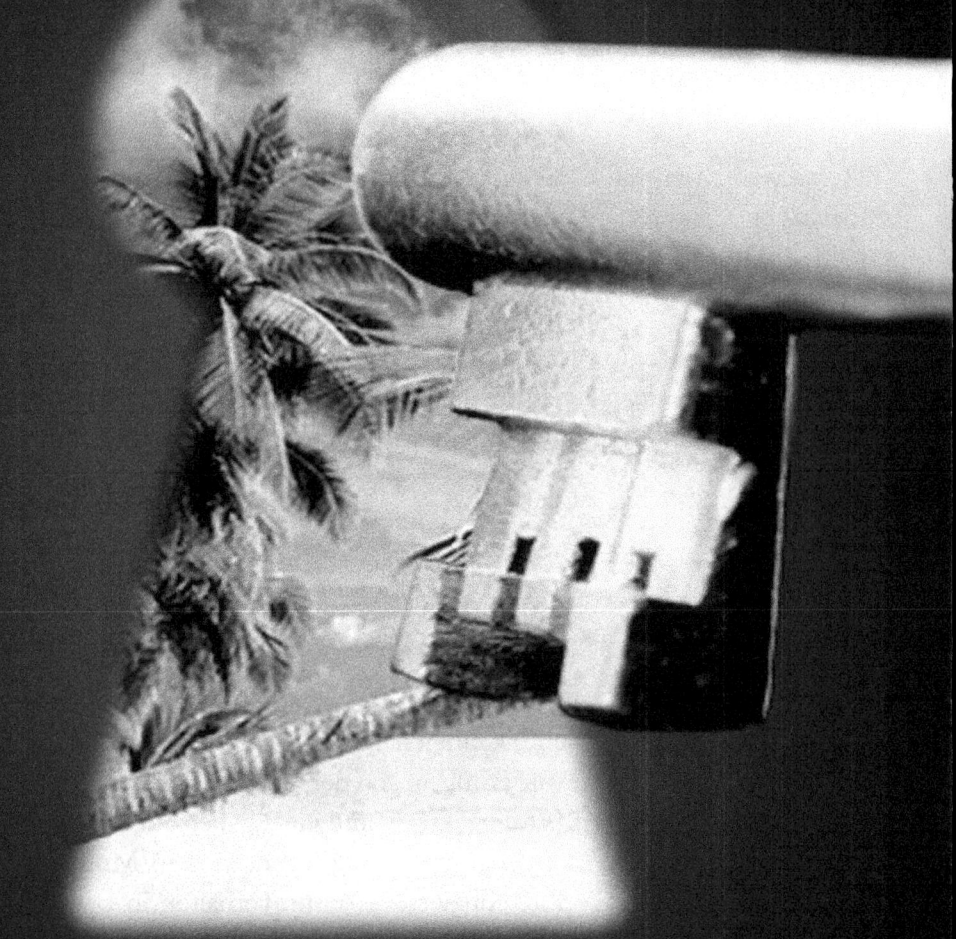

SCHLÜSSEL 18

VERHALTENSMUSTER AUS UNSERER KINDHEIT AUFLÖSEN

Wir hatten im Kapitel „Körperliche Verfassung / Versteckte Energie entfesseln" darüber gesprochen, dass sich bestimmte Stimmungen und die damit verbundenen Gefühle – seien es Kreativität, Entspannung oder Selbstbewusstsein – gemeinsam mit bestimmten Geräuschen und Bewegungen abspeichern lassen. Diese Verbindung wird im Unterbewusstsein abgelegt und durch einen definierten Auslöseimpuls zu einem gewünschten Zeitpunkt wieder an die Oberfläche geholt. Sämtliche damit in Zusammenhang stehenden Emotionen versetzten uns körperlich und geistig schlagartig in diesen Zustand. So können wir „auf Befehl" selbstbewusst auftreten, wann immer wir es brauchen. Wir müssen nicht einmal Lust verspüren, in den Zustand zu kommen, wir müssen lediglich den „Knopf" drücken. Wir führen einfach die abgespeicherte Bewegung aus oder hören die Musik, die wir damals mit abgespeichert haben.

Diese Funktionalität ist wunderbar, solange wir wissen, was wir tun, und dieses bewusst für uns einsetzten. Ohne diese Funktion würde es die Menschen wahrscheinlich gar nicht mehr geben, denn ursprünglich dürfte sie als Überlebensstrategie entwickelt worden sein. Sie umfasste das sofortige Reagieren auf Gefahren und das sofortige Erkennen und Anwenden der Erfahrung, sollte diese Gefahr erneut auftreten. Um die Situation wiederzuerkennen, wurden alle im Zusammenhang mit dieser Gefahr auftretenden Geräusche, Gerüche, Lichtverhältnisse, Temperaturen und alles, was sonst noch relevant sein konnte, abgespeichert. Tritt nun zu einem anderen Zeitpunkt beispielsweise genau dieses Geräusch in Zusammenhang mit diesem Geruch auf, dann bedeutet das: Gefahr! Vorsicht! Angriff! – oder was auch immer man damals erfahren hat.

Als ich ein Schüler war, versuchte mein Vater mir am Abend die Mathematik-Hausaufgaben zu erklären. Diese Prozedur fand immer in der Küche statt. Ich saß da, hörte zu. Die Küchenuhr tickte im Hintergrund, ich kapierte wenig, wurde immer gereizter. Ich war müde, die Uhr tickte, nur die mäßig helle Küchentischlampe beleuchtete den Tisch, ich konnte nicht ansatzweise den Erklärungen folgen und wurde dadurch schließlich so grantig und aggressiv, dass mein Vater irgendwann frustriert aufgab. Ich ging mit dem Gefühl ins Bett, es eh nicht zu kapieren, und in dem Glauben, ich sei nicht gut genug. Am nächsten Tag ging dasselbe Spiel von vorne los. Ich habe das im Laufe der Jahre vergessen. In Mathematik bin ich nie ein Genie geworden, was mich aber auch nicht stört.

Jahrzehnte später sitze ich mit meiner Frau in unserer eigenen Küche am Esstisch, draußen ist es schon dunkel, und sie versucht, mir irgendwelche juristischen Sachen zu erklären. Ich bin schon müde, die Küchenuhr tickt. Ich verstehe so gut wie nichts von dem, was sie mir erklären will. Ich merke aber, wie ich immer ärgerlicher werde und nach kurzer Zeit äußerst aggressiv reagiere. Diese Situation wiederholt sich immer wieder, bei verschiedenen Themen, auch bei solchen, die ich verstehe. Trotzdem enden viele „Besprechungen" unter diesen Rahmenbedingungen im Streit. Der kleinste vermeintliche Impuls, der mir suggeriert, ich sei nicht gut genug, löst sofort Aggressionen vom Feinsten aus. Sind wir in anderen Räumlichkeiten oder im Freien, dann ist der Schwellenwert für Ärger und Streit viel höher, als wenn wir am Abend, in der Küche, beim Ticken der Uhr miteinander sprechen.

Der Zusammenhang war mir lange nicht bewusst, und ich kam erst darauf, als ich begann, mich mit dem Thema meiner eigenen Muster auseinanderzusetzen.

Die optimalen Rahmenbedingungen für mein Verhalten sind die Küche, eine tickende Küchenuhr und die abendliche Beleuchtung. Der Auslöser ist ein Gedanke, ein Wort, das ich für mich interpretiere als: „Ich bin nicht gut genug", was mich in einen Zustand des Ärgers und der Aggressivität versetzt, den ich in meiner Kindheit mit diesen Rahmenbedingungen verknüpft habe. Das ist die vermeintlich negative Seite von Mustern unserer Kindheit.

Wie erkennen wir störende Muster?

Beobachten Sie sich selbst. Wie würden Sie sich beschreiben? Schreiben Sie drei Ihrer typischen Reaktionen auf, die sie stören. Es sollten

Reaktionen sein, die mehrmals in der Woche vorkommen. Anhand der Reaktion werden wir versuchen, die zugrunde liegenden Muster, die abgespeicherten Szenarien herauszufinden.

Wie reagieren Sie? Werden Sie aggressiv, bekommen Sie Angst oder fliehen Sie und sagen nichts mehr? Unter welchen Umständen werden Sie traurig, gereizt oder frustriert?

Schreiben Sie weiter auf, was in den letzten zwei Minuten vor Beginn der Reaktion alles passiert ist, beschreiben Sie die Rahmenbedingungen so genau wie möglich. Wo sind Sie, ist es Abend oder Morgen, kommen Sie gerade von der Arbeit zurück, ist es beim Fernsehen, schreien die Kinder, oder müssen Sie etwas Unangenehmes erledigen? Was wurde gesprochen oder nicht gesprochen? Beispielsweise kommen Sie gut gelaunt nach Hause, sperren die Haustüre auf und rufen „Hallo" durchs Haus. Niemand antwortet, obwohl es jeder gehört haben muss. Welches Gefühl steigt in Ihnen hoch, welche Reaktion löst es aus? Schreiben Sie für jede der drei Reaktionen die Rahmenbedingungen auf.

Ich bin sicher, Ihnen werden viele Situationen einfallen, bei denen immer sehr ähnliche Umstände der Auslöser für Ihre Reaktion waren. Wenn dem so ist, ist das schon ein entscheidender Schritt zur Lösung. Sie haben sich bewusst gemacht, was Sie in diese Stimmung versetzt, und können darauf achten, diese Rahmenbedingungen künftig zu vermeiden. Das soll nicht bedeuten, Sie sollen nach der Arbeit nicht mehr nach Hause kommen. Aber vielleicht verzichten Sie auf den pauschalen Ausruf „Hallo!", und gehen zu jedem einzeln hin und begrüßen sie oder ihn mit einer herzlichen Umarmung. Ich beispielsweise vermeide abendliche Besprechungen in der Küche, wenn im Hintergrund eine Uhr tickt.

Wie können wir Muster verändern oder auflösen?

Das Meiden von Umständen und Situationen ist natürlich nicht immer möglich, vor allem dann nicht, wenn andere Personen beteiligt sind. Wir können ihnen ja kaum untersagen, bestimmte Worte zu verwenden, weil dadurch bei uns etwas ausgelöst wird, das nicht zu guter Stimmung beiträgt. Ich möchte Ihnen eine Möglichkeit beschreiben, die ich von

Anthony Robbins, einem amerikanischen Persönlichkeitstrainer, erlernt habe. Woher dieser sie hat, kann ich nicht sagen, jedoch darf ich bezüglich einiger meiner Muster sagen: es funktioniert.

Wenn Sie die Szene erkannt haben, können Sie diese umgestalten. Verändern Sie die Bilder in Ihrer Vorstellung, bringen Sie andere Töne, Farben und Formen hinein. Verändern Sie die Betrachtungsgeschwindigkeit und die Filmrichtung.

Was ist damit gemeint? Überschreiben Sie die gespeicherten Vorgänge. Im Webbrowser ist das mit dem Befehl „Cookies löschen" getan.

Versetzen Sie sich in die Szene, die der unerwünschten Reaktion zugrunde liegt. Visualisieren Sie die Umgebung und hören Sie die Worte, die damals gesprochen wurden. Jetzt beginnen Sie damit, das Ganze zu verändern, und zwar je verrückter, desto besser. Blenden Sie lustige Musik dazu ein, sehen Sie alles in Hellblau, die Worte werden mit Comicstimmen gesprochen, die Menschen tragen Wikingerkleidung und grüne Bärte bis zum Boden. Die ganze Szene wird von gackernden Hühnern kommentiert und übertönt. Lassen Sie den Film vor Ihrem geistigen Auge vorwärts und rückwärts, langsam und schnell und immer schneller ablaufen. In den verrücktesten Farben, Formen und Geräuschen. Machen Sie das so lange, bis Sie darüber schmunzeln müssen. Zerstören Sie das abgespeicherte Datenpaket dieser Szene, das Sie immer wieder zu einer ungewollten Reaktion gezwungen hat, indem Sie es ins Lächerliche ziehen. Je emotionaler Sie das tun, je mehr Sie Körper, Geist und Seele einbeziehen, desto besser wird die Szene aufgelöst.

Wiederholen Sie den Vorgang zehn bis fünfzehn Mal schnell hintereinander. Sie können überprüfen, ob die Daten überschrieben sind, indem Sie an die Szene von damals denken. Wenn Ihnen die Bilder Ihres Kopfkinos in den Sinn kommen und ein Schmunzeln auf Ihre Lippen zeichnen, war die Aktion erfolgreich.

Kurzfristig können Sie die Visualisierung mit einer Methode üben, die eine Bekannte von mir in Besprechungen anwendet. Einer der Besprechungsteilnehmer hatte sie und ihre Kollegin durch seine aggressive und spitzfindige Art sehr häufig zur Weißglut gebracht. Es wurden oft sehr emotionale und unproduktive Besprechungen. Die Damen griffen zu drastischen Mitteln und manipulierten ihre eigene Sichtweise. Immer wenn der Kollege sprach, stellten sie sich ein Kondom auf seiner Nase vor. Meine Bekannte erzählte mir, mit vor Lachen tränenden Augen, wie amüsant die Besprechungen für sie und ihre Freundin plötzlich geworden seien. Sie waren dadurch nicht mehr in der Lage, dem Kollegen strenge Blicke zuzuwerfen, sondern konnten ihm nur noch mit einem verschmitzten Lächeln ins Gesicht blicken. Dies führte, so wurde mir berichtet, bei ihm zu sofortiger Reduktion der Aggressivität, und die Besprechungen wurden sachlich und produktiv.

Das war nur ein kurzer Anriss, der zeigen soll, wie Ablenkungen in uns schlummern und uns auch völlig überraschend in unerwünschte Stimmungslagen bringen können. Er macht deutlich, wie wir auf äußere Umstände und Signale reagieren, ohne es zu wollen, und wie unglaublich langfristig und intensiv wir dadurch beeinflussbar sind.

Achten Sie vor allem dann darauf, wenn Sie häufig in den gleichen Zustand verfallen, obwohl kein gravierender Grund dafür vorliegt.

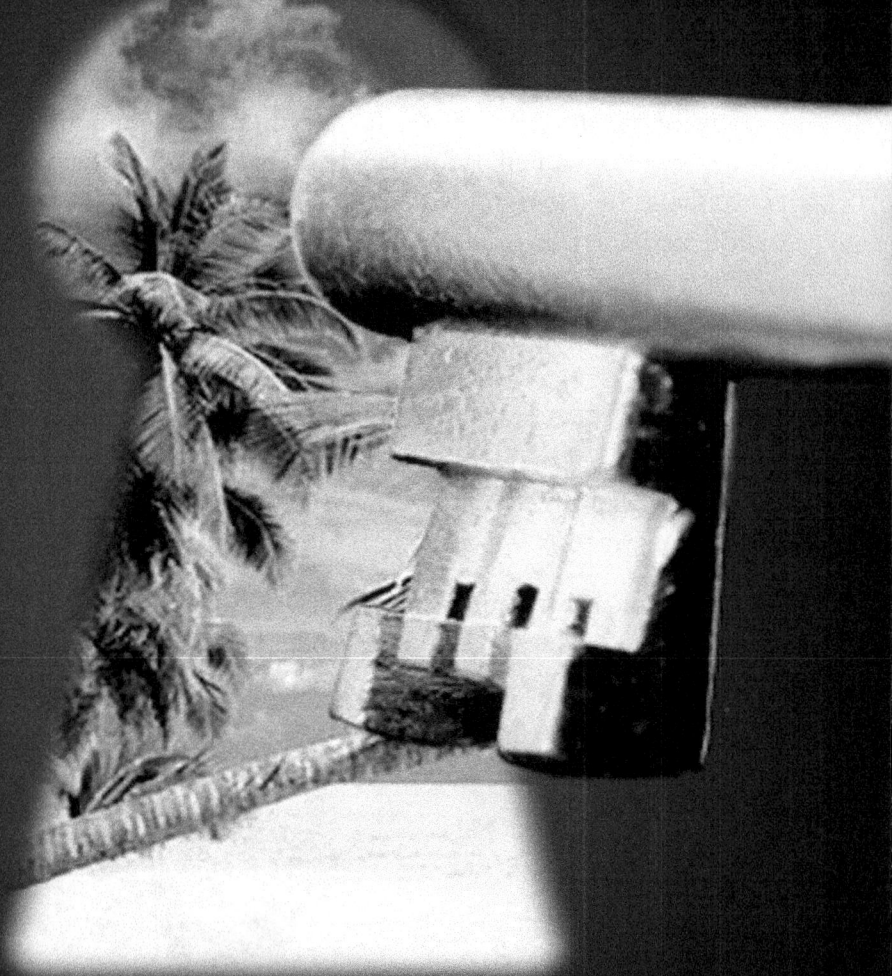

SCHLÜSSEL 19

SICHERN SIE IHRE ENERGIEVERSORGUNG

„Auf die Dauer hilft nur Power" lautete früher ein Werbeslogan. Ohne Antriebsenergie nutzt uns alles nichts, aber ohne die vorhergehenden Maßnahmen bringt uns die Power auch nicht viel, weil sie wirkungslos verpufft. Wie so oft ist es die Kombination der Einzelteile, die den Erfolg ausmacht. Daher ein paar Worte zur Energieversorgung.

Ernährung

Die Lebensmittel, die wir zu uns nehmen, heißen so, weil sie unsere Mittel zum Leben sein sollen. Leider haben inzwischen die meisten essbaren Produkte den Namen „Lebensmittel" nicht mehr verdient. Die Gründe hierfür zu diskutieren und auszuführen, würde uns nicht weiterbringen. Für uns ist es wichtig, auf die Lösung zu fokussieren, und diese kann wiederum nur in unserem eigenen Bewusstsein und entsprechendem Handeln liegen.

Diabetes, Herzinfarkt, Schlaganfall, Bluthochdruck, Krebs oder Nervenleiden... Wer nicht selbst betroffen ist, kennt zumindest jemanden, der unter diesen oder ähnlichen Krankheiten leidet. Die Anzahl der Fälle nimmt dramatische Ausmaße an. Eine Ursache der meisten Krankheiten liegt in der Qualität und der Zusammensetzung des „Treibstoffes", den der Mensch verwendet. Der Mensch ist von Grund auf abwehrstark, vital, leistungsfähig und lebensfroh, wenn seine Versorgung mit Nährstoffen gewährleistet ist. Eiweiß, Fette, Kohlenhydrate, Vitamine, Mineralstoffe, pflanzliche Sekundärstoffe und Spurenelemente – diese Stoffe sind Bausteine für eine solide Gesundheit. Fehlt einer dieser Bausteine dauerhaft, ist es leicht vorstellbar, dass das Gesamtsystem darunter leidet bzw. bei Belastung zusammenbricht.

Stellen Sie sich ein Haus vor, bei dem die Heizung fehlt. Im Sommer, bei angenehmen Temperaturen, ist das kein Problem. Unangenehm wird es im Winter, ohne Wärmequelle ist das Haus nicht bewohnbar. Zusätzlich frieren die Wasserleitungen ein und gehen kaputt. Wasser tritt aus den Leitungen und durchfeuchtet das Mauerwerk. Beim nächsten Frost platzt an feuchten Stellen der Putz ab, somit fehlt die Schutzschicht für das Mauerwerk bei sommerlichem Starkregen. Die Wände werden noch nasser, Schimmel bildet sich... Alles nur wegen eines „Bausteins". Im Körper ist das ähnlich, wir merken es einfach nicht sofort, wenn uns ein Baustein unter vielen fehlt. Wir nehmen es erst wahr, wenn Symptome wie Erschöpfung und oder Anfälligkeit für Verletzungen auftreten. Die Unausgewogenheit der Ernährung, das Fehlen lebensnotwendiger Inhaltsstoffe und eine schlechte Balance zwischen Aktivzeiten und Erholungsphasen bedeuten meist eine Gratwanderung zwischen „gerade noch aushalten" und einem Burn-out-Syndrom.

In unseren Lebensmitteln sind kaum noch die Inhaltsstoffe in ausreichender Menge enthalten, die wir zur Erhaltung und Wiederherstellung unserer Gesundheit brauchen. Der Bedarf kann nur durch qualitativ hochwertige und möglichst naturbelassene Lebensmittel gedeckt werden. Insbesondere in Stresssituationen oder in Regenerationsphasen nach einer Krankheit hat unser Körper einen erhöhten Bedarf an allen Nährstoffen. Doch wie schonend gehen wir in dieser Regenerationsphase mit uns um? Wir müssen das aufholen, was liegen geblieben ist und geben häufig noch mehr Gas als sonst.

Wie schon erwähnt: wir können nur verbessern, was wir messen können. Im Blut spiegelt sich unser Gesundheitszustand wider. Um zu erfahren, ob uns ein Baustein fehlt oder ob einer „schwächelt", benötigen wir ein aussagekräftiges Blutbild. Blut hat viele Aufgaben im Körper. Es transportiert Sauerstoff und Nährstoffe zu den Organen, es sorgt für den Rücktransport von Abbauprodukten des Stoffwechsels und es unterstützt die Abwehr von Giften und Krankheitserregern. Bei Verletzungen zum Beispiel stoppen die Blutplättchen blitzschnell die Blutung. Lassen Sie die wichtigsten Bausteine wie beispielsweise Magnesium, Omega-3-Fettsäuren, Vitamin D, Selen, Eisen, Cholesterin und Eiweiß mindestens einmal im Jahr kontrollieren. Dasselbe gilt für Ihren PH-Wert. Gehen Sie dafür zu einem Spezialisten Ihres Vertrauens.

Nehmen Sie die gesunde Ernährung bitte nicht auf die leichte Schulter. Denn ohne eine sehr gute Energieversorgung und -verteilung im Körper tun wir uns alle schwer, unseren Zielkurs in anstrengenden Zeiten beizubehalten. Auch Krankheit ist eine Form der Ablenkung, der wir in vielen Bereichen entgegenwirken können.

Denken Sie an Ihr Auto: besuchen Sie die Werkstatt erst, wenn überhaupt nichts mehr geht? Fahren Sie mit abgefahrenen Reifen und abgenutzten Bremsen in den Familienurlaub und ignorieren Sie dabei die rot leuchtende Ölwarnlampe? Oder bringen Sie Ihr Fahrzeug regelmäßig in eine Fachwerkstatt, lauschen Sie den kleinsten Geräuschen und legen Wert auf Qualitätsersatzteile? Selbstverständlich ist Ihnen das beste Öl gerade gut genug und Sicherheit für alle steht an höchster Stelle. Für den Fall, dass trotzdem noch etwas schiefgeht, liegt der ADAC-Schutzbrief im Handschuhfach.

Wie verfahren Sie mit Ihrer eigenen Gesundheit? Auch
hier sollte gelten: „Vorsorge vor Sorge!"

Pausen

Ständig unter Vollgas zu laufen, ist für niemanden langfristig sinnvoll. Zum einen nimmt bei dauerhafter Überbeanspruchung die Leistungsfähigkeit ab, zum anderen nehmen die gesundheitlichen Risiken zu. Der Begriff Burn-out ist in aller Munde, die Ausfallzeiten steigen, die durchschnittliche Krankheitsdauer nimmt zu, der Schaden für Menschen und Unternehmen wird immer größer.

Ein Hauptgrund dafür sind nicht kurzfristige Höchstleistungen, sondern es ist die dauerhafte Überlastung in mehreren Bereichen gleichzeitig. Beruflicher Druck und Überstunden, Schulprobleme der Kinder, finanzielle Engpässe trotz Vollbeschäftigung, Unsicherheit in Bezug auf die eigene Zukunft und nicht zuletzt Zweifel daran, ob unser Leben in die richtige Richtung läuft. Sie kennen bestimmt noch viele andere Dinge, die Sie belasten. Vielleicht sind es die Eltern, die Pflege brauchen, oder die Beziehung, die durch Stress massiv in Mitleidenschaft gezogen wird.

Wie gelingt es uns dennoch, uns etwas Luft zu verschaffen? Untersuchungen haben gezeigt, dass kurze, aber regelmäßige Pausen die Leistungsfähigkeit und auch die Effektivität der Arbeit stark verbessern. Probieren Sie es aus, es ist ganz einfach und zeigt sofort Wirkung. Egal was Sie gerade machen, leisten Sie sich jeweils nach fünfzig Minuten und nach Abschluss einer jeden Aufgabe für fünf Minuten eine Auszeit. Damit ist nicht gemeint, mit den Kollegen zu diskutieren oder schnell die privaten E-Mails zu checken. Es sind fünf Minuten, in denen Sie ruhig die Augen schließen können und sich nur auf Ihre Atmung konzentrieren dürfen. Wenn es möglich ist, legen Sie sich auch kurz flach hin und lassen Sie gedanklich den Druck abfließen. Auch bei komplexen Herausforderungen und Planungen werden Sie dadurch nicht aus dem Konzept geworfen. Oft ist es so, dass Sie mit dieser Methode auf neue, gute Gedanken kommen, ohne dass Sie bewusst danach gesucht haben.

Es ist in unserer Gesellschaft ungewöhnlich, nur für sich sein zu wollen, und das regelmäßig. Wir haben meist das Gefühl, in dieser Zeit nichts zu tun, aber diese Zeit ist unglaublich wertvoll und verbessert die Qualität unserer täglichen Arbeit wesentlich. Es soll nicht bedeuten, dass damit all Ihre Probleme gelöst sind, aber Sie nehmen mehrmals am Tag den Fuß bewusst vom Gas und helfen somit Ihrem Körper und Geist, zumindest kurz durchzuatmen und sich zu regenerieren. Trainieren Sie sich an, das wirklich jeden Tag mehrmals zu machen. Ihre Zeit wird damit übrigens nicht knapper, sondern im Gegenteil, Sie werden sehen: durch die Pausen steigt Ihre Produktivität. Privat können Sie die zusätzlich gewonnene Zeit und Energie sofort für angenehme Dinge einsetzten. So kommen Sie Schritt für Schritt in einen guten, entspannten – und gerade deshalb sehr produktiven – Zustand, der Ihnen nicht an die Substanz geht.

Kontrollieren Sie noch einmal Ihren Terminplan für das nächste Projekt, ob Sie auch wirklich die Pausenzeiten als feste Bestandteile eingeplant haben.

Müdigkeit

*Müdigkeit kommt häufig vom fehlenden Sinn einer
Beschäftigung.*

Der Sinn, den wir unserer Aufgabe zuordnen, ist entscheidend dafür, wie
leistungsfähig wir sind. Wenn wir in einer Sache keinen Sinn erkennen,
geht sie uns nur schwer von der Hand. Wir sind die einzigen, die unseren
Aufgaben einen Sinn geben können.

Wenn es für Sie Sinn hat, eine herausragende Präsentation zu gestalten,
mit der Sie begeistern können, werden die Stunden wie im Flug vergehen.
Sie arbeiten und feilen bis ins letzte Detail und haben Freude daran.
Keine Spur von Müdigkeit. Sollen Sie aber eine endlose Liste abarbeiten,
deren Aufgaben aus Ihrer Sicht ohnehin sinnlos sind, werden Sie im
Minutentakt auf die Uhr blicken und vor Müdigkeit kaum die Augen
offenhalten können.

Geben Sie Ihren Aufgaben Sinn! Finden Sie Gründe, warum gerade diese
Aufgabe wichtig ist. Das bedeutet im Endeffekt nichts anderes, als sich
den gewünschten Endzustand und seine Annehmlichkeiten im Voraus
vorzustellen. Aufgaben haben dann einen Sinn, wenn sie in unseren Augen
zu einer Verbesserung der Situation führen. Überprüfen Sie anhand der
vorhergehenden Kapitel, wie diese Aufgaben zu Ihren Zielen passen und
wie sie Ihnen vielleicht helfen können, Ihre Ziele zu erreichen.

Sicher liegen viele Arbeiten nicht genau auf dem Weg zu Ihrem Ziel,
das macht auch nichts, solange es sich nur um kleine Abweichungen
und nicht um komplette Kurswechsel handelt. Unzufriedenheit und
Müdigkeit kommen dann auf, wenn wir das Gefühl haben, andauernd
Arbeiten zu machen, die für uns nicht zielführend sind. Das sind dann
auch Zeichen, sich Gedanken darüber zu machen, wie die Situation zu
ändern ist. Vielleicht ist es an der Zeit, mit dem Chef zu sprechen und
über eine andere Aufgabe zu diskutieren. Nur wer sagt, was er will, hat
auch die Chance es zu bekommen. Lesen Sie ruhig noch mal das Kapitel
zum Thema „Worauf beruht unser Selbstbewusstsein?", bevor Sie zum
Chef stürzen.

Wasser – Elixier des Lebens

„Wo Wasser ist, ist Leben", das hat vor vielen Jahren ein tunesischer Beduine zu mir gesagt. Ich war vierzehn Jahre alt und auf meiner ersten Afrikareise, damals noch mit meinen Eltern. Die Worte haben sich mir eingebrannt, und erst im Laufe der Zeit wurde mir immer bewusster, wie wichtig Wasser tatsächlich ist. Weil wir hier in Bayern über die Maßen viel und noch dazu gutes Wasser haben, denken wir oft nicht daran, dass es anderswo knapp sein könnte. Wir haben kaum Bezug zu der Flüssigkeit, die klar und kühl aus der Leitung rauscht. Doch sie ist es, die uns Reichtum und Wohlstand ermöglicht. Alle bedeutenden Städte sind an Flüssen gebaut worden, an den Lebensadern der Erde, wie Viktor Schauberger sie nennt. Die Hochkultur Ägyptens entwickelte sich dank der Lebensader Nil. Leider wird das Wasser von uns nicht mehr als das lebenspendende Wunder angesehen, das es tatsächlich ist. Masuru Emoto hat mit Wasserkristallfotografien nachgewiesen, dass Wasser durch Musik und Gedanken in seiner Struktur beeinflusst werden kann. Er zeigt in seinen Büchern harmonische Kristallformen, die beispielsweise mit Mozartkompositionen beschallt wurden, oder klumpenförmige Strukturen aus Trinkwasserreservoirs, die Umweltbelastungen ausgesetzt sind. Die Auswirkung der Wasserqualität auf den menschlichen Organismus ist schon anhand der Bilder gut vorstellbar.

Lange wurde Emoto, wie auch Viktor Schauberger, für seine Arbeit belächelt. Inzwischen aber forscht die Wissenschaft nach Erklärungen für diese Phänomene und Emoto wird als Gastredner zu vielen wissenschaftlichen Veranstaltungen eingeladen. Es lohnt sich für jeden, sich mit dem Thema Wasser auseinanderzusetzen, denn Wasser ist mehr als H2O. Der Mensch besteht nun mal zu 70% aus Wasser und somit ist leicht nachzuvollziehen, dass die Qualität unseres Trink- und Kochwassers großen Einfluss auf unseren Körper hat. Versuchen Sie, viel gutes Wasser zu trinken, nach Möglichkeit nicht aus Plastikflaschen.

Zu erläutern, was unter gutem Wasser zu verstehen ist, würde den Rahmen diese Buches sprengen, aber wenn Sie bereit sind, etwas andere Gedanken zuzulassen (und das sind Sie, sonst hätten Sie dieses Buch nicht bis hierher gelesen), dann empfehle ich Ihnen, sich die oben genannten Autoren genauer anzusehen.

Des Weiteren lohnt es, sich Gedanken über die „Macht des Wassers" zu machen.Wasser ist bereits der Grund für Kriege und Auseinandersetzungen – und wird es künftig noch häufiger sein. Das Bestehen des Lebens auf der Erde und somit unser aller Leben ist vom Wasser abhängig. Hier können wir noch Einfluss in unserem Sinn und im Sinne unserer Kinder und aller folgenden Generationen nehmen. Googeln Sie beispielsweise den Begriff „Privatisierung der Wasserversorgung" – Sie werden staunen.

Elektrosmog

„Um möglichen gesundheitlichen Risiken vorzubeugen, empfiehlt das BfS, die persönliche Strahlenbelastung durch eigene Initiative zu minimieren." (BfS: Bundesamt für Strahlenschutz)

Aber wie? Was ist Elektrosmog eigentlich? Das Wort Smog ist eine Kombination aus den englischen Wörtern smoke (Rauch) und fog (Nebel). Es handelt sich also um einen elektrischen Rauchnebel. Ein Gemisch aus elektrischen, magnetischen und elektromagnetischen Feldern. Oder Strahlung, von der – in den Augen der Mobilfunknetzbetreiber unverschämterweise – behauptet wird, sie könnte negative Auswirkungen auf den menschlichen Organismus haben.

Elektrosmog ist eine Nebenerscheinung der Globalisierung, so wie es die radioaktive Strahlung bei der Energiegewinnung durch Kernspaltung war und immer noch ist. Beides sieht, riecht, schmeckt und spürt man nicht. Unsere normale Reaktion darauf ist: was ich mit meinen Sinnen nicht erfassen kann, gibt es nicht oder es tut mir nichts.

Viele Menschen haben sich darüber noch keine weiterführenden Gedanken gemacht. Ähnlich wie beim Thema Wasser sollen hier nur ein paar Denkanstöße gegeben werden.

Zu meinem Verständnis von Elektrosmog gehört, dass die Leistung der Elektrosmog erzeugenden Geräte um ein Vielfaches höher ist als die der bioelektrischen Funktionen der menschlichen Zellen. Die

Frequenz des Mobilfunks allerdings ist derjenigen der Zellschwingung in unserem Körper sehr ähnlich und liegt im Gigahertz-Bereich. Das bedeutet mehrere Milliarden Schwingungen pro Sekunde. Ich kann mir also leicht vorstellen, dass Systeme mit ähnlichen Frequenzen sich gegenseitig beeinflussen. Zum Vergleich: der Strom aus der Steckdose hat 50 Hertz, was 50 Schwingungen pro Sekunde bedeutet. Hinzu kommt der Leistungsunterschied. Eine menschliche Zelle arbeitet mit einer Leistung von ca. 0,001 Watt, wohingegen die Sendeleistung von Smartphones bei ca. 1–2 Watt liegen kann. Das ist gut das Tausendfache der Leistung, bei gleicher Frequenz, direkt am Kopf. Wer nun auf wen Einfluss nimmt, erscheint mir auch klar. Ich stelle mir in diesem Zusammenhang vor, was passieren würde, wenn eine normale Glühlampe direkt an eine Mittelspannungs-Überlandleitung mit mehreren tausend Volt angeschlossen wird. Mit Sicherheit würde nichts von der Glühlampe übrig bleiben. Zudem kommt für den Organismus erschwerend hinzu, dass die Datenpakete in sehr abgehackten Impulsen auf uns einprasseln und somit abrupte Belastungen auf die Zelle ausüben können.

Ich kann mir vorstellen, dass diese Belastungen sehr wohl negative Auswirkungen auf die Zellen und somit auf uns haben.

Wir können dem leider nicht mehr ganz entkommen, denn es gibt auch die passenden Sender, die mit großer Leistung und Netzabdeckung überall ihre Signale auf uns abfeuern. Häufig sogar durch Netzüberdeckung mehrfach aus verschiedenen Richtungen. In Bussen, Zügen und Flugzeugen sind wir bestens bestrahlt. Das einzige, was wir diesbezüglich tun können, ist zumindest mit Headset zu telefonieren, das Handy nicht mit ins Bett zu nehmen oder in der Nacht nicht direkt neben dem Kopf zu positionieren. Die Leistung nimmt im Quadrat der Entfernung ab, dadurch hätten wir wenigstens in der Nacht etwas Schonung. Wenn es machbar ist – und es ist machbar, denn die meisten W-LAN-Systeme haben einen Ausschalter – dann schalten Sie diese Funktion in der Nacht aus. Das Telefon sollte trotzdem funktionieren. Im Auto wäre es auch gut, wenn Sie mit Außenantenne telefonieren würden.

Da leider derzeit die vermeintlichen Vorteile der Kommunikation überwiegen, ist es schwer, Gehör für diese Themen zu finden. Mir liegt nur am Herzen, Sie darauf aufmerksam zu machen, dass es da etwas gibt, dessen Wirkung wir noch nicht kennen.

Abschließend stelle ich noch die Fragen, wie lange Asbest als unschädlich galt, und wann Röntgenuntersuchungen bei Schwangeren als gefährlich für Mutter und Kind erkannt wurden.

Lärm

Lärm verursacht Stress. Häufig ist man in Produktionshallen (durch das Arbeitsschutzgesetz) besser geschützt als im Privatleben. Unbewusst ertragen wir Verkehrslärm, Lüftergeräusche von Rechnern und Klimaanlagen, Fluglärm und natürlich die fast permanente Beschallung durch die Medien, die im Hintergrund tönen. Auch hier nehmen wir aufgrund der Fähigkeiten unseres Gehirns und der Fähigkeit des selektiven Hörens viele Dinge nicht mehr wahr. Trotzdem belasten sie unser System, indem sie ständig „Prozessorleistung" abfordern, wie wir bereits festgestellt haben. Unser Gehirn ist andauernd damit befasst herauszufinden, was wichtig und was unwichtig für uns ist. Wenn Sie die Gelegenheit haben, aus der Stadt zu entfliehen und aufs Land zu fahren, und dann das Glück haben, keinen Straßenlärm, keine Flugzeuge usw. zu hören, dann beobachten Sie sich einmal dabei, wie der Druck von Ihnen abfällt. Wie entspannend das wirkt, wenn Sie „nichts" hören. Sie werden merken, dass Sie sehr bald sehr viel hören, nämlich das, was Sie sonst nicht mehr wahrnehmen. Vogelgezwitscher, das Rascheln der Blätter oder Ihren eigenen Atem. Die Druckglocke, die im Normalfall alles überdröhnt, ist auch ein Energieverbraucher, den Sie zumindest zeitweise drosseln sollten, soweit das möglich ist.

Zusammenfassung

Zusammenfassung Wir sind bis hierher einen weiten Weg gegangen. Von Visionen über Ziele zu deren Begründungen, wir haben die ersten Schritte in Richtung Ziel unternommen und alle Bereiche sauber geplant. Wir wissen unser Zeitmanagement zu optimieren, können unser

Selbstbewusstsein bei Bedarf erhöhen und können uns vor Ablenkungen schützen. Wir sind körperlich fit und ernähren uns gesund. Dem Erfolg in unserem Leben steht nichts mehr im Wege. Trotzdem gibt es noch ein paar Punkte, die ich Ihnen nicht vorenthalten möchte.

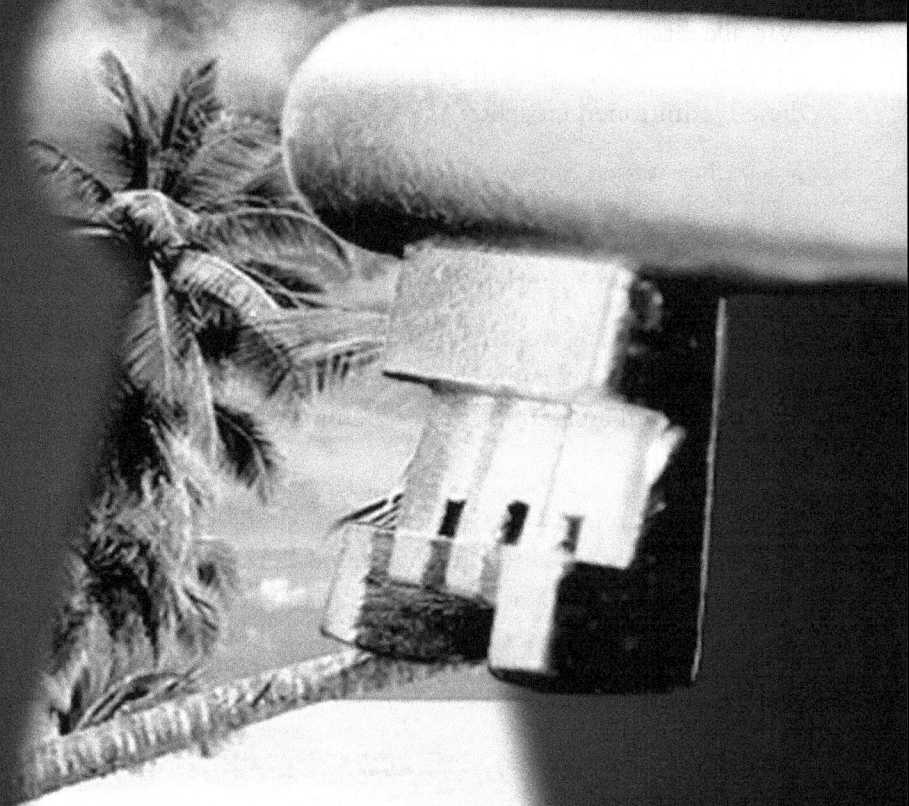

SCHLÜSSEL 20

ERFOLGREICH SEIN IST EIN PROZESS

Wann sind Sie erfolgreich?

Wir alle brauchen Erfolge, egal ob große oder kleine. Jeder hat seine eigenen Ansichten von Erfolg und Misserfolg. Die Frage ist nur: wer hat diese Definitionen erdacht?

> Woher wissen Sie, wann Sie erfolgreich sind?

> Wie haben Sie Ihren Erfolg definiert?

> Was sind Ihre Kriterien für den erfolgreichen Abschluss einer Sache?

Sind Sie erfolgreich, wenn Sie eine sehr große berufliche Herausforderung gut bewältigt haben, dafür aber tagelang durchgearbeitet, Stress mit Ihrer Familie heraufbeschworen und nebenher Magengeschwüre bekommen haben?

Sind Sie erfolgreich, wenn Sie jeden Tag von 8:00 bis 17:00 Uhr arbeiten und mittags Zeit für Ihre Kinder haben, aber nicht genug verdienen, um einmal im Jahr zwei Wochen in den Urlaub zu fahren?

Ich kann nur verbessern und optimieren, was ich messen kann. Um aber etwas messen zu können, brauchen Sie Richtwerte und Bezugspunkte.

Am Beispiel Autofahren wird sofort klar, was gemeint ist. Halten Sie das Lenkrad stocksteif auf gerader Straße, oder sind Ihre Arme ständig in Bewegung, auch wenn es nur ganz kleine Bewegungen sind. Diese Bewegungen sind ständige Korrekturen der Richtung. Ihre Augen sind immer in Bewegung, beobachten den Straßenverlauf und geben Meldung an Ihr Gehirn, das wiederum Ihre Arme und Hände informiert, in welche Richtung und wie weit Sie das Lenkrad drehen sollten. Gleichzeitig kontrollieren Sie die Fahrzeuggeschwindigkeit in Bezug auf die zulässige Höchstgeschwindigkeit, achten und reagieren auf Straßenbeschilderungen, passen Ihre Fahrweise den Straßenbedingungen an. Des Weiteren nehmen Sie Gefahren und Ablenkungen durch andere Verkehrsteilnehmer wahr und reagieren darauf. Übrigens: von Ihrem Ziel lassen Sie sich dadurch nicht abbringen.

Sie merken, Autofahren ist ein ständiger Prozess des Messens, Korrigierens, erneuten Messens und Korrigierens. Ihre Augen und Ohren sind die Messsensoren und Ihre Arme und Beine die ausführenden Organe. Das Gehirn dient der Koordination und Bewertung der Maßnahmen. Sie haben durch den Straßenverlauf, die Straßenverkehrsordnung und die Verkehrsschilder klare Richtwerte, ob Sie erfolgreich sind oder nicht. Erfolgreich sind Sie, wenn Sie straffrei, unfallfrei, entspannt und pünktlich ans Ziel kommen.

Wie sehen Ihre Richtwerte für Erfolg aus?

Schreiben Sie drei definierende Merkmale im privaten Bereich auf, unter denen Sie sich selbst als erfolgreich bezeichnen und auch so fühlen würden. Tun Sie das anschließend auch für den beruflichen Bereich.

Ich bin in meinem Privatleben erfolgreich, wenn:

Ich bin in meinem Berufsleben erfolgreich, wenn:

Überlegen Sie, wo der Ursprung dieser Erfolgsdefinitionen zu suchen ist.

❯   Woher stammen diese Definitionen für meinen Erfolg?

❯   Sind es Wunschvorstellungen der Eltern oder anderer Menschen?

Wenn wir unseren Erfolg nur an materiellen Dingen festmachen, können wir leicht frustriert werden und vielleicht auch scheitern. Wir können unzufrieden bleiben, weil immer irgendjemand ein schöneres Auto oder ein größeres Haus hat. Weil er länger im Urlaub ist oder immer perfekt gekleidet. Selbst der Verdacht, jemand könnte mehr haben, macht uns häufig schon unruhig, wenn wir nur auf materielle Dinge fokussieren.

Definieren wir aber Erfolg für uns als einen Zustand, der eintritt, sobald wir etwas begonnen haben, haben wir mit dem „Startschuss" bereits ein Erfolgserlebnis. Auf diesen „Starterfolg" können wir aufbauen und so schrittweise Erfolg auf Erfolg setzten.

Erfolg kann für uns auch bedeuten, dass wir aus einer Sache etwas gelernt haben und diesen vermeidbaren Fehler beim nächsten Versuch nicht mehr machen.

Erfolg ist auch, einmal öfter aufzustehen als wir hinfallen.

Wie oft fällt ein Kind hin, bevor es richtig laufen kann? Geben wir ihm dann noch drei Versuche und stempeln es anschließend fürs restliche Leben als Versager ab? Wohl kaum.

Erfolg ist auch, wenn wir einen falschen Weg eingeschlagen haben, das erkennen, es überdenken, umdrehen und es noch einmal versuchen.

Die einzige Möglichkeit, zu scheitern, ist aufzugeben (weil die aktuellen Hindernisse zu mächtig erscheinen), obwohl die Ziele für uns wirklich wichtig sind. Selbst in diesem Fall können wir das Projekt auf einen späteren Zeitpunkt verschieben und weitermachen, wenn sich die Bedingungen verbessert haben. Auch dann ist es wieder ein Erfolg der Erkenntnis.

Sie sehen also, es ist nicht so leicht zu scheitern, wenn wir unser Bewertungssystem, unsere Richtwerte und Betrachtungsweisen ändern. Wir können uns dadurch fast in jeder Situation erfolgreich fühlen und weitere Erfolge darauf aufbauen. Notieren Sie sich Ihre überarbeiteten Betrachtungsweisen in Ihr „Buch des Lebens" und schreiben Sie gleich ein paar erfolgreiche Aktionen der letzten Tage dazu. Denken Sie immer an den Ausbau Ihrer persönlichen Erfolgsdatenbank.

Persönliches Erfolgsritual

Wir haben im Kapitel „Der eigene Fokus" bereits besprochen, dass unsere Stimmung unter anderem von unserem Umfeld abhängig ist. Jedoch sollten wir darauf achten, unsere Stimmung möglichst von uns selbst abhängig zu machen und damit unser Umfeld positiv zu beeinflussen. Dies wiederum führt zu einer erwünschten, positiven Rückkopplung vom Umfeld auf uns.

Wenn wir etwas Wunderbares erlebt haben, einen Erfolg hatten, dann sind wir guter Stimmung. In diesem Moment ist es uns völlig egal, ob es regnet, ob die Kinder streiten oder ob manche Dinge nicht klappen. Zumindest für eine bestimmte Zeit. Die Dauer, die dieser Immunitätszustand anhält, ist von uns abhängig, wir legen das fest und können diesen Zustand trainieren.

Wir müssen uns dazu bestimmte Verhaltensmuster aneignen und es als Erfolg sehen, wenn wir diese einhalten. Je häufiger wir diese Muster einhalten, desto besser schaffen wir es, unberührt von äußeren Umständen durchs Leben zu gehen. Dies gilt es aber, wie alles andere auch, zu trainieren, sonst klappt es nicht.

Ein artfremdes Beispiel: Ein antrainiertes Verhaltensmuster ist beispielsweise das Anhalten vor der roten Ampel. Wenn Sie das nicht tun und bei Rot über die Ampel fahren, ist die Gefahr groß, dass Sie einen Unfall verursachen und dadurch Ärger bekommen. Außerdem wissen Sie in diesem Fall auch noch genau, dass Sie sich falsch verhalten haben. Das ärgert Sie noch mehr, da können Sie über den anderen schimpfen, so laut Sie wollen.

Bleiben Sie jedoch bei Rot stehen und jemand fährt Ihnen von hinten ins Auto, dann haben Sie ebenfalls Ärger, aber Sie wissen: Sie haben sich richtig verhalten. Das macht die Sache weniger schlimm, denn Sie haben sich korrekt verhalten und das ist in Ihren Augen ein Erfolg.

Trotz unangenehmer äußerer Umstände waren Sie in Ihrer Sache erfolgreich. Sie sind bei Rot stehen geblieben.

Das ist der Teil, den Sie immer einbringen können, um zum Erfolg der Sache beizutragen. Egal was sonst passiert, Sie haben sich so verhalten, wie Sie es für sich als richtig und erfolgreich empfinden.

Übertragen wir das extreme Beispiel der Ampel auf das tägliche Leben. Es liegt nur an uns, ob wir freundlich sind oder nicht, was auch immer um uns herum passiert. Es steht uns immer frei, ein kleines, ehrliches Lächeln zu schenken und positive Stimmung zu verbreiten, unabhängig von allen äußeren Einflüssen. Es ist für Sie ein Erfolg, wenn Sie in kritischen Situationen freundlich bleiben können.

Wenn wir also unser persönliches Erfolgsritual einhalten, sind wir in jedem Fall in unseren Augen erfolgreich, und dann kann uns normalerweise nicht mehr allzu viel passieren. Es entfallen einfach sehr viele Situationen, die uns sonst in schlechte Stimmung versetzt hätten.

Wenden Sie Ihr ganz persönliches Erfolgsritual kontinuierlich an, dann werden Sie sehr schnell feststellen, dass die Menschen in Ihrem Umfeld darauf reagieren. Sie geben durch Ihre eigene Einstellung Ihrem Gegenüber keinen Grund, mit Ihnen zu hadern. Viel wichtiger aber ist: Sie können sich Ihrer Sache absolut sicher sein. Selbst wenn Angriffe kommen sollten, Sie haben Ihr Möglichstes getan. Arbeiten Sie jeden Tag daran, das Ritual zu verfeinern und möglichst oft anzuwenden.

Welche Rahmenbedingungen können wir uns selbst hierfür täglich schaffen. Einfach gesagt, wie sieht unser tägliches Ritual für Erfolg aus? Im Endeffekt sind es Maßnahmen zur Einhaltung eines einfachen Gesetzes:

Verletze niemanden, auch nicht dich selbst!

Es stammt von den Hunza, einem Volksstamm in Pakistan. Angeblich war es ursprünglich ihr einziges Gesetz.

Denken Sie einmal ein paar Sekunden darüber nach. Ich habe bisher keine Situation gefunden, in der das nicht geholfen hätte. Natürlich sind damit nicht alle Probleme und Konflikte sofort zu lösen, denn bei vielen liegen die Ursachen und die gegenseitigen Verletzungen bereits weit in der Vergangenheit und können nicht mehr rückgängig gemacht werden. Trotzdem kann jeder für sich versuchen, ab heute bestimmte Verhaltensweisen zu definieren und zu trainieren, damit wir diese jeden Tag ein paar Mal anwenden können.

Zu meinem Erfolgsritual zählen folgende Punkte:

> Mich selbst am Morgen im Spiegel mindestens eine Minute angrinsen, Grimassen schneiden und mich dabei recken und strecken.

> Jeden Morgen für ein paar Minuten Ruhe einkehren lassen, in mich gehen und mir den neuen Tag vor mein geistiges Auge rufen.

> Mir die Frage beantworten: Was kann ich heute machen, um mich erfolgreich zu fühlen?

> Meine Energielevel für Freude, Begeisterung und Kraft prüfen und auf Touren bringen.

> Mich nicht ärgern lassen, das „Geschenk" nicht annehmen.

> Von meiner Seite immer im Guten auseinandergehen.

> Meine Überzeugung festigen, dass genug für alle da ist.

> Dem anderen die Freude lassen, selbst auf die „Lösung" gekommen zu sein.

> Jedem, der mir begegnet, eine kleine Freude machen, zumindest ein Lächeln schenken.

> Liebevoll mit mir und mit meiner Familie umgehen.

Machen Sie es sich zum persönlichen Ritual und bringen Sie sich jeden Tag in die Stimmung, mit der Sie in der Lage sind, Ihren Teil für einen angenehmen Tag einhalten können. Denken Sie auch an den Satz „Verletze niemanden, auch nicht dich selbst". Sehen Sie am besten schon das tägliche Ritual als Ihren Erfolg und bauen Sie den Tag auf diesem Erfolg auf.

Erfolg realisieren

Zählen Sie Ihre Glücksmomente zusammen und erkennen Sie, was Sie alles haben. Sie sind beispielsweise finanziell erfolgreich, haben eine tolle Familie und sind völlig gesund. Es ist Zeit, sich das bewusst zu machen, sich darüber zu freuen, den Erfolg zu feiern und sich dafür zu belohnen. Kaufen Sie sich von Ihrer Gehaltserhöhung etwas, gehen Sie mit Ihrer Frau fein aus oder schenken Sie Ihren Angestellten einen Bonus.

Sich selbst und anderen eine Freude zu machen, und zwar nicht irgendwann, sondern im Moment des Erfolgs, darauf kommt es an. Zum einen wissen Sie nicht, was morgen ist, vielleicht sind Sie dann tot. Es hat wenig Sinn, der reichste Mensch auf dem Friedhof zu sein. Mein Vater ist mit 60 Jahren bei einem Autounfall gestorben. Es kann schneller gehen als wir denken. Ich will damit nicht den Teufel an die Wand malen, aber was nutzen uns jede Anstrengung und jeder Erfolg, wenn sie unser Leben nicht besser machen.

Wenn wir uns im Moment des Erfolges etwas Gutes tun, dann verbinden wir Glücksmomente mit Erfolg. Glücksmomente wollen wir immer mehr haben, deshalb sucht unser Unterbewusstsein künftig noch stärker nach Erfolgserlebnissen, weil es weiß: darauf folgen Glücksmomente. Wir schaffen dadurch eine solide emotionale Basis für weitere Ziele. Noch einmal anders dargestellt: was nutzen Aktiengewinne, wenn wir davon nicht zumindest einen Teil realisieren und uns damit etwas Gutes tun?

Geld macht meist nur in zwei Momenten Freude: wenn Sie es erhalten und wenn Sie es für etwas Schönes wieder ausgeben. Dazwischen bereitet es häufig sogar Sorgen. Sorgen, es zu verlieren, Sorgen, es nicht optimal angelegt zu haben, Sorgen, Steuer dafür zahlen zu müssen. All die Sorgen kosten uns wieder sehr viel unserer wertvollen Zeit, was uns noch mehr Sorgen macht. Ich weiß, es gibt schlimmere Sorgen als zu viel Geld zu haben, aber ein Sprichwort sagt: „What you don't use, you will loose". Was du nicht nutzt, das wirst du verlieren. Das hat auch für Geld, Zeit und Erfolg seine Gültigkeit.

Dokumentieren Sie Ihr Leben

Was haben wir die letzten Jahre gemacht? Die Zeit vergeht so schnell, die Kinder werden größer, wir werden älter. Wo kommt nur diese Zeit hin?

Wohin sie kommt, kann ich Ihnen auch nicht sagen, aber ich kann Ihnen Folgendes sagen. Schreiben Sie täglich oder zumindest wöchentlich die besten Erlebnisse, Taten Unternehmungen, Gedanken und Erfolge auf. Was haben Sie beispielsweise letztes Wochenende gemacht? Dass Sie eine kleine Bergtour gemacht haben, das fällt Ihnen nach etwas Überlegung sogar wieder ein, aber wie groß die Freude über eine E-Mail Ihres besten Freundes war, haben Sie bestimmt vergessen. Dokumentieren Sie Ihr Leben. Sie investieren so viel Zeit, Energie, Gedanken und auch Geld, um Ihr Leben zu meistern. Sie machen so viele Erfahrungen, gute und schlechte, lustige und traurige. Sie schaffen es immer wieder, aus fast ausweglosen Situationen rauszukommen, und werden immer stärker, klüger, ja weiser. Doch all das ist für niemanden mehr nutzbar, viele Erlebnisse vergessen wir im Laufe der Zeit einfach. Nein, wir vergessen sie nicht, sie sind nur nicht mehr in unserem Bewusstsein und somit auch nicht mehr ohne den passenden Impuls abrufbar. Schaffen wir uns Impulse in schriftlicher Form, um unser Leben im Rückblick wieder zu entfalten und zu entdecken, was tatsächlich alles passiert ist.

Beim Durchblättern Ihres Tagebuches fallen Ihnen sicher viele Höhepunkte Ihres Lebens wieder ein, an die Sie seit langer Zeit nicht mehr gedacht haben. Sie lesen aber auch von Tiefpunkten und den Gedanken und Wegen aus der Krise. Sie sammeln Ihre großen Momente im Leben, auf die Sie stolz sein können. Diese Sammlung wird Ihnen immer dann helfen, wenn Sie an sich selbst zweifeln. Sie werden daran erinnert, was Sie bisher alles geschafft und erreicht haben. Ohne dass ich Sie kenne, weiß ich, dass Sie eine ganze Reihe an herausragenden Dingen gemacht haben. Es dürfen auch ganz kleine Dinge sein, wichtig ist: Sie sind oder waren damals stolz darauf. Sammeln Sie diese Erinnerungen und streichen Sie diese in Ihrem „Buch des Lebens" an. Markieren Sie jeden Monat die besten Erlebnisse, Weisheiten etc. oder fassen Sie sie kurz auf einer Seite zusammen. Sie werden sehen, welchen Spaß es macht, sie immer wieder einmal zu überfliegen. Gerade in Zeiten der Selbstzweifel und Krisen können Sie dort wieder Kraft finden, Energie und sicher auch den einen oder anderen Hinweis, der Ihnen hilft, aus der aktuellen Situation schnell wieder rauszukommen. Sollten Sie Kinder haben, ist es zusätzlich ein sehr wertvolles Geschenk an sie. Sie können irgendwann nachlesen, welche Herausforderungen ihre Mutter oder ihr Vater zu bestehen hatte und wie sie das geschafft haben. Vielleicht steht da auch, warum sie das so und so gemacht haben. Ich wäre froh, solch ein Buch von meinen Eltern zu haben.

Erfolgsspirale

Unser Potential, das uns als Menschen zur Verfügung steht, ist gigantisch. Menschen sind in der Lage, unter bestimmten Bedingungen enorme Kräfte zu entwickeln. Jeder hat schon von Beispielen gehört, bei denen jemand durch eine Extremleistung eines anderen gerettet wurde. Die enormen Kräfte körperlicher und geistiger Art, die hier freigesetzt werden, kann ich bestätigen, wenn ich mich daran erinnere, mit welch unglaublicher Kraft meine Frau bei der Geburt unseres ersten Kindes meine Hand zusammendrückte. Das geschah bei der Geburt des Kindes, als bereits viele Stunden großer Anstrengung hinter ihr lagen.

In Extremsituationen verbinden sich Fokus, Emotion, Gedanke und Handlung – und das führt dazu, dass wir in diesem Moment in der Lage sind, buchstäblich Berge zu versetzen. Für Ablenkung und Zweifel bleibt in diesen Augenblicken kein Platz.

Leider nutzen wir im Alltag dieses Potential nur zu einem sehr geringen Teil.

Aus diesem genutzten Teil unseres Potentials entnehmen wir die Energie für unser Handeln. Je nachdem, wie viel Energie zur Verfügung steht, fällt auch die Qualität unserer Handlung mal besser und mal schlechter aus.

Einfach gesagt, Sie füllen an der Oase nur eine kleine Wasserflasche und gehen dann auf Expedition in die Wüste. Jedem ist sofort klar, dass Sie nicht weit kommen werden. Der Erfolg der Expedition wird nicht sehr groß sein. Sie können vielleicht einen Tag in der Sonne damit durchkommen, aber dann brauchen Sie deutlich länger, um sich von dem Ausflug zu erholen. Das Ergebnis ist also nicht sonderlich befriedigend. Sie sind frustriert und glauben nicht an den Erfolg. Wenn Sie nicht an Ihren Erfolg glauben, dann werden Sie beim nächsten Versuch noch weniger von Ihrem Potential nutzen, denn es hat ja in Ihren Augen eh keinen Sinn.

Jetzt ist der Vergleich mit der Wasserflasche so einfach, dass Sie natürlich sofort und berechtigterweise entgegen halten werden, dann nehme ich halt mehr Wasser mit. Das ist absolut richtig, wir machen es nur häufig nicht, und zwar deshalb, weil wir den Grund unseres Scheiterns lieber auf die Wüste, die Sonne, die Hitze und die steilen Dünen schieben.

Gestehen wir uns aber ein, dass der Grund für unser Scheitern der geringe Wasservorrat war, wird uns die Lösung schnell klar. Wir nehmen mehr Wasser mit und kommen deutlich weiter. Das bedeutet, wir handeln stärker, wir investieren mehr Kraft in unser Vorhaben. Wir investieren aber nur dann mehr, wenn wir es schaffen, den kleinen Ausflug mit der kleinen Flasche Wasser als Testrunde und somit auch als Erfolg zu sehen.

Hurra, wir haben ein Erfolgserlebnis, und zwar, dass wir jetzt wissen, worauf wir achten müssen.

Das lässt uns noch stärker an unser Vorhaben, zur nächsten Oase zu gelangen, glauben und ermutigt uns demzufolge, mehr aus unserem Potential zu schöpfen.

Auch wenn es im zweiten Anlauf mit mehr Wasser immer noch nicht gelingen mag, sind wir doch viel weiter gekommen als beim ersten Versuch. Das stärkt unseren Glauben, es schaffen zu können. Des Weiteren haben wir die Erkenntnis gewonnen, dass wir nicht mehr Wasser auf unseren Schultern tragen können, da wir sonst aus konditionellen Gründen die Strecke nicht schaffen würden.

Wir sehen diese Erkenntnis wieder als Erfolg und überlegen weiter. Wir ändern das System und nehmen Kamele als Träger hinzu. Wieder investieren wir auf Grundlage von kleinen Erfolgen weiter.

Siehe da, wir sind plötzlich in der Lage, ganze Wüsten zu durchwandern. Vor lauter Begeisterung nutzen wir, im Bewusstsein, alles schaffen zu können, inzwischen große Teile unseres Potentials, wir glauben nämlich an unseren Erfolg und das lässt uns für neue Abenteuer noch mehr unserer Fähigkeiten nutzen und immer stärker handeln. Irgendwann stoßen wir auf das Meer und stellen fest, dass Kamele nicht gut schwimmen können. Wir entwickeln Schiffe und überqueren die Meere… (somit hätten wir auch gleich einen Teil der Menschheitsgeschichte erklärt).

Es hat sich eine aufsteigende Erfolgsspirale entwickelt, die Sie von Erfolg zu Erfolg führt. Das passiert bevorzugt dann, wenn Sie Ihre Definition für Erfolg so legen, dass auch ein vermeintliches Scheitern einen Erfolg darstellt und Sie etwas aus der Sache lernen, um es beim nächsten Anlauf besser zu machen. Wenn die Ursachen für ein Scheitern nicht richtig analysiert und neutral betrachtet werden, läuft man große Gefahr, beim nächsten Mal wieder zu scheitern. Wer kann Ihnen da helfen?

SCHLÜSSEL 21

COACHING

Haben Sie einen Golf- oder einen Tennistrainer? Machen Sie Yoga oder Zumba unter fachkundiger Anleitung? Haben Ihre Kinder einen Klavierlehrer, Flötenunterricht, Reitstunden oder was es sonst noch alles so gibt?

Haben Sie auch einen Trainer für Ihr Leben, für die Herausforderungen, die täglich auf Sie warten? Jemanden, der Ihnen Feedback gibt und Ihre Technik korrigiert? Jemanden, der die Ursachen für Ihr Scheitern richtig analysiert? Warum nicht? Woher nehmen Sie die Zeit, häufig mit der Methode „Versuch und Irrtum" Ihren Weg zu finden? Woher wissen Sie, dass Sie nicht „Betriebsblind" sind?

Das klingt natürlich etwas überheblich und ich weiß aus eigener Erfahrung, dass man im Strudel des Lebens oftmals nur noch versucht sich über Wasser zu halten.

Unser Leben besteht halt nicht aus einer Disziplin, sondern ist sehr komplex. Wir bräuchten nicht einen Trainer, sondern mehrere. Wir bräuchten sie in unterschiedlichen Bereichen, in unterschiedlicher Dosis, zu verschiedenen Zeiten und in wechselnder Intensität.

DEN All inclusive Erfolgscoach werden wir nicht finden

Ich habe in diesem Buch viele Bereiche vorgestellt, die elementar sind für einen ganzheitlichen und nachhaltigen Erfolg. All diese Punkte können Sie alleine ständig verbessern und Sie werden damit auch sehr viel erfolgreicher sein als zuvor. Entscheidend ist das Zusammenwirken, die Synergie der einzelnen Themen untereinander. Das gelingt wesentlich leichter, wenn man hierzu punktuell externe Hilfe in Form eines Coaches hinzuzieht. Wir wissen was es alles bedarf um die eigenen Visionen zu leben und bauen dazu ein solides Fundament an Fähigkeiten und Kontakten auf. Wir können damit viel erreichen und vor allem können wir dadurch unsere Defizite besser erkennen und beschreiben. Defizite im aktuellen Moment und Unsicherheiten in der Richtung die wir eingeschlagen haben.

Durch einen anderen Blickwinkel auf unsere Herausforderungen kann nun ein Dritter die Dinge die uns am Vorankommen hindern, oftmals viel schneller erkennen als wir selbst. Ein passender Coach gibt die entscheidenden Anregungen oder fügt die letzten Puzzleteile zusammen.

Wir sparen dadurch Zeit und gewinnen Sicherheit auf dem richtigen Weg zu sein.

Häufig ist schon ein Freund ein brauchbarer Coach, wenn er es ehrlich mit uns meint. Besser aber ist jemand, der Experte auf seinem Gebiet ist, den wir respektieren und von dem wir Anregungen auch annehmen. Wichtig ist, dass wir selbst bestimmen, in welchen Bereichen wir uns einen Trainer nehmen. Denn ein Trainer ist ein Experte auf einem Gebiet und keine pauschale Lebensberatung.

Wir müssen festlegen, welche Themen wir bearbeiten wollen und dann sollten wir uns den besten Trainer hierfür aussuchen. Wenn wir ihm oder ihr möglichst detailliert unsere Herausforderungen und unsere Ziele beschreiben, entsteht daraus ein zielgerichtetes, effektives Coaching, woraus wiederum zählbare Ergebnisse entstehen.

Gute Ergebnisse bedeuten Erfolg. Erfolg ist „Profit" in Form von mehr Geld, mehr Zeit, größerer Gesundheit und mehr Freude. Was immer Ihr „Profit" sein mag, Sie gewinnen durch das Coaching neue Blickwinkel und somit die Möglichkeiten bestimmte Felder zu verbessern.

Das Investment für den richtigen Trainer zahlt sich sehr schnell aus. Oft sind es vermeintliche Kleinigkeiten, die die Steine ins Rollen bringen. Sei es durch eine neue Idee oder einen besseren Namen für Ihr neues Produkt.

Ich habe über Jahre ungefähr 15 verschiedene Visitenkarten und Slogans anfertigen lassen, bis ich letztendlich - mit einem Coach - das Wording gefunden habe, das für mich authentisch ist und hinter dem ich wirklich stehe. Ich merke deutlich, dass das Wording endlich passt, weil ich gerne darüber erzähle.

Es war ein langwieriger Findungsprozess, bei dem ich anfänglich alles selber gemacht habe und alles besser wusste - mit unbefriedigenden Ergebnissen. Im zweiten Schritt habe ich alles an „Experten" abgegeben, allerdings ohne genaue Vorgaben zu liefern, da ich mich auf deren Expertise und Kreativität verlassen wollte. Dementsprechend unbefriedigend waren auch diese Ergebnisse. Letztendlich wandte ich mich an einen erstklassigen Trainer und ein 20 minütiges Gespräch mit ihm führte zum passenden Namen und Slogan. Seither entstehen Synergien und Erfolge, wo ich sie niemals vermutet hätte. Es läuft einfach besser.

Ich führe das nicht nur auf das Coaching, sondern auf den gesamten Prozess zurück, den ich in diesem Buch beschreibe. Es ist wichtig, zuerst den Überblick zu gewinnen, Prioritäten zu setzen und dann punktuell und kontinuierlich Verbesserungen vorzunehmen. Erst diese Ausgangssituation ermöglichte mir meine Absichten auf den Punkt zu bringen und so zu beschreiben, dass ein zwanzigminütiges Coaching Gespräch den Durchbruch bringen konnte.

Ein externer Coach oder Berater zieht Sie zur rechten Zeit wieder zurück in die Spur oder gibt Ihnen Schwung und Sicherheit, wenn Sie ins Stocken geraten sind. Er gibt Ihnen Impulse auf die Sie selbst nicht oder erst nach langer Zeit kommen würden und dadurch gewinnen Sie richtig Geld und Zeit. Über das Fachgebiet hinaus kann Ihnen Ihr Coach helfen, die positiven Dinge in helles Licht zu stellen und die bisherigen Erfolge wahrzunehmen.

Entscheiden Sie, wer Ihnen JETZT von Nutzen sein kann und legen Sie fest, was Sie als erstes verbessern wollen. Die besten Sportler holen sich die besten Trainer, um noch besser zu werden. Aber sie unterscheiden sehr genau, ob Sie im Kraftbereich, in der Ausdauer, bei der Ernährung oder im mentalen Bereich Unterstützung brauchen.

Suchen Sie sich jemanden, dem Sie gestatten, Sie zu loben, aber auch zu korrigieren. Jemanden, den Sie für seine Leistung bezahlen und der Ihre Leistung wertschätzt und verbessert. Darüber hinaus sollten Sie den Prozess der Analyse ständig weiterbetreiben, denn die nächste Herausforderung lässt sich vielleicht mit einem anderen Coach besser lösen.

Problemlösung

Eine weitere Herausforderung stellt oft das Thema „Problemlösung" dar. Wenn es um Probleme geht, verschwenden die meisten Menschen fast ihre ganze Energie und Zeit darauf, das Problem zu beschreiben, es zu beklagen, darüber zu diskutieren, und vor allem: sie denken ständig darüber nach. Sie fokussieren mit allen Mitteln auf das Problem, anstatt auf die Lösung zuzuhalten. Erinnern Sie sich an den Stein auf der Skipiste im Kapitel „Fokus"? Wie durch Zauberhand habe ich ihn mit dem neuen Ski getroffen.

Diesen Fokus zu ändern ist alles andere als leicht. Daher ist auch hier ein Coach empfehlenswert, um uns dabei zu unterstützen einen anderen Blickwinkel einzunehmen. Zunächst ist es jedoch wichtig, selbst Bereitschaft zu entwickeln das „Problem" lösen zu wollen.

Beobachten Sie sich bei Ihrem nächsten Problem und achten Sie auf die Fragen, die in Ihrem Kopf herumschwirren. Sind diese lösungsorientiert oder problemorientiert? Wie viel Zeit verbringen Sie damit, sich über das Problem Gedanken zu machen, es anderen in allen Farben und mit allen Konsequenzen zu beschreiben, um sich dadurch vielleicht noch stärker darüber zu ärgern? Wie viel Energie setzen Sie dagegen für die tatsächliche Lösungsfindung ein?

Lassen Sie das Wort „Problem" einmal bewusst auf sich wirken. Wie fühlt sich das an? Normalerweise sind wir so konditioniert, dass das Wort negativ assoziiert ist. Schon diese unterbewusste negative Belegung baut einen Widerstand in uns auf. Kein Mensch möchte Probleme. Tauschen Sie das Wort einfach gegen „Herausforderung" aus. Für viele ist dieses Wort eher positiv belegt. Sprechen Sie künftig von Herausforderungen, wenn es um Probleme geht. Denn Herausforderungen nehmen wir an, wir lassen uns fordern und können dadurch unsere Stärke zeigen.

Dann beginnen Sie, Ihre Zeit mit der Bewältigung der Herausforderung zu verbringen, und nutzen dabei wieder die Macht der Fragestellung. Definieren Sie zunächst das Thema, um das es geht, welches Sie herausfordert, und finden Sie den wahren Kern, die Ursache.

Die folgenden Fragestellungen dienen einer lösungsorientierten Herangehensweise. Die Kombination der Fragestellung habe ich zum ersten Mal bei Tony Robbins Personal Power gesehen, ausprobiert, leicht modifiziert und als sehr brauchbar empfunden. Unter die Fragen habe ich wieder ein paar eigene Antworten als Beispiel geschrieben.

Was ist jetzt nicht optimal?

Die Formulierung setzt voraus, dass Sie einen Zustand kennen, der besser ist. Sonst wüssten Sie ja nicht, dass etwas nicht optimal ist. Stellen Sie sich den gewünschten Endzustand gedanklich vor und beschreiben Sie ihn.

– Ich verdiene zu wenig Geld und habe zu wenig Zeit, das frustriert mich. Wenn ich mehr Geld verdienen würde, könnte ich bessere Lehrer für meine Kinder bezahlen und ich wäre viel entspannter, wäre ein besserer Vater und könnte mehr Zeit mit meiner Familie verbringen...

Was ist das Gute an der Situation?

Wenn es tatsächlich nichts Gutes gibt, dann fragen Sie, was könnte das Gute daran sein, wenn ich 10 Jahre in die Zukunft blicke? Sie kennen den Satz: „Irgendwann schauen wir zurück und dann scheint alles lustig gewesen zu sein". Versuchen Sie es sofort, versetzen Sie sich 10 Jahre in die Zukunft und blicken Sie aus dieser Perspektive zurück auf den heutigen Tag, auf die aktuelle Situation. Glauben Sie, Sie können sich in zehn Jahren überhaupt noch an diese Situation erinnern?

– Ich habe gezwungenermaßen meine Altersvorsorge überarbeitet, sie besser strukturiert und die laufenden Kosten stark reduziert.

Was werde ich unternehmen, damit ich mit solchen Herausforderungen künftig nicht mehr konfrontiert werde?

Brauche ich weitere Fähigkeiten, sollte ich mich besser organisieren? Ist es Zeit, mein Umfeld anders zu behandeln oder anders zu gestalten?

– Die Maßnahmen regelmäßig auf Erfolg überprüfen. Messen, ob ich dem Ziel näher komme oder mich davon entferne. Daraus die notwendigen Kurskorrekturen entwickeln und vornehmen.

Was werde ich ab jetzt unterlassen, damit ich mit solchen Herausforderungen künftig nicht mehr konfrontiert werde?

Welches Verhalten bringt mich immer wieder in solche Situationen? Von was oder wem sollte ich mich fernhalten?

– Unklare Zielvorstellungen; Zu viele Ablenkungen durch den Versuch, Bestätigung bei anderen zu finden; An mir und meinen Fähigkeiten zweifeln.

Wie kann ich es jetzt anstellen, die anstehende Herausforderung effizient und erfolgreich zu lösen und den Lösungsprozess dabei zu genießen?

Stellen Sie sich hierzu wieder den gewünschten Endzustand vor und schreiben Sie die Ideen, die Ihnen dabei in den Sinn kommen, auf. Beginnen Sie sofort mit der Umsetzung, zumindest mit einer kleinen Sache, damit die Dinge in Bewegung kommen.

– Wie kann ich in weniger Zeit mehr Geld verdienen. Wie mache ich das mit meinen vorhanden Fähigkeiten und Ressourcen. Schaffe ein Produkt, schreibe ein Buch und vermittle dein Wissen und deine Erfahrungen so, dass es vielen Menschen großen Nutzen bringt. Geld ist ein Maß für den Wert, den einer dem anderen gibt. Tue dies an schönen Plätzen und genieße das Schreiben. Verkaufe es – und das Einkommen fließt unabhängig von Deiner Zeit.

Aus den Antworten zu diesen Fragen entwickeln Sie Ihre Lösungsstrategie. Je nachdem wie groß die Herausforderung ist, durchlaufen Sie die einzelnen Schritte, wie sie im Buch beschrieben sind. Sollten Sie dazu keine Lust haben, überprüfen Sie Ihr aktuelles Energielevel von null bis zehn. Sie kennen inzwischen einige Möglichkeiten, Ihren inneren Schweinehund zu überwinden und sich in die notwendige Stimmung zu versetzen, damit Sie jeder Herausforderung erfolgreich entgegentreten können.

Achten Sie darauf, dass Sie 90% Ihrer Zeit damit verbringen, Lösungen zu finden und umzusetzen. Nur etwa 10% verwenden Sie auf Selbstmitleid, Gedankenspiele und die Suche nach Bestätigung des „Unrechts". Sie werden sehen, wie unspektakulär viele Herausforderungen gelöst werden können und wie viel Zeit Sie dadurch für andere Dinge und für neue Ziele gewinnen.

Bezeichnenderweise möchten das viele Menschen nicht, denn sie haben dadurch plötzlich zu viel Zeit, mit der sie nichts anzufangen wissen. Außerdem erscheint es nach außen so, als hätten sie keine Probleme mehr. Was sollen sie dann mit den anderen reden, in den vielen Stunden, in denen die eigenen Probleme und die der anderen in Endlosschleifen diskutiert wurden. Außerdem bekommen sie das Gefühl, nicht mehr wichtig zu sein, wenn nicht ein Berg von Problemen auf sie wartet. Dieser für alle sichtbar gemachte Berg gibt vielen eine Daseinsberechtigung und die Möglichkeit, gestresst zu sein. Denken Sie daran, in unserer Gesellschaft gilt: wer Stress hat, muss wichtig sein, und wichtig sind wir doch alle gern. Das vermittelt in unserer konditionierten Vorstellung nämlich, dass wir auch viele wichtige Dinge zu tun haben. Wenn wir wichtige Dinge machen, dann erhoffen wir uns dafür Anerkennung, Lob und Dankbarkeit. Wer tut das nicht? Wenn wir die Freude über die Belobigung nach außen hin auch runterspielen, fühlen wir sie in uns selbst doch deutlich. Diese Freude ist das kleine Flämmchen, das innere Kind, das wieder richtig strahlen möchte. Entdecken Sie Ihre Gefühle wieder, nehmen Sie buchstäblich „die Decke weg" und freuen Sie sich, dass die innere Kraft Ihnen dabei hilft, die freigewordene Zeit zur Erreichung IHRER Ziele einzusetzen. Verzichten Sie auf die Außendarstellung Ihrer Probleme und seien Sie lieber erfolgreich im Lösen Ihrer Herausforderungen. Das macht bei weitem mehr Eindruck, vor allem auf Sie selbst. Sie werden schnell feststellen, dass Ihre Freunde, Kollegen und neue Bekannte bald ganz andere Gespräche mit Ihnen führen werden, die Sie in Ihrer Entwicklung wiederum vorwärtsbringen. Es werden sicher einige Gesprächspartner wegfallen, denn es wird keine „Probleme" mehr zu besprechen geben, was wiederum zu mehr Zeit führt. Stehen Sie zu sich selbst und entscheiden Sie, was in Ihrem Leben wichtig ist. Blättern Sie gerne noch mal zurück zum Kapitel „Wichtig ist relativ" und nehmen Sie sich ruhig einen Coach, der Sie auf Ihrem Weg begleiten und auch mal ein Stück ziehen kann.

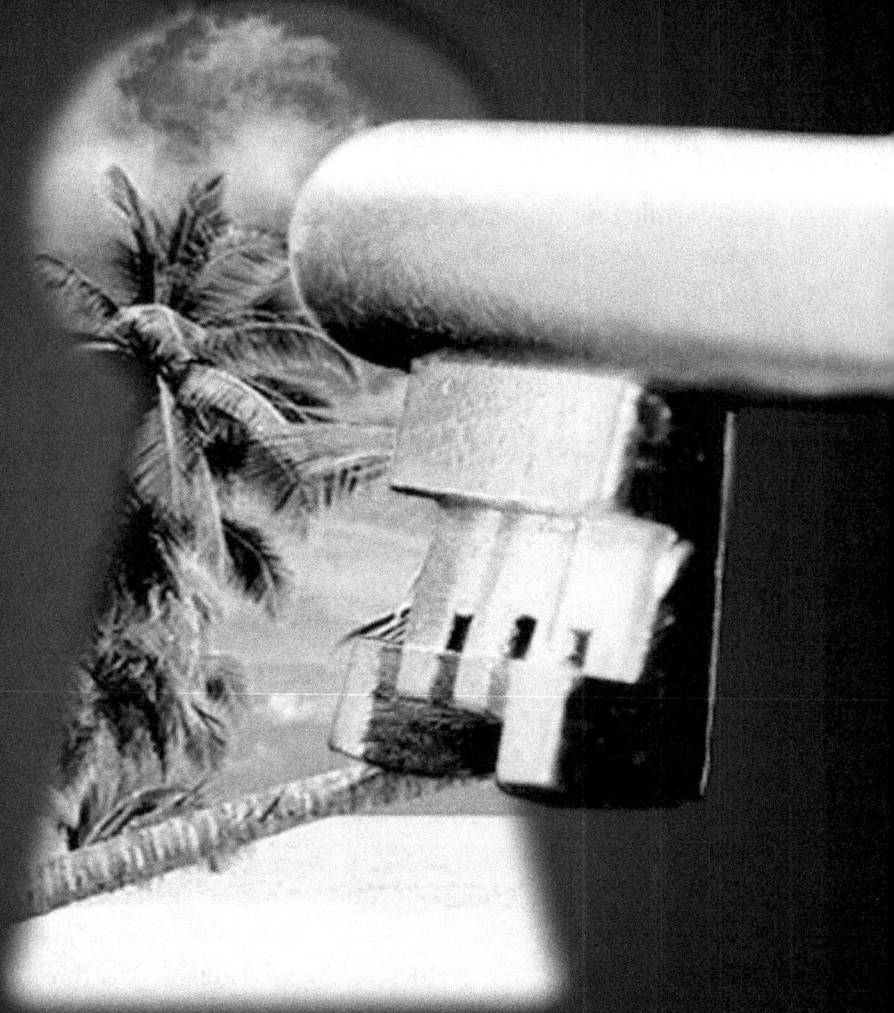

ZUM SCHLUSS - RUHE UND ZUVERSICHT

Waren zermürbende Selbstzweifel, Angst, Frustration und Überforderung lange Zeit die Begleiter, so weichen diese jetzt immer mehr der tiefen inneren Ruhe. In dem Moment, in dem ich genau wusste und auch fühlte, was ich will, was meine Passion ist, kam die Ruhe. Plötzlich greifen alle vorhergehenden Anstrengungen und Taten ineinander. Nichts scheint umsonst gewesen zu sein. Vielleicht ähnlich den Seefahrern vergangener Jahrhunderte, die nach Wochen auf offener See plötzlich unbewusst Land fühlten, die Richtung beibehielten und darauf zusteuerten. Langsam vermehrten sich tatsächlich die Anzeichen für nahes Land. Vögel tauchten auf, Treibgut wurde häufiger gesichtet, die Wellenform änderte sich, bis schließlich am Horizont Land in Sicht war, das sie bald erreichten.

Weit vorher aber, nach vielen Anstrengungen, Entbehrungen und Schwierigkeiten, wird alles still, es drängt nichts mehr. Alles scheint automatisch abzulaufen. Ich wohne dem Spiel als Beobachter bei, der entspannt und voller Freude seine Aufgaben erledigt. Die Visionen werden greifbar, immer öfter verfalle ich in Tagträume über eine wunderbare Gegenwart und Zukunft. Darin existieren keine Zweifel mehr, nur noch Freude und Begeisterung, mit der die Aufgaben erledigt werden. Jede Handlung führt zu einer weiteren Ergänzung der Visionen, und die Realität wird durch das Erreichen meiner Ziele der ursprünglichen Vision immer ähnlicher. Ich fühle mich sehr gut dabei, ich freue mich, mit meinem Wissen anderen helfen zu können, und deshalb kann ich mir auch wunderbar die Belohnungen des Lebens dafür vorstellen. Gleichzeitig kehrt Ruhe ein und aller Druck scheint abzufallen, obwohl ich mitten im Prozess bin.

Was ist jetzt zu tun? Für mich bleibt nur zu sagen: „Langsam voraus!". Die Segel sind gesetzt, das Ziel ist klar, kontrolliere den Kurs. Kümmere dich um deine Gäste und beschere ihnen eine überragende „Reise", einen überragenden Vortrag, ein nachhaltiges Seminar oder ein wegweisendes Coaching.

Danke

Abschließend möchte ich mich bei Ihnen bedanken und Ihnen gratulieren. Sie gehören zu den wenigen Menschen, die sich nicht nur Gedanken über Veränderung machen, sondern auch beginnen zu handeln. Ich wünsche Ihnen auf Ihrem Weg zu Ihrem überragenden Leben alles Gute, viel Freude und viele Erfolge. Denken Sie auch in schlechten Zeiten daran, Ihr Bestes zu geben, auch wenn es alles andere als leicht fallen mag. Blättern Sie dieses Buch immer mal wieder durch, vielleicht sehen Sie dann Dinge aus einem anderen Blickwinkel oder entdecken neue Möglichkeiten, Ihre Ziele noch besser zu erreichen. Vor allem aber: feiern und dokumentieren Sie Ihre Erfolge, auch das Lesen dieses Buches.

www.ingramcontent.com/pod-product-compliance
Lightning Source LLC
Chambersburg PA
CBHW072303210326
41519CB00057B/2605

9 783945 912010